浙江文化印记

吴越文化

徐吉军

陶初阳　著

浙江人民出版社

图书在版编目（CIP）数据

吴越文化 / 徐吉军，陶初阳著 . -- 杭州 ： 浙江人
民出版社，2025. 4. --（浙江文化印记）. -- ISBN
978-7-213-11811-1

Ⅰ . K295

中国国家版本馆CIP数据核字第20240N5C75号

吴越文化

徐吉军　陶初阳　著

出版发行：浙江人民出版社（杭州市环城北路177号　邮编　310006）
　　　　　市场部电话：(0571)85061682　85176516

责任编辑：李　信

责任校对：陈　春

责任印务：程　琳

封面设计：厉　琳

电脑制版：杭州兴邦电子印务有限公司

印　　刷：杭州富春印务有限公司

开　　本：880毫米×1230毫米　1/32　　印　　张：9.5

字　　数：218千字　　　　　　　　　　插　　页：2

版　　次：2025年4月第1版　　　　　　印　　次：2025年4月第1次印刷

书　　号：ISBN 978-7-213-11811-1

定　　价：68.00元

"浙江文化研究工程成果文库"总序

习近平

　　有人将文化比作一条来自老祖宗而又流向未来的河，这是说文化的传统，通过纵向传承和横向传递，生生不息地影响和引领着人们的生存与发展；有人说文化是人类的思想、智慧、信仰、情感和生活的载体、方式和方法，这是将文化作为人们代代相传的生活方式的整体。我们说，文化为群体生活提供规范、方式与环境，文化通过传承为社会进步发挥基础作用，文化会促进或制约经济乃至整个社会的发展。文化的力量，已经深深熔铸在民族的生命力、创造力和凝聚力之中。

　　在人类文化演化的进程中，各种文化都在其内部生成众多的元素、层次与类型，由此决定了文化的多样性与复杂性。

　　中国文化的博大精深，来源于其内部生成的多姿多彩；中国文化的历久弥新，取决于其变迁过程中各种元素、层次、类型在内容和结构上通过碰撞、解构、融合而产生的革故鼎新的强大动力。

　　中国土地广袤、疆域辽阔，不同区域间因自然环境、经济环境、社会环境等诸多方面的差异，建构了不同的区域文化。区域文化如同百川归海，共同汇聚成中国文化的大传统，这种大传统如同春风化雨，渗透于各种区域文化之中。在这个过程中，区域文化如同清溪山泉潺潺不息，在中国文化的共同价值取向下，以自己的独特个性支撑着、引领着本地经济社会的发展。

从区域文化入手，对一地文化的历史与现状展开全面、系统、扎实、有序的研究，一方面可以借此梳理和弘扬当地的历史传统和文化资源，繁荣和丰富当代的先进文化建设活动，规划和指导未来的文化发展蓝图，增强文化软实力，为全面建设小康社会、加快推进社会主义现代化提供思想保证、精神动力、智力支持和舆论力量；另一方面，这也是深入了解中国文化、研究中国文化、发展中国文化、创新中国文化的重要途径之一。如今，区域文化研究日益受到各地重视，成为我国文化研究走向深入的一个重要标志。我们今天实施浙江文化研究工程，其目的和意义也在于此。

千百年来，浙江人民积淀和传承了一个底蕴深厚的文化传统。这种文化传统的独特性，正在于它令人惊叹的富于创造力的智慧和力量。

浙江文化中富于创造力的基因，早早地出现在其历史的源头。在浙江新石器时代最为著名的跨湖桥、河姆渡、马家浜和良渚的考古文化中，浙江先民们都以不同凡响的作为，在中华民族的文明之源留下了创造和进步的印记。

浙江人民在与时俱进的历史轨迹上一路走来，秉承富于创造力的文化传统，这深深地融汇在一代代浙江人民的血液中，体现在浙江人民的行为上，也在浙江历史上众多杰出人物身上得到充分展示。从大禹的因势利导、敬业治水，到勾践的卧薪尝胆、励精图治；从钱氏的保境安民、纳土归宋，到胡则的为官一任、造福一方；从岳飞、于谦的精忠报国、清白一生，到方孝孺、张苍水的刚正不阿、以身殉国；从沈括的博学多识、精研深究，到竺可桢的科学救国、求是一生；无论是陈亮、叶适的经世致用，还是黄宗羲的工商皆本；无论是王充、王阳明的批判、自觉，还是龚自珍、蔡元培的开明、开放，等等，都展示了浙江深厚的文化底蕴，凝聚了浙江人民求真务实的创造精神。

代代相传的文化创造的作为和精神，从观念、态度、行为方式和价值取向上，孕育、形成和发展了渊源有自的浙江地域文化传统和与时俱进的浙江文化精神，她滋育着浙江的生命力、催生着浙江的凝聚力、激发着浙江的创造力、培植着浙江的竞争力，激励着浙江人民永不自满、永不停息，在各个不同的历史时期不断地超越自我、创业奋进。

悠久深厚、意韵丰富的浙江文化传统，是历史赐予我们的宝贵财富，也是我们开拓未来的丰富资源和不竭动力。党的十六大以来推进浙江新发展的实践，使我们越来越深刻地认识到，与国家实施改革开放大政方针相伴随的浙江经济社会持续快速健康发展的深层原因，就在于浙江深厚的文化底蕴和文化传统与当今时代精神的有机结合，就在于发展先进生产力与发展先进文化的有机结合。今后一个时期浙江能否在全面建设小康社会、加快社会主义现代化建设进程中继续走在前列，很大程度上取决于我们对文化力量的深刻认识、对发展先进文化的高度自觉和对加快建设文化大省的工作力度。我们应该看到，文化的力量最终可以转化为物质的力量，文化的软实力最终可以转化为经济的硬实力。文化要素是综合竞争力的核心要素，文化资源是经济社会发展的重要资源，文化素质是领导者和劳动者的首要素质。因此，研究浙江文化的历史与现状，增强文化软实力，为浙江的现代化建设服务，是浙江人民的共同事业，也是浙江各级党委、政府的重要使命和责任。

2005年7月召开的中共浙江省委十一届八次全会，作出《关于加快建设文化大省的决定》，提出要从增强先进文化凝聚力、解放和发展生产力、增强社会公共服务能力入手，大力实施文明素质工程、文化精品工程、文化研究工程、文化保护工程、文化产业促进工程、文化阵地工程、文化传播工程、文化人才工程等"八项工程"，实施科教兴国和人才强国战略，加快建设教育、科技、卫生、体育等"四个强省"。作为文化建设"八项工程"之一的文化研究工程，其任务就是系统研究浙江文化的历史成就和当代发展，深入挖掘浙江文化底蕴、研究浙江现象、总结浙江经验、指导浙江未来的发展。

浙江文化研究工程将重点研究"今、古、人、文"四个方面，即围绕浙江当代发展问题研究、浙江历史文化专题研究、浙江名人研究、浙江历史文献整理四大板块，开展系统研究，出版系列丛书。在研究内容上，深入挖掘浙江文化底蕴，系统梳理和分析浙江历史文化的内部结构、变化规律和地域特色，坚持和发展浙江精神；研究浙江文化与其他地域文化的异同，厘清浙江文化在中国文化中的地位和相互影响的关系；围绕浙江生动的当代实践，深入解读浙江现象，总结浙江经验，指导浙江发展。在研究力量上，通过课题组织、出版资助、重点研究基地建设、加强省内外大院名校合作、整合各地各部门力量等途径，形成上下联动、学界互动的整体合力。在成果运用上，注重研究成果的学术价值和应用价值，充分发挥其认识世界、传承文明、创新理论、咨政育人、服务社会的重要作用。

我们希望通过实施浙江文化研究工程，努力用浙江历史教育浙江人民、用浙江文化熏陶浙江人民、用浙江精神鼓舞浙江人民、用浙江经验引领浙江人民，进一步激发浙江人民的无穷智慧和伟大创造能力，推动浙江实现又快又好发展。

今天，我们踏着来自历史的河流，受着一方百姓的期许，理应负起使命，至诚奉献，让我们的文化绵延不绝，让我们的创造生生不息。

2006年5月30日于杭州

目录

引　言

　　吴越文化，既是一个地域文化的概念，也是一个时期文化的概念。从我们目前掌握的资料来看，吴越文化主要有以下几种说法：

　　一是指浙江全境、江苏南部及上海这一带自然社区里的人群在漫长的历史过程中所创造的、积沉的物质和精神财富的总和。或者说吴越文化是长江下游的区域文化，长江下游就是吴越文化的区域范围。吴越文化在历史嬗变中交融渗透，形成了许多相对于其他地域文化而言的整体意义上的共性。这一观点以南京博物院研究员梁白泉、徐湖平主编，副研究员殷志强、郭群参加编写的《吴越文化》，浙江省社会科学院研究员董楚平《广义吴越文化》《吴越文化志》和张荷《吴越文化》等书为代表。前书以考古学上的吴越文化为基础，将视野扩大到广义性的吴越文化，从新石器时代早期文化一直叙述到近代西学影响下的吴地、越地文化，前后达一万年；后书则定义为上下七千年的广义吴越文化。其涉及文化领域较广，举凡吴越文化中的水稻文化、玉器文化、陶瓷文化、佛道文化、织绣文化、印刷文化、建筑文化、园林文化、水文化、竹文化、茶文化，以及文人书画、文学科技、社会风尚、民俗风情等，皆在其中。

　　二是指中国东南沿海地区的史前时期考古文化。早在20世纪30年代，学者们根据江浙一带为数不多的考古发现，如杭州古荡、杭县良渚石器的发现，湖州钱山漾石器的出土，武进县淹城几何印纹陶片的采集，发现大量的几何印纹陶，提出东南沿海有无新石器时代的问题讨论。在讨论中，卫聚贤等多数学者主要用了大量的文献资料，广征博引，提出"吴越文化"一词，还成立了"吴越文化史地研究会"，出版和发表了江苏研究社编的《吴越文化论丛》等专著和论文。此后，有学者便开始使用"吴越文化"一词。如吕振羽在《史前期中国社会研究》一书中说："具有有段石锛和几何印纹陶为共同特征的新石器文化，专家称之为'吴越文化'或'百越文化'。它主要分布在我国东南沿海的江苏、浙江、福建、台湾、广东各省和安徽省的长江两岸、江西省的赣江两岸各县；在两湖等处，也都有这类遗址和遗物的发现，广西壮族自治区也很可能有'吴越文化'的丰富埋藏。"

三是指西周以后春秋战国时期长江三角洲先后崛起吴、越二霸，并形成句吴和於越文化，因其文化面貌相对比较一致，具有近亲关系，独具特色，因此许多从事历史学、人类学和民族学等的学者将其合称为"吴越文化"或"吴越文化区"，与同一时期长江上游的巴蜀文化、中游的荆楚文化并名于时。此一观点以李学勤、吴绵吉、王文清、董楚平及陈剩勇等为代表。李学勤在《范蠡思想与帛书〈黄帝书〉》一文中说："春秋战国之际，吴、越两国先后振兴，是我国古代历史文化发展过程中的一件大事。在此以前，吴、越一直被斥为蛮夷，摈于中原华夏之外。吴国的统治者本为周室之长，仍不得与诸侯并列；越国则尚不及子爵，更为诸侯所不齿。在文化上，两国都发展了富于本身地方特色的一套体系，同中原文化有很大区别，和长江中游一带的楚人文化亦有所不同。随着吴、越的兴盛，其势力逐渐北上中原，使吴越文化的影响也得北被，与中原等地文化交流融会，为我国古代文化的繁荣作出了特殊的贡献。"（《浙江学刊》1990年第1期）王文清在《论吴、越同族》（载《江海学刊》1983年第4期）一文中说："我认为，吴、越两国的土著居民本是同族，他们的文化基本上是一个系统，吴文化和越文化可以合称吴越文化。"吴绵吉认为"太湖周围至杭州湾地区，在春秋战国时代，固然分属于吴、越两国的辖地，但从物质文化面貌上看，却基本上是同一系统的不可分割的一个整体，这也就是为什么有的著作把这一地区的几何印纹陶'文化'统称之为吴越文化的道理所在"（《江南几何印纹陶"文化"应是古代越人的文化》，载《百越民族史论集》）。春秋战国时的吴越文化区，主要包括今江苏、浙江、上海，以及安徽、江西的部分地区，其文化成就主要有铜铁冶炼、青瓷、稻作等。

四是指五代十国时期的吴越国文化。吴越国是由唐镇海、镇东节度使钱镠建立的，首府杭州，传五主。辖境十三州，包括今浙江全部以及江苏、福建一部分，即其地理区域包含了吴越文化的传统核心地区，或者说是吴越文化的中心区。从文化内涵和文化特征等来看，吴越国文化具有传统意义上"吴越文化"的内涵和特征，依前面的惯例，当然也可称为"吴越文化"。

本书所述的"吴越文化"指第四种，它在吴越土地滋养下生成，形成了它独特的思维方式、性格特征和集体记忆，主要包括以以人为本、实干兴邦、自强不息、强国富民为核心的家国精神和以爱好和平、追求统一的爱国主义为核心的民族精神，它是民族和国家精神的重要组成部分，是中国一种富有生命力、创造力和融合力的优秀传统文化。它的历史文化内涵极其丰富，生成了一系列代表中华文化的山水、建筑、工艺、文学、绘画、书法、音乐、歌舞、宗教、科学技术、藏书、风俗和思想文化等。在这些领域，吴越国人或有所造诣，或独树一帜，或自成一派，或多有创造，形成了"钱江潮""丝绸之府""东南佛国""文物之邦""山水浙江、诗画江南""上有天堂，下有苏杭"等具有诗意和深刻内涵的文化范畴，具有鲜明的江南特色和吴越纹理，构成了江南文化或者说是长三角文化的重要组成部分，极大丰富了中国古代文化的宝库，不仅对国家、民族历史的发展和文明的进步做出了重大贡献，而且对东亚、东南亚乃至西亚文化产生了或大或小的影响。

第一章

吴越国的历史

吴越国全盛时期疆域图

第一节　三世五王

　　"三世五王"是研究吴越国史时的一个常用名词。吴越国自后梁开平元年（907）五月钱镠受封为吴越国王，至宋太平兴国三年（978）五月钱俶"纳土"归宋，共历三世五主，享国72年。如从唐景福二年（893）钱镠为镇海军节度使算起，共86年。其中，武肃王钱镠为第一世，在位25年；第七子文穆王钱元瓘为第二世，在位9年；钱元瓘第六子忠献王钱弘佐、第七子忠逊王钱弘倧、第九子忠懿王钱弘俶为第三世，分别在位6年、数月、近32年。这就是后来常说的"三世五王"的含义。

一、武肃王钱镠

　　钱镠（852—932），五代十国时吴越国的建立者，907—932年在位。字具美（一作"巨美"），杭州临安县（今属浙江杭州市临安区）人。出生于石镜乡临水里一个"世田渔为事"的家庭。据说钱镠初生时，其家后舍闻见有众多的兵马之声，接着红光满室，其父钱宽感觉非常怪异，以为不祥，想把他弃到井中淹死，唯其祖母坚持不肯，苦劝而留，才得以留养了下来，所以钱镠又有小字，名

钱镠像

叫"婆留"。钱镠少年时勇敢而有力量，好侠义，以解仇报怨为能事。唐咸通八年（867），十六岁时外出到杭州、越州（今浙江绍兴）、宣州（今安徽宣城）等地贩卖私盐，至咸通十三年结束，这段经历锻炼了钱镠的体魄和胆识。

唐乾符年间（874—879），为同乡董昌部将。由于武艺高强，又富有军事指挥才能，经平定王郢之乱、朱直孙端之乱、曹师雄之乱等大小战事后，钱镠逐步被提拔为偏将、副指挥使、兵马使等，从一个下级军官成为中高级军官。广明元年（880），钱镠巧妙运用伏击和虚张声势等战术，以少敌多成功阻击黄巢起义军，因功董昌任杭州刺史，钱镠为都指挥使。约与此同时或稍前，杭州八县在原有为自保建立的乡民武装基础上组建"八都兵"。这支武装名义上以临安县石镜都董昌、钱镠为首，因董昌不谙军事，所以钱镠拥有事实上的军队指挥权，其成为钱镠建立嫡系武装之始。

当时刘汉宏任义胜军节度使据越州，并攻取邻郡。润州（今江苏镇江）的内牙将领薛朗（？—888）赶走节度使周宝（814—887），自称留后。因黄巢攻占长安而避祸四川的唐僖宗命令董昌出兵讨伐，董昌将这一任务交给钱镠。于是，钱镠率八都之士进攻越州，杀刘汉宏，又攻占润州，生擒薛朗。叛乱平定后，董昌被唐朝廷任命为越州观察使，他上表推荐钱镠代替自己任杭州刺史。

光启三年（887）至景福元年（892），孙儒、杨行密之间混战不断，祸及钱镠。钱镠率军与两方力战（和杨行密有短暂联合），虽有败绩，但亦使孙儒无力侵犯两浙地区，其威名日益为唐朝廷所重视。景福二年，唐朝廷授钱镠镇海军节度使，同时把镇海军的治所从润州迁往杭州，又在越州建立威胜军，以董昌为节度使。

乾宁二年（895），董昌在越州称帝，国号"大越罗平"，年号"大圣"，任钱镠为伪两浙都将。钱镠不接受董昌命令，而是将情况上报，唐昭宗遂命钱镠讨伐董昌。钱镠起初感念提携之恩，对灭董昌犹豫不决，但董昌却联合淮南杨行密攻苏州、杭州，迫使钱镠率八都兵强攻越州。董昌兵败，在被押赴临安途中投江自杀。乾宁三年，钱镠因功被唐朝廷授予镇海、镇东军节度使，加检校太尉兼中书令。次年又赐钱镠金书铁券，享有"恕卿九死，子孙三死"的特权。

杨氏吴国的建立者、淮南军阀杨行密和钱镠关系时而友好，时而敌对，以敌对为主，与淮南（包括吴国、南唐）的关系成为钱镠和后来的吴越国历代国君制定对外政策的主要依据。杨行密攻占原本为钱镠所有的镇海军节度使治所润州和常州后，企图进一步并吞两浙，但多次被钱镠打败。而钱镠也始终未能收复为杨行密所夺的润州、常州。在钱镠的时代，"一军十三州"是指镇海军的润州、常州、苏州、湖州、睦州（今浙江建德、桐庐、淳安）、杭州六州和镇东军的越州、明州（今浙江宁波）、台州、温州、婺州（今浙江金华）、衢州、处州（今浙江丽水）七州。其中，润州、常州并不实际领有，故此时的"十三州"为法理意义上的虚指，吴越国实际占有十一州。

天复二年（902），钱镠亲兵"武勇都"统帅徐绾、许再思在钱镠统治中心杭州发动叛乱,是为"武勇都之变"。叛乱得到宣州军阀田頵的支持,并引发一连串的连锁反应。最后,钱镠依靠八都兵的力量,以及马绰、成及等一批忠于己的将领和钱元璙等儿子的支持,再辅以两场政治婚姻才弭平动乱。

钱镠于唐大顺元年(890)、景福二年(893)和后梁开平四年(910)三次扩建杭州城巩固城防,分别筑夹城、罗城和子城,使杭州的地位超越苏州、越州,成为有"地有湖山美,东南第一州"之誉的城市。又于后梁开平四年动用大量人力、财力,建成捍海塘,制服海潮,保卫百姓的生命财产安全,因而在两浙地区有"海龙王"之称。同时建"撩浅军"疏浚西湖,大造灵隐寺、净慈寺等佛寺,为杭州日后成为两浙地区政治经济中心,超越中原地区一些大城市继而跻身"中国六大古都"之列奠定了物质基础。基于他本人制定的"保境安民,善事中国"的国策,在前往中原的陆路被吴国截断的情况下,从海道载贡赋进献中原,因此得到后梁、后唐朝廷的长久善待。这一政策为钱镠身后四位吴越国君一以贯之地执行,直至吴越国的终结。

钱镠在唐昭宗时期,累官太师、中书令,食邑2万户。后梁建立后,封钱镠为尚父、吴越国王。梁末帝时,又加各道兵马元帅。后唐同光年间(923—926),钱镠任天下兵马都元帅、尚父、守尚书令,封吴越国王,赐玉册、金印。李存勖在洛阳建立后唐时,钱镠请求封为国王。玉册、诏书下达时,有关部门认真讨论,认为:"玉简金字,唯至尊一人,钱镠人臣,不可。又本朝以来,除四夷远藩,羁縻册拜,或有国王之号,而九州之内亦无此事。"钱镠晚年时,将住所称为宫殿,王府称为朝廷,幕僚称为臣子,且有在吴越国境内通行天宝(908—912)、宝大(924—925)、宝正(926—

932）三个年号。吴越国给新罗、渤海等国行册封之事，俨然以中国的代表者自居。又和日本展开"书信外交"，两国来往频繁。

后唐明宗时期，枢密使安重诲专权。钱镠曾写信给安重诲，称"吴越国王谨致书于某官执事"，未有寒暄、客套用语，安重诲反感钱镠傲慢无礼。又恰逢韩玫、乌昭遇出使吴越国，韩玫指称乌昭遇将钱镠称作"殿下"，将朝中秘事告诉钱镠，拜见钱镠时行称臣起舞大礼。安重诲于是在后唐明宗默许下剥夺钱镠元帅、尚父、国王名号，勒令以"太师"名义致仕（退休）。后经钱元璙等人多方斡旋，辅以经济、外交反制，后唐朝廷才同意为钱镠平反，并杀安重诲作为示好，恢复钱镠各项名号，下诏特许上表不称名。

钱镠以礼贤下士、求贤若渴闻名天下。江东名士罗隐投靠钱镠后，仍然喜好讥讽，并以此为责任。有官员强迫杭州西湖渔民定期给吴越王宫交份子鱼，名曰"使宅鱼"，罗隐得知此事后主动为民请命，说即便是钓无饵之鱼的姜子牙再世，"若教生在西湖上，也是须供使宅鱼"，如此直白讽刺吴越国吏治，但钱镠不生气，还下令废除"使宅鱼"制。

在烽火连绵的唐末五代，出身武夫的钱镠，凭借着他高超的政治智慧和军事才能，统领两浙十四州，保境安民，大兴水利，鼓励农桑，维护了两浙的安宁，保障了江南地区的经济发展和社会安定。后唐长兴三年（932）三月二十八日，钱镠去世，享年八十一岁。后唐朝廷颁布的吊唁诰令云："故天下兵马都元帅、尚父、吴越国王钱□，累朝元老，当代勋贤，位已极于人臣，名素高于简册，赠典既无其官爵，易名宜示其优崇，宜令所司定谥，以王礼葬，仍赐神道碑。"谥号"武肃"，故后世称"武肃钱王"。

二、文穆王钱元瓘

明摹本调色文穆王钱元瓘像

钱元瓘（887—941），五代十国时吴越国国君，932—941年在位。字明宝，钱镠第七子。从小聪慧机警，善于抚慰部下。初任盐铁发运巡官，授尚书金部郎中，赐金鱼袋、紫衣。

唐天复二年（902）武勇都之变时，徐绾、许再思勾结宣州军阀田頵，在强大的军事压力下，钱镠利用田頵与名义上的上司杨行密的矛盾，以第六子钱元璙为人质娶杨行密之女的条件，促使杨行密向田頵施压，同时应田頵要求，再选一子作人质娶田頵之女为妻。当钱镠诘问诸子"谁能为吾为田氏之婿者"时，诸子都不愿意去。钱镠起初选中第九子钱元球，但被拒。时年十六岁的钱元瓘主动表示愿意前往，从而博得钱镠的信任。不久田頵集团为杨行密所灭，钱元瓘才得以回到杭州。

唐天祐（904—907）初年，钱镠累封检校尚书左仆射、内牙将指挥使等，数年内屡有攻城略地，钱元瓘在这些战事中多有功绩，由此扩大、巩固了吴越国的版图。后梁贞明四年（918），钱镠大举进攻吴国，命钱元瓘为水战诸军都指挥使。战船抵达东洲（今属江苏常州），吴国水军迎战，钱元瓘用火筏顺风扬灰掀起烟尘和抛撒豆粒等战术大败吴军，俘虏吴国将领70余人，斩首千余级，缴获战船400艘，是为军事史上著名的狼山江水战。钱元瓘因功被后梁朝廷敕封为镇海军节度副使、检校司徒，不久升任清海军节度使、检校太傅、同平章事。后唐同光（923—926）初年，加检校太师兼中书令、镇东等军节度观察处置等使。"安重诲事件"发生后，钱元瓘又多次上疏后唐朝廷，请求恢复钱镠的天下兵马都元帅、尚父、守尚书令、吴越国王等名号，终获成功。

钱镠晚年想确立继承人，召集儿子们各自论述功劳，诸子都一致推举钱元瓘。临终时，钱镠又召集将领们说："余病不起，儿皆愚懦，恐不能为尔帅，与尔辈诀矣，帅当自择。"将领们哭泣着说："大令公（指钱元瓘）有军功，多贤行仁孝，已领两镇，王何苦言及此！"钱镠又说："此渠定堪否？"将领回答："众等愿奉贤帅。"于是钱元瓘顺利地继承父位。

清泰元年（934），后唐朝廷封钱元瓘为吴王，后相继加越王、吴越国王、天下兵马都元帅等职。后晋天福六年（941）七月十六日，吴越王宫丽春院失火，延及内城，钱元瓘受此惊吓患上疯病，迁居于原为孝献世子钱弘僔（zǔn）营建的世子府瑶台院。当年八月，钱元瓘在瑶台院去世，享年五十五岁，谥号"文穆"。

钱元瓘在军中多年，决事果断，富有军事才能，深得部将士卒信任。善于作诗，原有诗千余篇，择其中较好者三百篇编成《锦楼集》十卷，当时两浙士人广为吟诵。

三、忠献王钱弘佐

钱弘佐（928—947），五代十国时吴越国国君，941—947年在位。字玄祐（一作"元祐"），钱元瓘第六子。性淳厚，擅长书法。能作五、七言诗,凡遇雪月佳景,必定同臣下、后妃一同玩赏,因此深得官员士大夫阶层信任。钱元瓘去世后,由他即位。

后晋天福六年(941),后晋朝廷授钱弘佐镇国大将军、右金吾卫上将军、镇海镇东等军节度使等职,敕封吴越国王,进检校太师兼中书令,食邑1万户,实封1000户。次年,赐保邦宣化忠正翊戴功臣,加食邑7000户。天福八年,赐钱弘佐吴越国王玉册,这是一项从后梁时创立的赐封历代吴越国君的定制。开运三年(946)至次年,钱弘佐两度派军进入名义上臣服南唐、实则独立的福州,终击败围攻福州的南唐军队得以占领福州,使吴越国避免北、西、南三面被南唐包围的困局。后汉王朝建立后,钱弘佐第一个向后汉进贡,因而被授予诸道兵马都元帅。

钱弘佐在位7年,吴越国繁盛富庶,他和钱镠、钱元瓘祖孙三代都被中原朝廷封为元帅,一时为天下所称道。钱弘佐恪守"保境安民"的祖训,从海道向中原进贡财货数量以百万计,因此后晋、后汉朝廷在南方诸国中与吴越国关系最好。后汉天福十二年(947),钱弘佐去世,享年二十岁,谥号"忠献"。因其子钱昱时年仅五岁,无法处理政务,根据钱镠时代便事实上立下的"乱世立贤不立长,治世立长不立贤"(钱元瓘及以下四位国君均非嫡长子出身)的储君遴选原则,钱弘佐身后王位由其弟钱弘

忠献王像

钱弘佐像

倧继承。

四、忠逊王钱弘倧

钱弘倧（928—971），五代十国时吴越国国君，947年在位，为期约半年。字隆道，钱元瓘第七子。性聪明机警，但又严格刚毅。钱弘佐在位时，约束将领较为宽松，钱弘倧担心这样容易生出事端，所以甫一嗣位就对以内牙军统帅胡进思为代表的平时多有骄横不法、越权擅政的老资格将领严加管束，且多有羞辱之词，但又未能拿出切实有效的根治办法。钱弘倧曾密召水丘昭券和内衙指挥使何承训商议驱逐胡进思，水丘昭券进言，胡进思势力盘根错节，应姑且容忍，日后再找机会清除之。由于钱弘倧犹豫不决，何承训怕事败株连到己，遂将此事秘密泄于胡进思。结果引起胡进思的高度警觉，便和其他军将密谋废黜钱弘倧。

后汉天福十二年（947）十二月三十日，趁钱弘倧在王宫中夜宴诸将之机，胡进思着戎装率内牙亲兵三百甲兵入宫，发动政变。钱弘倧左右人（包括水丘昭券）遭大肆屠杀，钱弘倧本人被软禁于义和院。胡进思迎钱弘倧之异母弟钱弘俶于私第，将其策立为王。被废后，钱弘倧先后被迁往安国、越州，钱弘俶对其尚称礼遇，赏赐不断，故得以善终，去世后谥号"忠逊"。著有《越中吟》二十卷。

钱弘倧像

五、忠懿王钱弘俶

钱弘俶（929—988），五代十国时吴越国国君，948—978年在位。字文德，钱元瓘第九子。后晋天福四年（939），钱弘俶被授予内牙诸军指挥使、检校司空。钱弘佐时累授特进、检校太尉。后晋开运年间（944—946），出任台州刺史。钱弘倧即位后，任同参相府事。当时吴越国天台县高僧德韶劝尽早回杭州，钱弘俶从其言。抵杭未几，遂有胡进思之变，忠逊王钱弘倧被废。胡进思召集军队将领迎立钱弘俶嗣位，钱弘俶谦让再三，将士们说："太尉（指钱弘俶，因曾被封为检校太尉）素有德望"，跪拜称贺。钱弘俶便任镇海镇东等军节度使、检校太师兼侍中，于后汉乾祐元年（948）正月正式即位。

钱俶像及钱俶墓志拓片（墓志拓片选自黎毓馨主编《吴越胜览：唐宋之间的东南乐国》）

乾祐二年（949），后汉朝廷敕封钱弘俶为匡圣广运同德保定功臣、东南面兵马都元帅、镇海镇东等军节度使、浙江东西等道管内观察处置使兼两浙盐铁制置发运营田等使、开府仪同三司、检校太师、兼中书令、杭州越州大都督、上柱国、吴越国王，食邑 1 万户、实封 1000 户。后周广顺年间（951—953），后周朝廷封钱弘俶诸道兵马都元帅、天下兵马都元帅，加食邑 3000 户，实封 800 户，改授推诚保德安邦致理忠正功臣。后周显德三年（956），奉后周诏命出兵策应攻南唐。不久杭州发生大火，烧至内城，钱弘俶为此避居城外数日。吴越国府库积蓄损失殆尽，国家财政一度极为困难，但即便如此，还是秉承祖、父遗训，对后周恪尽臣礼，按例进献巨额财物。后周褒奖其恭顺，封钱弘俶为崇仁昭德宣忠保庆扶天诩亮功臣。

后周显德七年（960），赵匡胤代周称帝，改国号为宋，改元建隆，是为宋太祖。当年，钱弘俶自改名为钱俶，去"弘"字，以避赵匡胤之父赵弘殷（899—956）名讳。宋太祖授钱俶天下兵马大元帅等官职，加食邑 1000 户，实封 500 户。乾德年间（963—968），改封承家保国宣德守道忠贞恭顺忠臣，加食邑 2000 户，实封 800 户。

开宝七年（974），钱俶应诏配合出兵伐南唐，攻常州。后于开宝九年、太平兴国二年（977）两次入汴京朝觐北宋皇帝，进献大量财货宝物。宋太宗即位后，封钱俶尚书令兼中书令、天下兵马大元帅。

太平兴国三年（978）五月，钱俶纳土归宋，他本人受封淮海国王，食邑 1 万户，实封 1000 户，仍充天下兵马大元帅、守太师、尚书令兼中书令，授宁淮镇海崇文耀武宣德守道功臣，赐剑履上殿。

雍熙三年（986）离开汴京赴南阳（今河南南阳）就位。端拱元年（988）又改封邓王。

端拱元年（988）八月二十三日，钱俶举办六十大寿宴会，宋太宗遣使赐钱俶生辰礼物。国信至，钱俶扶疾拜受，并宴请来使。"晡时，王寝于斋之西轩，命左右读《唐书》数篇，命诸子孙诵调章诗什数篇，未迄，忽风恙复作，至四鼓而薨。"

端拱二年（989）正月，钱俶葬于洛阳贤相里陶公原，追册为秦国王，谥曰"忠懿"。

在吴越国的历史上，钱俶虽然是一位亡国之君，而且是一位不战而降的亡国之君，但毕竟宋朝统一是历史发展的必然趋势，而且以区区吴越国与宋朝相对抗显然必败无疑。面对这样的形势，钱俶深感北宋统一的浪潮势不可阻，于是决定"保族全民"，不动干戈，将所辖两浙之地"三千里锦绣山川"以及"十一万带甲将士"，完整地归并于一统王朝，从而创造了中国统一史上少有的和平共赢的范例。这个"纳土归宋"顺势而为的举措，维护了国家的统一，避免了战争和国内百姓的流离。北宋欧阳修《有美堂记》对比南唐和吴越两国选择战争与和平的结局时说："金陵以后服见诛，今其江山虽在，而颓垣废址，荒烟野草，过而览者，莫不为之踌躇而凄怆。独钱塘，自五代始时，知尊中国，效臣顺。及其亡也，顿首请命，不烦干戈。今其民幸富完安乐。"明代万历年间首辅大臣、史家朱国桢誉这一盛举为："完国归朝，不杀一人，其功德大矣！"同时，也延续了江南经济社会的繁荣富庶，从而在中国历史上第一次实现了一个强盛的割据王国与中央政权的和平统一，也为后来宋室衣冠南渡、定鼎杭州奠定了基础。所以，钱俶"纳土归宋"历来被认为是顺应历史潮流之义举，为人们所尊重，并在杭州"钱王祠"
中受到人们的瞻仰。

第二节　历史事件

一、三筑杭城

隋开皇九年（589），隋文帝杨坚命杨广（即隋炀帝）挥师渡过
长江，消灭了陈朝，统一了中国，结束了自东晋以来将近三个世纪
的南北分裂局面。同时，推行"废郡存州，以州领县"的地方行政
制度，废钱唐郡而改为杭州。这是"杭州"一名在中国历史上的第
一次出现。开皇十年，杭州的州治从余杭县（治今杭州市余杭区余
杭镇）迁移到了钱唐县凤凰山麓的柳浦，就是在今杭州城南、钱塘
江北岸南星桥一带，州名不变。次年，亦即杨素平定江南豪强叛乱
的同年，隋朝发动民众在此建筑杭州州城。当时杭州州城的建筑规
模较大，据《乾道临安志》卷二《城社》引《九域志》载，"周回
三十六里九十步"。城垣范围大致南起凤凰山麓，东至今中河以西，
北迄霍山，西临钱唐湖（即西湖），为隋代江南大城市之一。隋代
州城奠定了杭州城市"左江右湖"的基本格局。大业六年（610），
隋炀帝开凿了由京口（今江苏镇江）通往余杭（今浙江杭州）的江
南运河。它迅速提高了杭州的地位，有力地促进了杭州等城市的发

展与繁荣。唐代,杭州城市的经济、文化得到了快速的发展。时人
李华《杭州刺史厅壁记》描述杭州为"东南名郡"。特别是在中唐
以后,杭州遂以"东南名郡"见称于世,被统治者列为上州。到了
唐昭宗景福元年(892),朝廷置武胜军于杭州,以钱镠为防御使。
景福二年闰五月,又改钱镠为苏杭观察使。钱镠见朝廷恩爵屡加,
便开始抓住机遇,顺势而为,施展他的政治抱负,留心图治,大加
恩惠于民,民皆安堵。又见杭城人口快速增长,民生日益繁荣,但
无城郭以为护卫,为了杭州城市的发展和政治、军事斗争形势的需
要,他开始扩建杭州城。

钱镠第一次扩建杭州城是在其被任命为杭州刺史的第四年,即
唐昭宗大顺元年(890)闰九月,但不称"罗城"而名"新夹城",
这是依附旧城的缘故。据《吴越备史》卷一《武肃王上》所载,城
垣"环包氏山,泊秦望山而回,凡五十余里。皆穿林架险而版筑
焉"。包氏山即今天的包家山,秦望山即今天的将台山。城垣大致
由今包家山而南转西,经冷水源,至将台山,又转北沿八蟠岭至南
屏山麓。当时设有两座城门:一为龙山门(即宋代的嘉会门,在今
包家山脚;一说龙山门在六和塔西),一为西关门(在雷峰塔下)。
这次筑城,主要扩建了隋朝杭州城的西南部。

第二次扩建杭州城是在钱镠被任命为镇海军节度使的当年,即
唐昭宗景福二年(893)七月。钱镠见农事将毕,于是发动农夫二
十万及十三都军士,新筑罗城。城垣"自秦望山由夹城东,亘江干
泊钱塘湖、霍山、范浦,凡七十里"。罗城的修筑工程十分艰巨,
由于钱塘江潮水凶猛势激,第一次版筑没有成功,只能等后来"沙
涨一十五里余",才版筑成功。钱塘湖即今西湖,霍山在昭庆寺后,
范浦在艮山门外。即由今鼓楼向东北筑城,沿淳祐桥、菜市桥西侧

至于艮山门，然后折而向西达武林门外，再曲折向南至昭庆寺后霍山。这次扩建拓展了隋朝杭州城的东北部，形成城外之城，故称"罗城"。

钱镠在扩建杭州城的同时，又兴建了十座城门。明代郎瑛《七修类稿》卷六《天地类·钱氏杭城门名》载："钱镠时杭门十座，城自南秦望山，北抵夹城巷，东亘江干，西薄钱塘湖、霍山、范浦，凡七十里。曰朝天门，在吴山下，今镇海楼也；曰龙山门，在六和塔西；曰竹车门，在望仙桥东南；曰新门，在炭桥东；曰南土门，在荐桥门外；曰北土门，在旧菜市门外；曰盐桥门，在旧盐桥西；曰西关门，在雷峰塔下；曰北关门，在夹城巷；曰宝德门，在艮山门外无星桥。盖时城垣南北展而东西缩，故曰腰鼓城。"据学者考证，朝天门，位于今天的鼓楼遗址；龙山门，即宋嘉会门，在今包家山脚，一说在六和塔西；竹车门，位于今江城路中段；新门、南土门，位于今菜市桥西东清巷口；西关门，位于雷峰塔下；北关门，亦称武林门；宝德门，亦称保德门，位于今艮山门外俞家桥附近。[1]城门的建造十分讲究，如朝天门，明代田汝成《西湖游览志》卷一三记载："规石为门，上架危楼，楼基叠石，高四仞有四尺，东西五十六步，南北半之。中为通道，横架交梁，承以藻井，牙柱壁立三十有四，东西阅门对辟，名曰武台，夷敌可容兵士百许。武台左右北转，登石级两曲，达于楼上。楼之高，六仞有四尺，连基而会，十有一仞。贮鼓钟以司漏刻。"其后又陆续兴建了涌金门、天宗水门（为茅山河之所出）、余杭水门（为盐桥河之所

---

①李志庭：《唐末杭州城垣界址之我见》，《杭州大学学报（哲学社会科学版）》1996年第4期。钱彦惠、周庭熙：《唐宋变革视域下的吴越国杭州城考》，《宁波大学学报（人文科学版）》2023年第4期。

吴越国首府杭州城市图（浙江省博物馆）

出）、保安水门（为茅山河之所入）等水门，并设置了相应的关闸，以利航运、灌溉和防御。

钱镠的《杭州罗城记》记载了这次筑城的经过，并在文中指出建筑杭州罗城的重要性："千百年后，知我者以此城，罪我者亦以此城，苟得之于人而损之己者，吾无愧与。"至此，杭州"城凡三重""十步一楼"，即在子城之外，又筑夹城、罗城，形似腰鼓，城墙上十步建一敌楼，可以说是固若金汤。唐昭宗乾宁三年（896），杨行密图谋进攻杭州，出兵前密遣僧祖肩侦察险易。祖肩观后警告杨行密："此腰鼓城也，击之终不可得。"于是，杨行密放弃了进攻杭州的打算。

后梁开平四年、吴越国天宝三年（910）八月，钱镠又一次扩建杭州城。《资治通鉴》卷二六七记载："吴越王镠筑捍海石塘，广杭州城，大修台馆。由是钱塘富庶，盛于东南。"钱镠诗说"为报龙王并水府，钱江借取筑钱城"，即指此。与此同时，钱镠复建候潮、通江等城门。

钱镠除扩大杭州城外，还大修宫室、台馆，其中著名的有"镇海军使院"、监军使院和宫室台馆等。

二、金书铁券

"金书铁券"又称"金券""银券""世券"等，省称"铁券"。这是中国古代皇帝颁赐给功臣、重臣的一种世代享受优遇或免罪的特权凭证，亦即民间叙事或影视剧里中所说的"免死金牌"，这在封建时代可谓是家族最高的殊荣。

"金书铁券"之制，最早始于汉代。《汉书·高帝纪下》就记载："又与功臣剖符作誓，丹书铁契，金匮石室，藏之宗庙。"《后汉书·祭遵传》："丹书铁券，传于无穷。"因为汉代铁券是由丹砂书写，又以书契形式制作，所以叫"丹书铁契""丹书铁券"。又因为唐代之后，改为用金粉、金线制作，所以名"金书铁券"。

唐乾宁四年（897）八月，唐昭宗为表彰钱镠平定董昌、统一两浙的功绩，授钱镠为镇海、镇东军节度使，浙江东、西道观察处置等使，杭州、越州刺史，上柱国，彭城郡王（一说为吴王），复赐钱镠金书铁券一具，恕其九死。这块我国历史上留下的唯一的"金书铁券"，现珍藏于中国国家博物馆。

有了金书铁券，钱氏家族就像家喻户晓的小说《水浒传》里的"小旋风"柴进一样，即使后人犯罪也不得加刑，可以逍遥法外了。但钱镠是个明白人，大概也一定了解过在他之前的"金书铁券"流传情况及实际价值，知道铁券上的"卿恕九死，子孙三死"之类的话并不能当真，因此他把家人召集到堂前，告诫家人不得恃宠而

唐昭宗赐吴越国第一代武肃王钱镠"金书铁券"（现藏于中国国家博物馆）

骄，违法乱纪，并同时颁布了八条家规，要求儿孙必须铭记于心，严格遵守。

千余年来，钱氏"金书铁券"的保存可以说是几经周折。当年钱俶纳土归宋前，将铁券供奉在钱氏祖庙。因为钱俶的纳土归降，宋代皇帝对钱氏优待有加，封王赐爵，甚至跟皇室联姻。宋太宗、宋仁宗、宋神宗、宋高宗、明太祖、明成祖、清高宗先后御览铁券，"凡七登天子之庭"，可谓荣华之极。

北宋淳化元年（990），宋太宗对金书铁券很感兴趣。他虽然贵为皇帝，但过去也没见过，所以特地要求杭州地方官将铁券送到都城汴京。他看过之后叹为观止，为了安抚钱氏一族，便还给了当时住在京师的钱俶长子钱惟濬保管。宋仁宗也曾观摩铁券，并归还钱氏后人。金兵南下，钱俶曾孙钱景臻之妻，即宋仁宗第十女、秦鲁国贤穆明懿大长公主带着铁券，和赵宋皇室一起南渡。宋高宗观摩后，将其供奉在台州临海。南宋景炎元年（1276），元朝军队攻台州，钱氏族人负券南逃遇难，铁券下落不明。或许冥冥中有天意，元朝至顺二年（1331），一个渔民在黄岩南泽库的深水中捞出这块铁券。钱氏后人得知此事后，由钱镠第十四世孙钱世珪用10斛谷子将其赎回。此后数十年，钱氏后人一直珍藏着铁券。明洪武二年（1369），明太祖朱元璋希望效法前朝制作铁券以犒赏功臣，为此他命钱世珪之子钱尚德进献钱镠"金书铁券"以法样式，并依此券制作了明朝的"免死金牌"，赐予有功之人。据说钱氏的"金书铁券"在历史上使用过一次。洪武年间，钱氏后人钱用勤在建昌知府任内因税粮短缺事而被抄家入籍，眼看大祸临头，钱用勤的儿子钱怵手持"金书铁券"，进京求见圣上。朱元璋听闻后，于奉天殿接见了钱怵。再次看到这块"金书铁券"时，朱元璋感慨良多，马上下令发还钱家全部家财田产，铁券仍归钱惴保管。在朱元璋之后，明成祖朱棣也曾观摩钱镠铁券。明代高启作《唐昭宗赐钱武肃王铁券歌》，歌云："妖儿初下含元殿，天子仍居少阳院。诸藩从此拥连城，朝贡皆停事攻战。岐王一去梁王来，长安宫阙生蒿莱。天目山前异人出，金戈双举风烟开。罗平恶鸟啼初起，犀弩三千射潮水。归来父老拜旌旗，酾酒椎牛宴乡里。击裘骏马骄春风，锦袍玉带真英雄。诏书特赐誓始终，黄金镂字旌殊功。虎符龙节彤弓矢，后嗣铭令赦三死。尽言恩宠冠当时，天府丹书未逾此。摩挲旧物四百年，古色满面凝苍烟。天祐宰相署名在，寻文再读心茫然。古来保族须忠节，受此几人还覆灭。王家勋业至今传，不在区区一方铁。人生富贵知几时，泰山作砺徒相期。行人曾过表忠观，风雨断藓埋残碑。"

到了清乾隆二十七年（1762），乾隆皇帝南巡时观看钱镠铁券，还写了一首《观钱镠铁券作歌》，歌云："表忠观永祀钱塘，铁券却在台州藏。久闻其名未睹物，秋卿同族今呈将。铸铁如瓦勒金字，乾宁岁月犹存唐。皇帝若曰咨尔镠，董昌僭伪为昏狂。披攘凶渠定江表，禔清赢泰保余杭。用锡金版永延祚，克保富贵荣宠长。恕卿九死子三死，承我信誓钦毋忘。徒观剥蚀字漫漶，铁犹如此人何方。龙门致诮带砺誓，赵宋转眼为新王。俊杰识时有弗较，善存桑梓功斯良。其时铁券固不出，南迁后出方膻芗。作歌装匣付珍弄，所嘉谢表挐谦光。"

太平军入天台，钱氏后人为了铁券的安全，将其沉到深井之中。清光绪二十七年（1901），铁券再度失踪，后由绍兴嵊县（今绍兴市嵊州市）长乐镇钱氏族人用重金购回。1951年，长乐钱氏将这件家传宝物上交给嵊县人民政府，后移交浙江省博物馆。1959

年，金书铁券上交至刚落成的中国历史博物馆（今中国国家博物馆），鉴定为国家一级文物，展出直至今日。

三、衣锦还乡

"衣锦还乡"是汉语中一则源于历史故事的成语，源出西汉著名史学家司马迁《史记·项羽本纪》。项羽曾说过，富贵而不还乡，如衣锦夜行。意思是说富贵以后穿着锦绣衣服回到故乡，含有回乡炫耀的意思，后泛指荣归故里，可谓是人生的得意事之一。项羽霸业败亡，刘邦得了天下，回乡时留下"大风起兮云飞扬，威加海内兮归故乡"的《大风歌》。

五代的吴越国开国君主钱镠，同样留下了衣锦还乡的故事传说。

据《新五代史》《吴越备史》《十国春秋》等史书记载，因钱镠家乡临安（安国县）距其统治中心杭州较近，钱镠大规模"衣锦还乡"有五次，留下了不少生动的故事传说，其中以唐昭宗天复元年（901）二月和后梁开平四年（910）两次规模最为浩大，并制有《还乡歌》存世。至今在临安的街头巷尾，还能听到市民们津津乐道钱王衣锦还乡的故事。

到唐乾宁三年（896）五月，钱镠已经奉旨先后平定了意图称帝的刘汉宏、董昌之乱，于十月被唐昭宗授予镇海、威胜（后改威胜为镇东）两军节度使，满足了钱镠兼领两浙的愿望。第二年八月，唐昭宗又授钱镠为镇海、镇东军节度使，浙江东、西道观察处置等使，杭州、越州刺史，上柱国，彭城郡王（一说为吴王），复赐钱镠"金书铁券"，恕其九死。此时的钱镠已经征战多年，从一介私盐贩子到封王，称霸一方，位极人臣，可谓荣耀至极。

钱镠彩像

钱镠对家乡临安（908年以后改称"安国县"）有着深厚的感情。他认为"富贵而不归故乡，犹如衣锦夜行"，由此在自己统辖两浙后，在故里兴建了蔚为壮观的衣锦城和众多的第舍，《旧五代史·钱镠传》称之为"穷极壮丽"，又造功臣塔、功臣寺，并重修了天柱观、海会寺等宗教场所，使临安经济、文化得到了前所未有的发展机会。

作为一方诸侯，他殚精竭虑地治理两浙，但内心有些疲惫，与项羽一样，在成就了王业、成为一方之主以后，也想富贵还乡，让家乡的人民认可自己一生的功绩，得到来自家乡的慰藉。他想起汉武帝对朱买臣说的话："富贵而不归故乡，犹如衣锦夜行。"于是，《旧五代史·钱镠传》称他"岁时游于里中，车徒雄盛，万夫罗列"。

唐昭宗光化四年、天复元年（901）二月，五十岁的钱镠功成还乡，亲巡游衣锦营。他率领文武百官第一次回乡，一路上鸣锣开道，将所过之处山林树木都用各色锦缎铺裹披挂，可以说是盛况空前，荣归故里。他在故里大摆酒宴，招待乡亲父老。山林皆覆以锦，号其儿童时曾戏玩的大树为"衣锦将军"，以"表衣锦之荣也"。五月，唐昭宗赐封钱镠为"彭城王"，升钱镠故里衣锦营为衣锦城，封石镜山为衣锦山，封大官山为功臣山。钱镠在功臣山有故居，其地有婆留井，钱镠发迹后，置盔甲于井中，然后把井封锁，表示此井不复使用，其地捐舍为功臣寺。

次年七月，钱镠亲巡衣锦城。为了加强衣锦城的防卫，使衣锦城更加牢固、更显恢宏，钱镠命令武勇都指挥使徐绾领兵去修建衣锦城沟洫。至此，衣锦城的规模、形制真正确定，临安有了一座完整像样的城池。

唐天祐四年（907）春三月，唐敕升临安衣锦城为安国衣锦军。后梁开平二年（908）正月，敕改临安县为安国县，广义乡为衣锦乡，武肃王奏改衣锦军。

传说钱镠的父亲钱宽，每当获知儿子钱镠回到故里，都避而不见。钱镠不解父亲的意思，就徒步上前请教原因。钱宽回答："吾家世田渔为事，未尝有贵达如此，而今为十三州主，三面受敌，与人争利，恐祸及吾家，所以不忍见汝。"

后梁开平四年（910），五十九岁的钱镠尊梁为正统，梁帝朱温册封钱镠为吴越王，正式建立独立的吴越国。钱镠通过联姻等方式结好周边吴、闽、楚等王国，战事减少，杭州人口大增。捍海塘修筑后，杭州城有史以来第一次大面积向江边扩张。苏轼在《表忠观碑记》中说："吴越地方千里，带甲十万，铸山煮海，象犀珠玉之富甲于天下。"这一年的冬天，已年近花甲的钱镠决定回故乡过个年，遂第三次回乡，场面也是极其隆重。

除夕这一天，钱镠在他的故宅大摆酒宴，计有十余桌，盛情邀请家乡的父老共饮。这些衣锦城中的长者能安享太平之世，健康长寿，都以钱镠为荣。

在酒宴上，钱镠频频起身向父老乡亲敬酒，并命下属，凡是七十岁以上者换上银杯，八十岁以上者换上金杯，九十岁以上者换上玉杯。他一一执爵上寿，以示对乡老之敬重恩荣。

　　酒过三巡，钱镠便有些醉意了，他想起自己这半生以贩私盐起家，戎马倥偬，不觉已到了花甲之年，不禁感慨不已，遂起身对大家说道："昔日汉高祖衣锦回乡，唱《大风歌》，留下佳话。婆留虽然没有汉高祖之丰功伟业，但几十年来兢兢业业，未敢有丝毫松懈，方有今日之功业。婆留不才，趁着酒兴，也歌唱一曲，以慰谢在座的乡亲父老。"说完，他高兴地捧着酒杯高声吟唱自己亲自创作的一曲《还乡歌》，歌词曰：

　　　　三节还乡兮挂锦衣，碧天朗朗兮爱日晖。
　　　　功臣道上兮列旌旗，父老远来兮相追随。
　　　　家山乡眷兮会时稀，今朝设宴兮觥散飞。
　　　　斗牛无字兮民无欺，吴越一王兮驷马归。

　　这一首《还乡歌》，气势不凡，字里行间混杂着汉代刘邦和项羽两位英雄的影子。马绰等随从官员听后一片叫好，齐声欢呼。而当时的父老虽闻歌进酒，但都不知晓钱镠所唱歌词的意思。钱镠也感觉到了父老乡亲的情绪没有调动起来，于是他再次酌酒，用吴语山歌的调子大声唱起上面的歌词，词曰：

　　　　你辈见侬底欢喜，
　　　　别是一般滋味子，
　　　　永在我侬心子里。

　　待这首通俗易懂的山歌一唱罢，大家都听懂了钱镠的心意，遂一致拍手叫好，酒席上的气氛也热烈起来了，于是满座父老欢天喜地，合着拍子，与钱镠一同唱起这首歌。连那个九十岁的老妪都手舞足蹈地端着酒壶，激动得老泪纵横，扶摇着走上前去向钱镠敬酒，曰："钱婆留宁馨富贵。"一时欢声雷动，热闹非凡。

钱镠"衣锦还乡"，是他对家乡深深的眷恋和情感的寄托。清宣统二年（1910）版《临安县志》卷一《舆地志·古迹》曰："武肃王还乡，盛宴父老，山林皆覆以锦，故名衣锦营、衣锦山、衣锦南乡、衣锦北乡、锦溪、锦桥、昼锦台、昼锦坊、保锦山、衣锦将军木，为十锦。"临安区目前尚有衣锦街、锦桥居委会、保锦路、锦溪等称谓，是"十锦"记载的实物例证。

四、钱王投简

青龙、白虎、朱雀、玄武合称"四方之神"，为道教信奉的神灵。范镇《东斋记事》云：道家有金龙玉简，金龙以铜制，玉简以阶石制。历代帝王大多投龙为国斋醮。如唐代武则天金简、唐玄宗告水府银简等唐代简亦有所存世。唐代简上多记向神灵上苍祈求保佑身体健康、求得长生不老等帝王个人之事，几十字，常投于名山大川。

吴越国统治者钱镠等也不例外，尊崇道教，确信道教能为其霸业和统治带来实际利益。因此，每年依道法斋醮，向国内洞府名山河湖遍投龙简的活动，已经成为上升到国家高度的制度化仪式。如钱镠在《投告太湖龙简文》中，自称"大道弟子、天下都元帅、尚父、守中书令、吴越国王钱镠"，并云："自统制山河，主临吴越，民安俗阜，道泰时康，市物和平，遐迩清晏，仰自苍昊降佑，大道垂恩。今则特诣洞府名山，遍投龙简，恭陈醮谢，上答玄恩。"从文献记载和考古资料来看，历代吴越国国王钱镠、钱元瓘、钱弘佐、钱弘俶经常举行"投简"仪式，向杭州西湖、绍兴鉴湖、苏州太湖等水府名山投入刻有告文的银简。他们先后通过这种道教形式，祈求国泰民安，风调雨顺，百姓乐业。同时，小铜龙充当通神使者。早期吴越国王投简随意性较大，后来投掷时间为每年春秋两季的农历二、三、八月，由此成为定制，地址多选择和"水神""水府"相关的西湖、太湖、鉴湖，所记之事为祈求国泰民安、国运昌盛、辟土开疆、子孙兴旺等祝颂语，字数往往在200字以上。目前除尚未发现钱弘佐署款的投简外，其他四位吴越国王均有投简出土，绝大多数为告水府银简。

投龙简是封建皇帝举行"投龙"典礼时所用的刻有祭文的银牌。这种银简在吴越国首府所在地杭州西湖发现最多，为研究吴越国的历史、社会、风俗提供了珍贵的实物资料。在1955年进行的杭州西湖疏浚工程中，就曾出土过五枚五代吴越国国王投龙银简，

西湖疏浚出土的吴越国时期投龙银简钱元瓘五十三岁钱唐湖水府告文银简（浙江省博物馆藏）

现藏于浙江省博物馆。

西湖还出土过五代吴越国铜制的"金龙",也是与"投龙"典礼有关的遗物,现藏于浙江省博物馆。[①]

西湖疏浚出土的吴越国时期铜"金龙"

钱王银简作为吴越国历代国君为国家、百姓祈福消灾的信物,具有很高的文物价值,对史料记载缺失、不准确之处亦有所补充。

五、纳土归宋

赵匡胤代周称帝后,改国号为宋,授钱俶天下兵马大元帅等官职,加食邑 1000 户,实封 500 户。乾德年间(963—968),改封承家保国宣德守道忠贞恭顺忠臣,加食邑 2000 户,实封 800 户。

北宋开宝七年(974),应北宋诏令,吴越国配合出兵伐南唐,攻打常州。南唐在北宋、吴越两军夹击下,于次年十一月灭亡。宿敌南唐终于灭亡,但吴越国也没有了和北宋之间的缓冲地带,国家的终结只是时间问题。开宝九年正月,钱俶率王妃孙太真、世子钱

---

①黄涌泉、工士伦:《五代吴越文物 铁券与投龙简》,《文物参考资料》1956 年第 12 期。

惟濬从杭州出发，携厚礼前往北宋都城汴京朝觐宋太祖赵匡胤。这是钱俶本人暨历代吴越国王第一次亲自前往中原王朝都城。在汴京期间，他得到了宋太祖的盛情接待，眷礼甚厚。据宋代陈师道《后山诗话》等所载，宋太祖设宴款待吴越国国王钱俶，席间有廷内歌舞妓弹奏琵琶以助酒兴。钱俶当即献词道："金凤欲飞遭掣搦。情脉脉。看即玉楼云雨隔。"此词借金凤之惨态比己之惨境，打动了太祖。太祖对于钱俶的当庭献词则是大加赞赏，高兴之至，遂起身用手轻拍钱俶的后背，并当众承诺："我发誓不杀钱王。"钱俶听到宋太祖的承诺，感激涕零，表示自己愿意三年一朝。三月，钱俶一行即将离开汴京，当时晋王、丞相及中外臣僚有表章五十余封请扣留钱俶而取其地。宋太祖胸怀大量，识见超群，没有采纳大臣们的建议，说："钱俶在本国，岁修职贡无阙，今又委质来朝，若利其土宇而留之，殆非人主之用心，何以示信于天下也？"又说："无虑。俶若不欲归我，必不肯来，放去适可结其心。"赐钱俶回到本国，并厚赐与金币、名马等物。及钱俶向太祖辞行，并力陈愿奉藩之意。太祖曰："尽我一世，尽你一世。"再次在便殿宴请钱俶，屡劝以巨觥。陛辞之日，钱俶感泣再三。太祖命于殿内取一封识甚密的黄绢包着的御封匣子交给钱俶，且戒曰："候至本国开视，道中千万不要打开。"仍谕俶曰："朕知卿忠勤，若朕常安健，公则常有东南，他人即不可也。"俶感泣拜谢而去，他带着这个御封匣子踏上了归途，每天焚香拜之。既至钱塘（今浙江杭州），钱俶打开密匣一开，有数十轴章疏，都是宋朝宰相以上群臣向太祖所上的请扣留自己而取吴越国地的章疏。钱俶大惊，自是愈加感动和恐惧，不胜泣下，以表称谢。

当年十月，赵匡胤突然去世，其弟赵光义即位，旋即改名赵

炅，是为宋太宗。宋太宗
即位后，封钱俶尚书令兼
中书令、天下兵马大元帅。

太平兴国三年（978）
二月，钱俶为保住吴越国，
携带更为厚重的贡赋，第
二次入朝觐见宋帝。这次
入觐，钱俶自感国将不存，
临行前逐一告别诸先王陵
庙，泣拜以辞："嗣孙俶不
孝，不能守祭祀，又不能
死社稷。今去国修觐，还
邦未期。万一不能再扫松
楸，愿王英德各遂所安，
无恤坠绪。"祭拜一结束，

宋太宗全身像（台北故宫博物院藏）

他便大哭不止，伤心欲绝，以至无法站立。二月初六，钱俶一行从
杭州起程，三月二十四日到达汴京（今河南开封）。宋太宗礼待甚
厚，但是始终不肯放归。四月二十五日，陈洪进（914—985）纳
漳、泉两州归宋。北宋朝臣再一次要求宋太宗扣留钱俶迫使其纳
土。二十九日，钱俶上表请求北宋朝廷解除自己吴越国王、天下兵
马大元帅之职，取消寝书诏不名之制，条件是能够放他回去，被宋
太宗驳回。当时钱俶随行官员分为两派意见，宰相崔仁冀主张"纳
土"归宋，认为"朝廷意可知，大王不速纳土，祸且至"。侍郎鲍
约亦主张钱俶"纳土"。而同官胡毅等大多数官员则力言不可，强
烈反对纳土归宋。丞相崔仁冀曰："今已在人掌握中，去国千里，

惟有羽翼，乃能飞去耳！"又说："宋主英武，所向无敌。现在天下事势，不言可知。保族全民，方为上策。"认为除纳土已别无选择。钱俶思虑再三，一方面要遵从祖训"善事中国，勿以易姓废事大礼""要度德量力而知时务，如遇真主，宜速归附"等，另一方面顺应大势，让吴越百姓"免于燐青骨白之苦"，遂在崔仁冀一再告诫下，最终于五月初一上表宋太宗，"愿以所部十三州献于下执事，其间地里、名数，别具条析以闻"。宋太宗下诏允许钱俶"纳土"，并于崇元殿举行受献仪式，钱俶以一军十三州之地，共有86县、550680户人口、115036员兵士，暨民籍、仓库，尽献于朝。吴越国至此而亡，北宋实现和平统一。

钱俶"纳土"归宋以后，宋太宗封其为淮海国王，食邑1万户，实封1000户，仍充天下兵马大元帅、守太师、尚书令兼中书令，授宁淮镇海崇文耀武宣德守道功臣，赐剑履上殿。同时北宋朝廷还颁赐《誓书》：

> 誓书到日，率土之滨，皆不问罪犯轻重，各出图圄。钱氏之家，恐系远房，或高曾祖至曾玄孙以下，议杖刃伤遇死，一至七人者放，七人以上者奏；无居址者，遇所属州军县邑僧寺道观，令自措躬安歇；无官者可以荫资，有官者重跻极品。妄议谤言，奉持减剥，并不如命。钱氏到日，如朕亲行。今给此书，永为照据，与国同休。

世子钱惟濬为节度使兼侍中，其余各子亦授节度使、团练使、刺史等官，原吴越国官吏入宋继续为官者达2500余人。后来宋帝又对钱俶及诸子、近臣屡有加封、赐物。

同年八月，宋太宗诏钱俶缌麻（古代丧服名，用以表示血缘关系远近）以上亲属及管内各级官吏，分别乘坐1044艘船，在宋军沿线官兵护送之下，走水路前往京师，授以官爵。

苏轼在《表忠观碑记》中评价钱俶纳土归宋之举，"有德于斯民甚厚"，"有功于朝廷甚大"。

第二章

吴越文化的丰富内涵

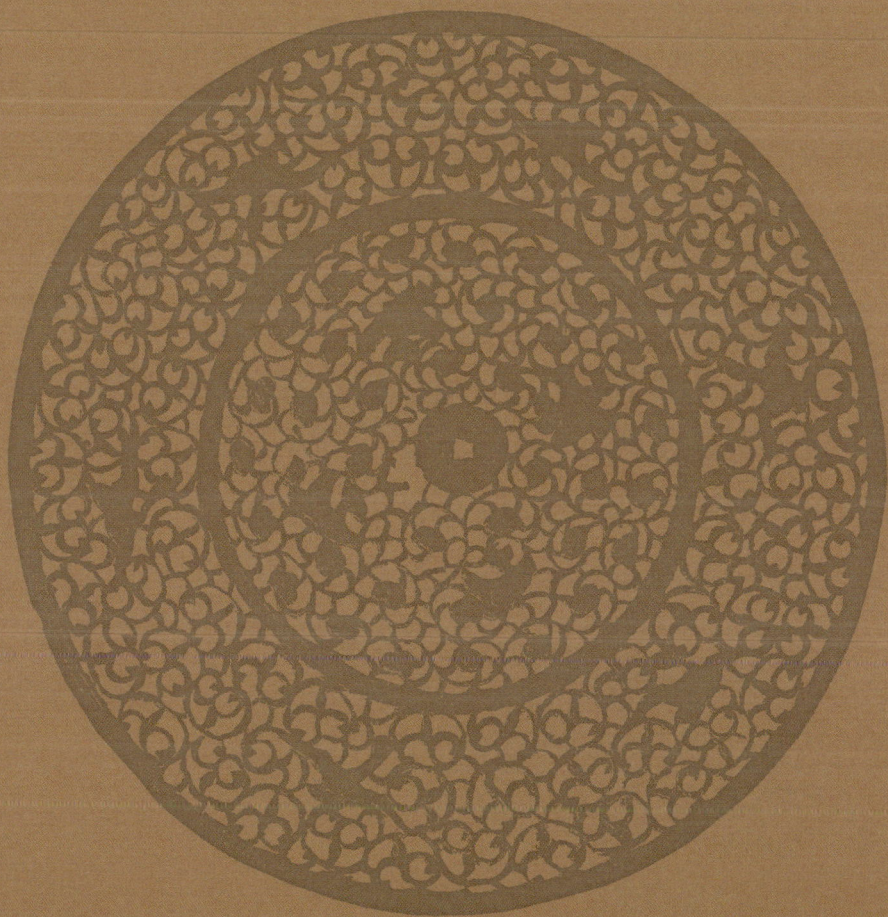

五代十国时期，中国文化出现了南重于北的局面，并正式确立了重心南移的势态。

吴越国社会安定，经济繁荣，促进了文化的大发展。罗隐《杭州罗城记》载吴越国时，"浙右富庶登丰之久，上下无事，惟以文艺相高"。特别是吴越王钱镠对文化建设非常重视，文臣如罗隐、林鼎、沈崧、皮光业等都得到重用。因此其文化水平，在当时南方诸国中名列前茅。

吴越国的官办学校教育少有记载。可能是因为战乱频起，时局动荡，影响了统治阶级对于发展教育的投入，官学教育似处于低谷。但是民间私人聚徒讲授和家庭教育之风很浓，发挥了传授学识和技能的主力作用。同时由于隋唐以来文化积淀的作用，吴越国在儒学、史学、文学、绘画、书法、石窟造像、石刻、天文、建筑等文化科学技术诸方面仍然不乏成绩卓著者。吴越国的道教、佛教，则继承隋唐时期的兴盛而步入极盛。

第一节 东南佛国

吴越国钱氏诸王，治浙八十余年，立国七十二载，都奉行"信佛顺天"与"保境安民"的国策。虽有唐武宗"会昌法难（842—845）"和后周世宗灭佛运动（955—959），全国佛教受到严重打击，却没有动摇吴越国钱氏诸王的"信佛"宗旨，他们悉心信佛、护佛、崇佛、弘佛，矢志不渝，于是吴越国佛寺名刹遍于山水之间，高僧云集，流派纷呈，佛学昌盛，遂有"东南佛国"的誉称。

一、寺院林立

杭城内外及湖山之间，唐以前为三百六十寺，及吴越立国，佛寺获存者仍达四百八十余所，"海内都会未有加于此者"。吴越国时杭州新建的大批寺庙中，著名的有理安寺、六通寺、海会寺、灵峰寺、云栖寺、玛瑙寺、清涟寺、宝成寺、开化寺以及南高峰下的荣国寺等。特别是一些大寺院，僧侣人数多达千人以上。如《景德传灯录》卷二六《杭州慧日永明寺智觉禅师延寿》载，建隆二年（961）延寿住永明寺时，"众盈二千"；他居此十五载，"度弟子一千七百人"。下面择要介绍几个。

（一）灵隐寺

灵隐寺，在浙江杭州西湖西北武林山后北高峰南麓，飞来峰前。始建于东晋咸和元年（326，一说咸和三年），比我国第一座佛教寺院洛阳白马寺晚200余年，比南京建初寺仅晚79年，是杭州最早的寺院，开山祖师为西印度僧人慧理和尚。据北魏郦道元《水经注》卷四〇《浙江水》"左右有石室三所"的记载，可见当初最早还是传统石龛。到南齐时期，灵隐寺已经很有规模，且知名于时。唐武宗会昌灭佛，灵隐寺寺毁僧散。

到五代吴越国时期，灵隐寺发展到了顶峰。光化三年（900），"无著大师"文喜在杭州圆寂，同年葬于灵隐山西坞。后晋天福十二年（947），钱弘俶接国王位，立即着手扩建整修灵隐寺。后周显德七年（即宋建隆元年，960），钱俶见灵隐寺倾圮颓败，从明州奉化雪窦寺迎请高僧延寿禅师来灵隐寺主持扩建整修工作。正殿为觉皇旧殿，后为千佛阁，最后为法堂。东建百尺弥勒阁，西有祇园（即紫竹林），在大雄宝殿前月台置有石塔两座，同时扩建僧舍，廊庑回曲，自山门左右连接方丈。扩建后的灵隐寺更名为灵隐新寺，全寺共有

民国时期灵隐寺大门牌楼

九楼、十八阁、七十二殿堂，先后共建殿宇房舍 1300 余间，住寺和挂单僧人多时达三千余。五代后梁至北宋间律宗高僧、佛教史学家赞宁就曾住灵隐寺。五代诗僧贯休曾题咏："元是西天住，飞来莫去休。未凭仙佛国，好似帝王州。"

（二）三天竺

灵隐寺旁有天竺灵山教寺，俗称下天竺，其南有中天竺禅寺、上天竺教寺，合称"三天竺"，成为一个独特的景区。三天竺之中，下天竺建寺最早，其中上、下天竺是教寺。据元代黄潜《弥陀兴福教院重建大殿记》所说，"浮图氏之聚，莫盛于钱唐之西山，而传天台家之学者，尤莫盛于上、下两天竺，据山川形胜以为法窟"。也就是说，上、下两天竺寺是佛教天台宗的寺院。中天竺则是禅宗的寺院，在宋代是禅院十刹之一。

法喜寺，又称上天竺寺，位于天竺路 338 号，背依白云峰。史载五代后晋天福四年（939），有僧人道翊在天竺白云峰下结庐修行。一天夜晚，见山涧里有祥光发出，走过去一看，得一奇木，遂请名匠孔仁谦雕刻成观音像。天福十二年，吴越国王钱弘俶即位，据说曾梦见白衣大士请求其修建住所，于是遍访湖山诸寺，而认定上天竺神木观音感梦，遂在上天竺开路筑基，建"观音看经院"，门刻《佛顶尊胜陀罗尼经》，并建幢记事，末行正书"吴越国王造"。这是上天竺寺院最早的名称。为此，后人将道翊称为"白云开山祖师"。后汉乾祐年间（948—950），僧人从勋自洛阳奉佛舍利至此，将其安放在观音雕像上，"妙相庄严，端正持好，昼放白光，士民崇教"。上天竺观音香火由此而盛。

法净寺，又称中天竺寺，位于灵隐寺南面、天竺山稽留峰北面，始建于隋开皇十七年（597），为中印度高僧宝掌禅师所创。宋太平兴国元年（976），吴越国王钱俶赐额"崇寿天圣寺"。其时，殿宇庄严，信众云集。

法镜寺，俗称下天竺寺，坐飞来峰，对月桂峰。东晋咸和五年（330）由慧理禅师创建，原为翻译佛经的地方，名"下天竺翻经院"。后转为佛寺，改名"灵山寺"，与灵隐、灵顺、灵鹫、灵峰四寺合称为"五灵"。隋开皇十五年（595），僧贞观法师在道安禅师和施主陈仲宝等的帮助下，扩建翻经院，并改称"南天竺寺"。贞观法师曾从天台宗创始人智者大师求法，并成为在杭州弘扬天台宗的第一人。其后，又有昙超法师倡教于此。唐永泰年间（765），赐额"灵山教寺"。五代吴越国时，钱镠改建下天竺翻经院为五百罗汉院，并延请慧宾法师掌理院事。

（三）净慈禅寺

净慈禅寺，位于浙江杭州西湖湖畔南屏山，五代后周显德元年（954）吴越国王钱俶建，赐名"慧日永明院"，迎衢州道潜禅师入寺，开坛说菩萨戒。因此，道潜为净慈寺的开山祖师。道潜圆寂后，钱俶又从灵隐寺请延寿法师主持寺院，成为净慈寺第一位住持。北宋时称"寿宁禅院"，南宋后称"净慈寺"，评定禅宗"五山十刹"时，净慈寺名列第三。

（四）韬光寺

韬光寺位于北高峰山腰、灵隐寺西北，创建于唐长庆年间（821—824）。其时原在四川修行的韬光学业有成，向其师父辞行，欲去各地云游参访以展学致用。他师父在其临行时嘱示："遇天可留，适巢即止。"当韬光禅师云游到杭州灵隐山巢枸坞时，恰值白居易在杭州任刺史，由是韬光禅师认为师父的嘱咐"遇天可留，适巢即止"（白居易字乐天）已应验，行道因缘应在此，于是他就在巢枸坞辟地筑庵，弘扬佛法，不久声名鹊起。他精通佛学，工诗，与白居易相得相知，结为诗友。相传韬光来杭不久，白居易就作诗一首，邀其入城。韬光作诗婉言谢绝。白居易策马进山，登门造访，与韬光汲水烹茗，吟诗论道，传为佛门佳话。五代后晋天福三年（938），吴越国王钱元瓘对其进行扩建，改称"广严院"。

（五）慧因高丽寺

慧因高丽寺又称"慧因寺"或"高丽寺"，位于西湖南岸赤山埠与玉岑山之间、小麦岭下，始建于五代后唐天成二年（927），吴越国王钱镠所建，原名慧因禅院。寺后有慧因涧，经寺侧流入西湖。明代潘晟《重修慧因讲寺碑记》："玉岑山龙盘其前，南高峰虎踞其右。擅诸山之胜，为名梵之雄。"《慧因寺志》卷一《原始》曰：慧因寺"面玉岑，背兔岭，赤山左翼，南高右踞，箕泉、蛟窗二水合流而南，绕于寺门，环转而东北，逗回龙桥，复南出赤山埠达于西湖。当是时，画船箫鼓犹得集于箕泉之下，信风气所萃也"。曾被列为杭城十大寺院之一。

（六）定慧禅寺

大慈定慧寺，俗称"虎跑寺"，位于西湖西南大慈山下。唐元和十四年（819），虎跑泉涌，高僧寰中（性空大师）来游兹山，乐其灵气郁盘，栖禅其中，开山建寺，宪宗赐额名为"广福院"。据说寺址原来并没有泉水，性空准备迁移到其他地方。一天晚上，性空夜梦神人跪着告诉他说："自师之来，我等微惠者甚大，奈何弃去？南岳有童子泉，当遣二虎移来。师无忧也。"第二天，果见两只老虎来寺跑地，泉遂涌出，甘冽可口，胜于常泉，命名为"虎跑泉"，成为杭州名泉。性空大师因此不走了，在这里建立伽蓝。寰中为蒲坂卢氏子，得法于百丈海，一时龙象，如南泉愿、临济玄、赵州谂、岩头豁、雪峰存、无著喜、钦山邃，都来咨叩道要。唐大中八年（854），赐名"大慈禅寺"。咸通三年（862），性空圆寂，寺僧建"定慧之塔"以纪念他。唐乾符年间（874—879），加"定慧"两字，名"大慈定慧寺"。后晋天福六年（941），钱弘佐接王位后在大慈寺门前建幢纪念，刻有《建幢记》。后晋开运二年（945），改该寺为"仁寿寺"。后复旧名，因寺内有虎跑泉，亦称"虎跑寺"。

（七）法相寺

法相寺在杭州南山赤山埠颖秀坞。五代后晋天福四年（939），吴越国王钱元瓘建，名"法相院"，邀请原住长耳相院之法真禅师住持。相传后唐时，有一位高僧名叫行修，号法真，泉州陈氏子，生有异相，长耳垂肩，长九寸，上过于顶，下可结颐，人称"长耳和尚"。七岁犹不言，或曰哑那，忽应声道："不遇作家，徒撞破烟楼耳。"长至金陵瓦棺寺，祝发受具，参雪峰义存。后唐天成二年（927），自天台国清寒岩来游钱塘，钱武肃王待以宾礼，延居法相院，依石为室，禅定其中。寺院缺少饮用水，他卓锡岩际，清泉迸出。后周广顺元年（951）正月六日，吴越国王钱俶诞日饭僧于寺，问今有异人否？高僧延寿看见行修，告诉钱俶说："此是长耳和尚定光佛应身，我王何不参拜？"钱俶一闻此话，立即趣驾参礼。法真知道此事后，叹道："永明饶舌。"不一会儿，行修坐到方丈室，召集全寺僧徒，沐浴，跌坐而化。

（八）梵天寺

梵天寺建于唐天祐元年（904），由吴越国王钱镠建，名顺天院。《吴越备史》卷一载：五代梁贞明二年（916）十二月，钱镠命恩州防御使钱铧，率官吏僧众，到明州鄞县（今宁波鄞州区）阿育王寺迎释迦佛骨舍利塔，归于城府。第二年，在顺天院建八面九级的城南塔，奉藏释迦舍利。寺院也因塔名而改称为"南塔寺"。后周显德五年（958），杭城火灾频繁，殃及南塔，南塔被焚毁，所幸释迦舍利塔被一僧人抢出，后供奉于龙华寺。宋乾德三年（965）六月，吴越国王钱俶重建南塔寺，并在殿宇前建刻有《陀罗尼经》石经幢一对。重建后的寺院规模宏大，有"月廊数百间"，寺内供奉武肃、文穆、忠献三王铜像，遍植白杨梅、卢橘等，成为当时名闻一时的寺院。同时，在寺内珍藏的5480卷《大藏经》制作精良，"碧纸银书，至佛号则用金书，牙签玉轴制作，甚是庄严"。

（九）圣果寺

圣果寺又名胜果寺，位于将台山与凤凰山之间笤帚湾西面。创建于唐乾宁年间（894—898），由文喜禅师初创，吴越国王钱镠在石壁上镌刻"西方三圣"及十六罗汉。北宋初，改名为胜果寺。圣果寺遗址有三佛石。"三佛"即西方三圣，分别为弥陀、观音、大势至，都以全跏趺式端坐于莲座上，高约10米，是杭州现存最大的佛像。

（十）其他寺院

天龙寺位于慈云岭西南、龙山之南，近八卦田。始建于唐代，时有天龙和尚在慈云岭之南龙山开山建寺，名天龙寺。宋乾德三年（965），吴越国王钱俶在此拓新寺宇，称天华寺，并延请镜清禅师住持。同时钱俶在寺后山岩造像。

云栖寺，位于杭州梅家坞五云山西南的云栖坞内。始建于五代吴越国时，北宋乾德五年（967），吴越国王钱俶下令建造云栖寺，迎名僧志逢主持。

法雨寺位于杭州理安山南、九溪十八涧山间，明吴之鲸《武林梵志》卷三《城外南山分脉》称其"南通徐村，北达龙井，七峰环绕，双涧合流，境地幽胜，视两峰、三竺，又一奇矣"。后周显德三年（956），师奉天台宗的伏虎志逢禅师在此结茅开山。

昭庆寺坐落于杭州宝石山东麓，面向西湖，始建于五代后晋天福元年（936），由吴越国王钱元瓘创建，初名"菩提院"。相传当时各寺僧人为建白莲社，诵经放生，行香礼佛，以昭示钱王护教利生的功德，故改名为昭庆寺。

真际寺位于杭州五云山顶。后周显德三年（956），伏虎禅师结茅开山，静修说法。相传那时五云山一带常有老虎出没，他经常携带一把大蒲扇，到山下人家化缘，所得钱财尽数用来买肉饲虎，并以自己的精诚感化猛虎。日久天长，猛虎终于被驯服，与其成为朋友，经常驮着他往返山中，"伏虎禅师"之名由此而得。乾德四年（966），五代吴越国大将凌超创华严道场，名"静虑庵"，又名"定慧庵"，奉为志逢终老之所。大中祥符元年（1008）改额"真际院"。

理安寺位于九溪十八涧，古称"涌泉寺"。五代后晋天福六年（941）吴越国王钱氏建，并延请伏虎志逢禅师为首任住持。

永福寺坐落于灵隐寺西石笋峰下，极清古幽邃，为湖山诸刹之冠，素称"钱塘第一福地"。清雍正《西湖志》卷一二《寺观三》引明《万历钱塘县志》："永福古刹，刘宋元嘉时，为琳法师讲所。"五代后晋天福二年（937）吴越国王钱元瓘建，名"资严院"。因寺院内有石如笋，高数十丈，故又名"石笋寺"。内有超然台及金沙、白沙两泉。

二、高僧大德

吴越国高僧大德辈出，知名的有慧恭、文喜、洪諲、贯休、契此、幼璋、无作、辩光、自新、道怤、宗季、仪晏、全付、行修、皓端、行瑫、道潜、师彦、僧昭、绍岩、延寿、志逢、惠明、彦求、永安、晤恩、义寂、赞宁、希辨、灵照、愿齐、契盈、清耸、弥洪、羲寂、德伦、德韶等。其中，文益为法眼宗的创立者；德韶为法眼宗创立者文益的法嗣；赞宁为佛教史学家，对宣扬南山律宗有很大贡献。

文喜（821—900），俗姓朱，《宋高僧传》卷一二《杭州龙泉院文喜传》记载其为嘉禾御儿（今属浙江嘉兴）人。出生后不吃荤腥，七岁出家。沙弥时已会讲经。唐武宗"会昌灭佛"期间，改穿俗衣，但胸中依然秘藏佛经。唐咸通七年（866），到浙西千顷山筑室为居。咸通十年，又到余杭县龙泉古城院。乾符六年（879），因避黄巢战乱到湖州仁王院。光启三年（887），钱镠任杭州刺史后请他到慈光院。大顺元年（890），受董昌、钱镠同时上表推荐，两度被唐昭宗赐予紫袈裟。乾宁四年（897），钱镠上奏唐朝廷赐号"无著大师"。光化三年（900）在杭州圆寂，同年葬于灵隐山西坞。天复二年（902）武勇都之变发生，徐绾、许再思的叛军和宣州田頵的军队扒开文喜墓塔，见其肉身不腐。钱镠在派人祭奠后，又重新加以安葬。

洪諲（？—901，一作813—895），俗姓吴，吴兴（今属浙江湖州）人。十九岁剃度出家，二十二岁被派往嵩山会善寺受具足戒。"会昌灭佛"期间，被强制还俗。但和其他僧人悲观绝望不同，据《宋高僧传》卷一二《唐长沙石霜山庆诸传（洪諲　令达）》记载，洪諲说:"大丈夫钟此厄会,岂非命也,夫何作儿女之情乎?"在长沙一位信士家中当了两年宾客。唐宣宗即位后,废除灭佛的法令,又重新为僧回到家乡的西峰院。咸通六年(865),到余杭径山朝见本师鉴宗。次年,无上大师圆寂,众僧推举洪諲继承他的法位。开始只有百余位僧侣,后增加到千人。景福二年(893),钱镠上奏朝廷赐洪諲"法济大师"封号。天复元年(901)圆寂,钱镠为其撰真赞并操办葬礼。洪諲有先见之明,钱镠刚从军时,洪諲就对他说:"好自爱,他日贵极,当与佛法为主。"后来钱镠发迹,对洪諲的赏赐和其他僧人不同。

幼璋(? —约929),俗姓夏侯,籍贯不详,为唐宣宗、唐懿宗时期宰相夏侯孜的侄儿。七岁时随伯父夏侯孜到广陵(今江苏扬州),游慧照寺时,听闻诵读《法华经》后就要求出家。天祐三年(906),钱镠派人送来衣服香料,请到杭州住持寺院,住于功臣堂,号"志德大师",钱镠每天亲自登门问法。幼璋请求每年在天台山建金光明道场,大会诸郡高僧大德。原本请求回去,钱镠又建造瑞龙院留其开法。后唐天成四年(929),求钱镠为其造灵塔,钱镠命陆仁章在西关选胜地。塔完成后,不久圆寂,享年八十余。

道怤(868—937),俗姓陈,永嘉人。幼年时性情就与常人不同,厌恶腥血之气。亲戚强迫他吃干鱼,还要担心呕吐。在开元寺出家,受具足戒,游历福建后,又到湖南地区。后住持越州鉴清院。皮日休之子皮光业学识渊博,据《宋高僧传》卷一三《后唐杭州龙册寺道怤传》记载,皮光业在寺中提出高深的问题考问他,"退而谓人曰:怤公之道崇论闳议莫臻其极"。钱镠慕其盛名,请他住持天龙寺,赐号"顺德大师"。钱元瓘时代建造龙册寺,供他居住,吴越国的禅学至此兴盛。后晋天福二年(937)圆寂,享年七十岁。

宗季（？—948），俗姓俞，杭州临安人。据《宋高僧传》卷七《汉杭州龙兴寺宗季传》记载，宗季幼年魁伟俊美，刚强正直。赴衢州出家后学习名数论，文义详博，以善辩知名。回到杭州后，在龙兴寺宣讲。在四十年中，培养弟子七八百人。后汉乾祐元年（948）圆寂。著有《永新钞》解释《般若波罗蜜多心经》，著《晖理钞》解释《观弥勒菩萨上生兜率天经》，另撰有《弥勒成佛经疏钞》《补猷钞阙》数十卷。

皓端（890—961），俗姓张，嘉禾人。九岁在灵光寺出家，二十岁受形俱无表戒。钱镠召其入王府罗汉寺讲训，又命其在真身塔寺宣导。钱弘佐赐其紫衣，称大德，赐号"崇法"。皓端于是决定不出寺门，以追慕慧远大师送客不过虎溪的亮节。他品行高洁，二十多年里没有多余的衣服，也不享用美食。居不闭户，除一榻外没有其他家具。北宋建隆二年（961）在寺内圆寂。著有《金光明经随文释》十卷、《著述传录记赞》七十余卷。钱弘佐之子钱昱任秀州刺史期间，崇敬皓端的德行，曾为其著有《行录》。

文益（885—958），俗姓鲁，余杭人，中国禅教"法眼宗"的创始人。年甫七岁，挺然出家，削染于新定智通院，依全伟禅伯。二十岁受戒于越州开元寺。后至鄮山育王寺，随从律匠希觉学律。文益通大乘佛教各宗派，且涉儒家经籍，希觉视之为佛门的子游、子夏。时南方兴禅，文益便南游入闽，到福州长庆院向慧稜禅师学习。尔后，文益在地藏院，得桂琛禅师点化觉悟佛法，终成一代宗师。后唐清泰二年（935），文益应抚州府州牧的邀请，在临州崇寿院弘扬佛法。晚年深受南唐烈祖李昪的敬重，先后在金陵（今江苏南京）报恩禅院、清凉寺开堂接众，署号"净慧"，世称"法眼宗"。由于金陵在五代宋初战乱较少，百姓文化水准较高，其思想得到较大范围传播。文益在金陵三坐道场，四方僧俗竞向归之。享俗年七十四，腊五十五。私谥曰"大法眼禅师"，塔号无相。俾城下僧寺具威仪礼迎，引奉全身于江宁县丹阳乡起塔。韩熙载撰无相塔铭。益好为文笔，《全唐诗》卷八二五存诗一首。著有《宗门十规论》。

德韶（891—972），俗姓陈，缙云人。幼年在本地出家，登坛受戒。后唐同光年间（923—926），他遍访名山，参见多位大德高僧。后进入天台山，寻访高僧智颛的遗迹，建立寺院道场，大力弘扬玄沙师备的禅法，皈依者很多。他善作预言，且事后都一一应验。当时钱弘俶任台州刺史，听闻德韶禅师的盛名，就请他来讲法，并以师者之礼侍奉他。据《十国春秋》卷八九《僧德韶传》记载，德韶告诉钱弘俶："他日为霸主，勿忘佛恩。"又称："此地非君治所，当速归国城，否则不利矣！"果然，后汉天福十二年（947）年底，内牙统军使胡进思发动政变，废黜忠逊王钱弘倧，召集军队将领迎立钱弘俶。钱弘俶嗣位之初，即将德韶迎至杭州，尊为国师，执弟子之礼。自此以往，直至其纳土归宋，钱弘俶对佛教始终倾注以极大的热忱。钱仁奉患病，派人到德韶处问签，签上写着"令公八十一"。钱仁奉以为自己得寿八十一，而实际是他在当年八月一日

四十三世天台德韶国师

清刻德韶国师画像

去世。德韶讲法简明扼要，摒弃旁支。他奏请钱弘俶派遣使者前往高丽誊写智颛遗著并带回国内，使天台宗得以中兴，在佛教史上有里程碑意义。北宋开宝五年（972）六月二十八日，德韶国师圆寂，寿八十二。《全唐诗补编·全唐诗续拾》卷四五存诗一首。

行瑫（895—956），俗姓陈，湖州人。唐天祐二年（905）出家，十二岁时已能背诵《妙法莲华经》。在余杭龙兴寺受具足戒，后前往金华双林寺听智新法师传授南山道宣《四分律删繁补阙行事钞》，为时人所推崇。行瑫佛理研究精进，曾说："所好甚者，不见他物之可好。吾之好也，乐且无荒也。"后唐天成年间（926—930），行瑫居吴越国越州，在寺中营建楼宇供养四方僧人，从无匮乏。后周显德三年（956）圆寂。行瑫性情正直，不当面夸人，也不背后诋人，更不趋附权贵，不储余财。著有《大藏经音疏》五百余卷。

僧昭，生卒年、俗姓、籍贯不详，其事迹主要见于《十国春秋》卷八九《僧昭传》和《五代史补·僧昭说踏钱》等文献。僧昭通谶纬之学，为钱镠所倚重，被誉为"国师"。有一天去面见钱镠，有孩子在身旁嬉戏，忽然这些孩子掉了数十文铜钱。钱镠说："速收，恐人踏破汝钱。"僧昭笑着说："汝钱欲踏破，须是牛方可。"后来钱镠之孙钱弘俶纳土归宋，吴越国灭亡。钱弘俶生于后唐天成四年（929），这一年为己丑年，正是牛年。

延寿（904—975，一作976），俗姓王，钱塘（今浙江杭州）人。曾在吴越国担任官职，负责监督筹集军饷，性情耿直，说一不二。能诵读《妙法莲华经》，后舍弃妻子儿女，削发染衣受戒出家。苏轼《东坡志林》载："（延寿）每见鱼虾，辄买放生，以是破家，后遂盗官钱，为放生之用。"而在出家以后，延寿更是大力倡导放生之举。据记载，他经常放生的地方就是著名的杭州西湖。明代王在晋《放生池记》一文中就提到："（西）湖南净慈寺山门临水，为永明寿禅师放生处。"延寿还曾上表将西湖辟为放生池，如宗鉴在《释门正统》中记载："（延寿）乞西湖为放生池。"钱弘俶听说延寿的名声，购买活物请他放生。此后，佛教的"放生"行为已逐渐演变成吴越地区（特别是杭州地区）一种十分流行的民间信仰习俗，并逐渐在全国范围流行开来。宋代的佛教寺庙多辟有放生池，供佛教徒和信众前来寺庙烧香拜佛时进行放生。如杭州西湖，正是由于延寿的影响，在历史上就曾以放生而闻名于世。后来延寿受聘住持重修的灵隐寺，又住持永明寺（即今净慈寺），封智觉禅师。与高僧赞宁一起督造六和塔，高树法幢。他心存慈爱，即便有人冒犯，也不生气。诵读《妙法莲华经》总计一万三千多部，鼓励信士建塔造佛。著有《万善同归录》《宗镜录》《注心赋》等十四种著作共一百一十三卷。其间，他受吴越国王钱弘俶之命，主持刻印过大量经文、佛图等。据北京国家图书馆所藏南宋绍兴三十年（1160）临安府北关接待妙行院比丘行拱募缘重开、钱唐鲍询书、李度雕的《心赋注》及释元照重编的《永明知觉禅师方丈实录》记载，延寿禅师刊印的佛经及佛图，计有《弥陀塔图》（亲手印十四万本），《弥陀经》《楞严经》《法华经》《观音经》《佛顶咒》《大悲咒》（以上约印于939年左右），《二十四应观音像》（914年开版雕刻，用绢素印两万本），《法界心图》（印七万本），《孔雀王菩萨名消灾集福真言》《西方九品变相毗卢遮那灭恶趣咒》（以上各印十万本），《阿閦佛咒》《心赋注》（延寿撰并注）。张秀民先生考证："东南的吴越国王钱弘俶与延寿和尚所印的大量佛教经像、塔图咒语，其中有数字可考者即有六十八万二千卷（或本）。数量之巨是空前的。"他不仅一生为吴越佛教做出了巨大的贡献，是中国佛教史与文化史上的一代巨匠，而且也为中外文化交流事业写下了光辉的篇章。高丽王读过他写的文字以后，常投书问道，执弟子礼，并派使者送来金线织成的袈裟、金澡罐等。后周显德二年（955），高丽僧智宗及随行而来的36位僧人入华，云游吴越国，参访杭州慧日永明寺延寿禅师，言下即付心印，升堂入座，默识玄旨。北宋开宝八年（975）圆寂，享年七十二岁，葬于西湖边的大慈山。

惠明，生卒年不详，俗姓蒋，钱塘人。惠明口才卓著，隐居天台山白沙时，前去和他辩论佛理的人无一不失败而回，因而被誉为"魔说"。不久，钱弘俶营建报恩寺，请他任住持，号"圆通普照禅师"。《宋高僧传》卷二三《周钱塘报恩寺惠明传》认为："然行玄沙正眼非明曷能致此"，意为：弘扬玄沙师备正法眼宗，除了惠明无人能担此重任。后周显德年间（954—960），惠明圆寂。

晤恩（912—986），俗姓路，姑苏常熟（今江苏常熟）人。十三岁时听人诵《阿弥陀经》后要求出家。后唐长兴年间（930—933），受具足戒，入昆山慧聚寺学南山律。悟性极高，同辈人很难和他比较，精通《妙法莲华经》《金光明最胜王经》和《摩诃止观》。平日严格遵守一日一餐的规定，离不开袈裟、食钵，不积蓄钱财，睡觉时必然是枕着右臂侧身入睡，坐时必是结跏趺坐。他所订立的僧堂制度严格，每天必须要天亮才能分粥。据《宋高僧传》卷七《大宋杭州慈光院晤恩传》记载，晤恩著有《法华经玄义》《法华经文句》《摩诃止观》《金光明最胜王经》《金刚锌》科目共三十五部刊行于世。北宋雍熙三年（986），晤恩圆寂，享年七十五岁。

羲寂（919—987），俗姓胡，温州永嘉人。少年出家，投开元寺受具足戒后，前往会稽学南山道宣《四分律删繁补阙行事钞》。通律义后，到天台山研寻止观之学。原本天台宗开宗祖师智者大师智颚的教迹在唐代安史之乱、会昌灭佛时屡遭禁毁，为了恢复智颚天台宗之学，羲寂想搜集他的著作，但仅仅在金华古藏中找到《维摩经疏》一疏。后来又请求德韶禅师托人渡海前往日本才把有关经书采购完全。自此，羲寂博闻多识。钱弘俶曾经阅读《永嘉集》，读到"同除四住，此处为齐若状伏无明三藏"一句，不明白意思，派人骑快马去问德韶禅师。德韶回答："羲寂洞明台道，必解此语。"于是，钱弘俶召见羲寂来解答问题。据《十国春秋》卷八九《僧羲寂传》记载，羲寂的回答是："此智者大师妙元中文。时遭安史兵残，近则会昌焚毁，中朝教藏残阙殆尽，今惟海东高丽阐教方盛，全书在彼。"钱弘俶于是派人携带国书、财礼前往高丽，希望能求得一套经书。高丽国王命国师谛观回访，将天台教部送还。谛观抵吴越国后，依然受学于羲寂。钱弘俶为羲寂建造定慧院，赐号"净光大师"，并赐紫方袍，羲寂再三推让，不得已才接受。高丽僧谛观回国前，将教藏全部交付羲寂研读，追谥"九祖尊者"。后周显德二年（955），高丽僧智宗及随行而来的36位僧人入华，云游吴越国。宋建隆二年（961）至天台国清寺，拜净光大师羲寂，品其禅味，从受《大定慧论》天台教旨。北宋雍熙（984—987）初年，永安县请羲寂在光明寺授戒。雍熙四年（987），临海、缙云、永康、东阳等县纷纷前来邀请授戒，同年十一月圆寂。著有《止观义例》《法华十妙不二门科节》。《释门正统》卷二《羲寂传》认为："台道郁而复兴，师之力也。"

赞宁（919—1001），俗姓高，吴兴郡德清（今浙江德清）人。后唐天成年间（926—930），在杭州祥符寺出家，后入天台山受具足戒。先学四分律，精研三藏。后入灵隐寺，学南山律。辩才卓著，纵横捭阖，人称"律虎"。钱镠时，曾任监坛和两浙僧统，赐号"明义"。宋太祖曾赐赞宁紫衣。北宋太平兴国三年（978），随钱俶纳土归宋入汴京，宋太宗赐号"通晓大师"。继而任命为右街副僧录，又命为翰林、史馆编修。敕令撰写《宋高僧传》。赞宁回杭后着手编纂，于宋端拱元年（988）定稿出版。宋太宗听说赞宁的名声，在慈福殿召对，问："朕见佛当拜乎？"赞宁回答："现在佛不拜过去佛。"太宗大喜，赐紫方袍。奉召编修《大宋僧史略》三卷。又著《宋高僧传》三十卷，为南北朝至五代、宋初六百多位高僧立传、附见。另有《内典集》一百五十二卷、《外学集》四十九卷、《通论》十卷、《笋谱》一卷等十二种著作共四百六十六卷。历任左街讲经首座、史馆编修、翰林馆编修、掌洛京教门事等职。

　　契盈，生卒年、俗姓不详，闽人。曾经修炼仙教，以断绝"三彭"①在人体内的作祟。后周广顺年间（951—953），来到杭州龙华寺，钱弘俶赐号"广辨周智禅师"。契盈思维敏捷，有一天陪钱弘俶游览碧波亭，当时潮水刚刚涨满，一眼看过去，水面船只见首不见尾，钱弘俶高兴地说："吴越国去京师三千里，谁知一水之利如此耶！"契盈回答："可谓三千里外一条水，十二时中两度潮。"时人把这一对子称为"骈切"。当时吴越国和中原之间隔着南唐，运往中原的贡赋都需走海路到达山东青州，所以契盈出此言。

---

①所谓"三彭"，又称"三尸"，为道教名词，指在人休内作乱、影响修炼的三种神。

三、佛学名作

活跃于吴越国末期的许多高僧，在理论和学术上取得了较高的成就，延寿就是其中的代表。

延寿集佛教禅宗、净土宗两宗的祖师于一身，编纂的《宗镜录》（又名《心镜录》）一百卷，以"举一心为宗，照万法如镜"之意为名，协调了有唐以来儒、释、道三教互争长短的纠葛，总结了宋以前中国佛学的得失，指出了此后中国佛教的发展道路，其圆融会通的佛学思想，不仅奠定了入宋以来中国佛教发展的基本走向，而且对开创宋代"三教合一说"具有重要意义。有学者认为："永明延寿以禅教净一致之倡导而名垂教史，实际上为此后中国佛教之整体发展开创了新风，为宋以后的禅教一致、禅净双修、性相融合的中国佛教之大趋势做了系统的理论准备。虽然宋代以后的中国佛教多少还带有某些宗派立场，但诸宗的融合统一则成了中国佛教的基本性格。禅教净之融合会通，世出世间法即三教之一致，渐为佛教界之普遍共识。"①南怀瑾曾称其是一部伟大的哲学巨构，他说："宋代有两部名著在文化上具有卓越的贡献：一部属于史学方面，即司马光历经十九年时间所编撰的《资治通鉴》，另一部为哲学的著作，即永明延寿禅师所撰写的《宗镜录》。"②宋太宗于淳化三年（992）二月初一将《宗镜录》连同他自己的佛教诗赋文章赐给了雪窦寺。其敕谕如下：

---

① 张家成：《永明延寿与吴越佛教》，《浙江大学学报（人文社会科学版）》2006年第5期。

② 南怀瑾：《宗镜录略讲》，民族知识出版社2000年版，第1页。

朕闻三教之兴，为法不同，同归于道。道也者，变通不测之谓也。自非洞识杳微，理穷性命，未有能通者也。朕听断之暇，无畋游声色之好，述成秘藏诠、逍遥咏，并佛赋、回向文，共三十余轴，遣内侍同僧守能赍赐明州瀑布观音禅寺，与僧《宗镜录》同归藏海。俾僧看阅，免滞面墙，坐进此道，乃朕之意也。

从上引赐谕不难看出，宋太宗也已深受延寿儒道释三教归一思想的影响。大宋江山初定，儒道释三家"正、清、和"思想的融合非常有利于皇朝统治的巩固和发展，尤其是此种融合已经在吴越国治国的实践中得到过成功的证明。

第二节　文化教育

一、学校教育

五代时期，吴越国与其他地区一样，官学也受到了很大的冲击。唐时所设的许多州学、县学，如新城县学、昌化县学、嘉兴县学、湖州州学、明州州学、鄞县县学、象山县学、余姚县学、剡县县学、婺州州学、温州州学、处州州学、缙云县学等，地方志记载多作宋时重修或重建、徙建，可能因为吴越国时期已被废置。如《咸淳临安志》卷五六载，富阳县学在县东，唐武德七年（624）

建，中毁于盗，绍兴十七年（1147）令徐端辅重建。而越州州学，《於越新编》明确记载"唐时置于城北，至五代而废，宋嘉祐中始迁南隅"。另有衢州州学，嘉靖《浙江通志》记载是宋宣和二年（1120）兵毁；松阳县学，《括苍汇纪》记载说吴越国时期尚存，宋宣和三年毁。《嘉泰会稽志》卷一所载诸暨县学，"唐天宝中，令郭（密之）迁于长山下。晋天福庚子，令赵湜移县东一里。皇朝景祐四年（1037），尉刘述重建"。这是文献记载中唯一明确吴越国时期尚存的县学。

虽然官学受到了很大的冲击，但是民间私人聚徒讲学和家庭教育之风很盛。前者如方昊就是著名的一位。方昊，字太初，青溪（今浙江淳安）人，生于唐末。唐朝灭亡以后，耻非所仕，遁隐岩谷之中。钱镠曾征召其出山，不就。在上贵精舍收徒讲学，以终其身，时人称之为"静乐先生"。据《方氏家乘·世系》，方昊为唐末方姓一世祖。后者如跟随父亲（诗人林无隐）流寓明州的侯官（今福建福州）人林鼎，每天读书必达天晓，所聚图籍全部手抄数遍，即使是残编断简，亦校雠补缀，无所厌倦，所著有《吴江应用集》。吴越国著名政治家、曾任吴越国丞相的钱塘人崔仁冀，字子迁，少勤奋笃学，有文采。入宋后，宋太宗授崔仁冀淮南节度使，累官卫尉卿、判大理寺，在抚州知州任内去世。

钱氏王室的家庭教育更为出色。如钱镠三子钱传瑛，天性英敏，十分喜欢儒学，家中藏书有数千卷。钱元瓘第二子钱文奉（909—969），精通骑射、击鞠，其知识面极广，涉猎经史、音律、图纬、医药。著有《资谈》三十卷、《贤语》三十卷。钱元瓘第十四子钱俨（937—1003），谨慎好学，虽寒冬腊月、酷暑炎夏，都不放松学习文化知识。钱弘佐长子钱昱（943—999），尤其好学，喜欢收藏图书，多所吟咏。钱弘佐长子钱惟治，自幼便喜欢读书，家中收藏有法帖、图书万余卷，多为珍异的图书。钱弘俶次子钱惟演（977，一作962—1034），于书无所不读，家中收藏图书之富几乎可与国家图书馆相比。史载钱俶临死之时，还命左右侍从读《唐书》数篇，命诸子孙诵调章诗什数篇。大概正因为钱氏王室重视家教，所以后人称颂钱氏子弟俱擅文采，而且学有专长者也不乏其人。

五代时期，浙江进士及第的有后梁开平年间的高彦（海盐人，官贵州刺史）、朱行先（海盐人，官尚书右仆射）、吴全智（仙居人，官光禄大夫）、樊腾蜚（仙居人），后唐天成年间的张文优（仙居人，官大中大夫），后晋天福年间的黄遂（东阳人，官工部尚书）、黄敬（东阳人）等人。

由此可见，吴越国在教育方面还是有成就的。

二、图书收藏

唐末五代，中原纷扰，文献多为战火焚毁，或散失。偏安东南一隅的吴越国，社会相对安定，因此，统治者有暇兼顾文化事业，在文献保护方面颇为时人所注目。《五代会要》卷一八《史馆杂录》记载：长兴二年（931）四月四日，史馆奏云："当馆昨为大中已来迄于天祐，四朝实录尚未纂修，寻具奏闻，谨行购分募。敕命虽颁于数月，图书未贡于一编，盖以北土州城，久罹兵火，遂成灭绝，难可访求。……念江表列藩，湘南奥壤，至于闽、越，方属勋贤，戈铤自扰于中原，屏翰悉全于外府，固多奇士，富有群书。其两浙、福建、湖广，伏乞特降诏旨，委各于本道，采访宣宗、懿宗、僖宗、昭宗以上四朝野史，及逐朝日历、除目、银台事宜，内外制词、百司沿革簿籍，不限卷数，据有者抄录进上。若民间收得，或

五代王齐翰《勘书图》

隐士撰成，即令各列姓名，请议爵赏。从之。"奏议中也提到了"两浙"，这也是吴越国对文化发展的一大贡献。据《吴越备史》卷一《武肃王》记载，"京师丧乱，文籍多亡。越州有裴氏书楼，昌悉取其书以贡授诸道采访图籍使"。

吴越国王钱镠子孙，颇多雅爱儒术、性喜藏书之辈，出现钱氏家族藏书盛况。如钱镠第三子钱传瑛，天性英敏，颇敦儒学，工草隶，聚书数千卷。又，《十国春秋》卷八三《武肃王子宁国公元玑传》记载钱文奉"所聚图籍、古器无算，雅有鉴裁，一时名士多依之。而禅流法齐辈亦借以取给焉，时有丁、陈、范、谢四人"。范成大《吴郡志》卷一一《牧守》载其"多聚法书、名画、宝玩、雅器，号称好事。又与宾僚共采史籍，著《资谈》三十卷行于世"。他还在苏州东园建造藏书楼，文人学士纷纷前去鉴裁，一时名士多去投靠他。忠献王长子钱昱以文章知名，雅善琴画，尤其喜好学习，喜欢藏书，多所吟咏。吴越国纳土归宋后，他还将钟繇、王羲之的八轴墨迹献给朝廷。钱镠四世孙钱易，专门收藏佛、道的书籍，藏书也非常丰富。钱弘俶的养子钱惟治，性好学，家中收藏法帖、图书万余卷，多是质量极高的图书版本。入宋后，他将钟繇、王羲之、唐明皇珍贵墨迹七轴献给朝廷。林鼎在文穆王时署镇海军掌书记、节度判官，据《十国春秋》卷八六《林鼎传》载，"性说正而强记，能书，得欧、虞笔法。比中年读书，必达曙。所聚图籍，悉手钞数过，即残编断简，亦较雠补缀，无所厌倦。国建，命掌教令，寻拜丞相。凡政事有不逮者，鼎必极言，罔忌讳"。高澧家在湖州，家里建有藏书楼，藏书较富，他曾延请太常博士丘光庭校书楼中。

在这一时期，杭州寺院藏书首推西湖凤凰山南麓的梵天禅寺。清代瞿灏《湖山便览》卷一〇《南山路》引前人著作述之甚明："宋乾德二年，钱王宏俶建，名南宝塔寺。三年，建经幢于寺门，铸武肃、文穆、忠献三王铜容供寺，见《吴越备史》。……又造《大藏经》五千四十八卷藏寺中，碧纸银书，书佛号则以金书。牙签玉轴，制甚庄严，见《临安志》。"据此，梵天寺《大藏经》当为传写本。其次是雷峰塔藏宝箧印经。民国十三年（1924）9月25日杭州西湖雷峰塔倾圮，塔砖孔中发现此经。经卷框高5.7厘米，长200.5厘米，经首镌刻"天下兵马大元帅吴越国王钱俶　造此经八万四千卷舍入西关　砖塔永充供养乙亥八月日记"三行文字，竖写并排三行（空格为直行结束处，西关砖塔即雷峰塔）。文左镌刻佛说法图，再左为经卷全文。据经首文字称，藏塔《宝箧印经》有八万四千卷。

道教宫观也有藏书的传统。吴越国王钱俶曾资助道士朱霄外编成金银字《道藏》二百函，藏于天台桐柏宫。钱俶重建《道藏》之事，北宋大中祥符三年（1010）夏疎所撰《重建道藏经记》中有载："五代相竟，中原多事。吴越忠懿王得为道士朱霄外新之，遂筑室于上清阁西北，藏金录字经二百函，勤其事也。"金元中亦说："如天台桐柏崇道观，乃五代之末吴越王钱氏所建。藏中诸经，拘集道童及僧寺行者，众共抄录，以实其中。碧纸银书，悉成卷轴。"此时的天台山玉霄宫还存有上清派道士叶藏质募造的道经一藏，号《玉霄藏》，合并桐柏宫的金银字道经二百函，约千余卷，为当时全国两大道藏之一。日本学者窪德忠《道教史》一书认为："也许吴越国的政治情况比较稳定，在约七十年间人民安居乐业，因此进行了搜集道经的工作，这为北宋真宗时编辑《道藏》打下了部分基础。据说吴越国的第五代忠懿王钱俶将搜集的道经藏于天台山的桐柏观。虽说是搜集的道经，不过其中有些经典可能也使用历来的经典名称，而实际上却换了新的内容。"①此外，杭州人暨齐物（一作物齐，又作济物），师玉清观朱君绪受法箓神符秘方。后随入大涤山中，依岩洞为室。又筑垂象楼，贮道书几千卷，朝夕讨论，贯穿精微，听者莫不忘倦。

第三节　文学艺术

一、小品名作

中国古代的散文在唐代发展到了高峰，出现了以韩愈、柳宗元为代表的两位大家。五代由于众所周知的原因，散文的成就远不及

---

①〔日〕窪德忠著，萧坤华译：《道教史》，上海译文出版社1987年版，第183页。

唐代。近人鲁迅在《小品文的危机》中评价说："唐末诗风衰落，而小品放了光辉。但罗隐的《谗书》，几乎全部是抗争和愤激之谈；皮日休和陆龟蒙……在《皮子文薮》和《笠泽丛书》中的小品文，并没有忘记天下，正是一塌糊涂的泥塘里的光采和锋芒。"

罗隐（833—909），字昭谏，号江东生，杭州新登（今属富阳）人。祖知微，福唐县令。父修古，应开元礼科。罗隐本名横，《吴越备史》称其"凡十上不中第，遂更名"。生当乱世，出身孤寒。早慧能文，自称"弱冠负文翰"。志向远大，关心时事，善于辞令，有辩才，曾自述道："生少时自道有言语。"这一段自由的生活使他初步养成了狂放的性格。他早年忙于科举考试，积极求仕，却因为出身寒门，善谐谑，所著的《谗书》抨击宦官，鞭挞朝臣，发泄怨愤，讽刺了时政，触犯了统治阶级，所以连考十次均遭落第，遂更名"隐"。咸通十一年（870）之后，奔波各地幕府求职，初从事湖南，历淮、润，做过几任小官，皆不得意。光启三年（887）润州发生兵变，镇海军节度使周宝被逐，罗隐回到家乡新登。同年，罗隐进入钱镠幕下，深得钱氏信重。史载罗隐"及来谒王，惧不见纳，遂以所为《夏口诗》标于卷末，云：'一个祢衡容不得，思量黄祖漫英雄'之句。王览之大笑，因加殊遇。复命简书辟之曰：'仲宣远托娄荆州，都缘乱世；夫子辟为鲁司寇，只为故乡。'隐曰：'是不可去矣。'……王初授镇海节度，时命沈崧草谢表，盛言浙西繁富。崧以示隐，隐曰：'今浙西兵火之余，日不暇给，今朝廷执政方切于贿赂，此表入，执政岂无意于要求耶？'乃请更之。其略曰：'天寒而麋鹿常游，日暮而牛羊不下。'朝廷见之，曰：'此罗隐辞也。'及为《贺昭宗更名表》曰：'卜则虞舜之全文，右则姬昌之半字。'当时京师称为第一"。罗隐性不喜军旅，唯与丞相杜建徽友善。宣州叛卒五千多人来投诚，钱镠收纳了他们，并把他们当作心腹看待。当时罗隐在钱镠幕府中，屡次劝谏说这是敌国之人，不可轻易信任，但当时任镇海节度使的钱镠不听。钱镠初以杭州作为西府，当时刚刚建好杭州城墙，上面建有众多供守兵瞭望敌军动静的无顶盖高台（即望楼），他带着宾僚巡览宏伟的城墙，不禁回头洋洋自得对左右官员说："百步一敌楼，足以言金汤之固。"可时已61岁的罗隐明知这些无顶盖高台为抗拒外敌之用，但假装不懂地说："建这些是为了什么？"钱镠听了颇为不解，惊讶地说："您难道不知道这是为了防卫敌人攻城用的吗？"罗隐听后说："如果为了退敌，为什么不向里建筑呢？"钱镠大笑说："本来就是用来抗拒外敌，设于内有何作用？"罗隐回答说："以隐所见，就是应该设于内耳。"以此暗指宣州叛卒是敌人，要钱镠提防杭州城内可能发生的变故。钱镠听后慢慢说："敌楼不若内向。"后来钱镠巡视衣锦城时，武勇指挥徐绾、许再思等人果然率领宣州叛卒发动兵变，火烧青山镇，进攻中城，好在城中早有准备，徐绾等兵变很快便失败了。这

罗隐像

次徐、许之乱，几乎让吴越钱氏灭国。大家都认为罗隐有先见之明，对政治具有极高的洞察力。有一天，罗隐生病，钱镠亲自前往看视，因题其壁云："黄河信有澄清日，后代应难继此才。"罗隐坐起而续末句说："门外旌旗屯虎豹，壁间章句动风雷。"罗隐由是以红纱罩覆其上，其后果无文嗣。

罗隐累官钱塘县令，寻授镇海军掌书记、节度判官、盐铁发运副使，授著作佐郎、司勋郎中，历迁谏议大夫、给事中，赐金紫。卒年七十七岁。

罗隐颇有诗名，《唐才子传》称其"诗文凡以讥刺为主，虽荒祠木偶，莫能免者"。著作有《吴越掌记集》三卷，《江东甲乙集》十卷，《江东后集》三卷，《湘南应用》三卷，《灵璧子》《两同书》十篇，《谗书》五卷，《淮海寓言》七卷等，多已散失。今存《江东甲乙集》十卷并补遗一卷，《谗书》五卷，《两同书》两卷，《广陵妖乱志》一卷及杂著三十余篇。

罗隐在散文创作上有不凡的成就，其代表作当数咸通八年（867）春自编的《谗书》，为五代成就最高的讽刺性小品文。罗隐在《谗书·重序》中说："然文章之兴，不为举场也明矣。盖君子有其位，则执大柄以定是非；无其位，则著私书以疏善恶，斯所以警当世而诫将来也。"《谗书》中的愤激之情在作者的自序中跃然纸上："取其所为书诋之曰：'他人用是以为荣，而予用是以辱；他人用是以富贵，而予用是以困穷；苟如是，予之书乃自谗耳。'目曰谗书。"《谗书》的文章长于论史，借史论时，多有独到精辟的见解。元代方回跋《谗书》云："所为《谗书》，乃愤闷不平之言，不遇于当世，而无所以泄其怒之所作。"

此外，孙郃、钱易、钱惟演、毛胜等人的散文也达到了较高的水平。

　　孙郃，字希韩，四明人。与方干友善。乾宁四年（897）进士。
好荀扬、孟子之书，学退之为文，仰慕韩愈。曾为校书郎中、河南
府文学。其文为钱珝所序，诗有"仕官类商贾，终日常东西"之
句。旧四十卷。朱温篡唐时，他愤而作《春秋无贤人论》，脱冠裳，
服布衣，归隐于明州奉化山。著书纪年，全部用甲子，以示不臣于梁。
有《孙子文纂》四十卷、《文格》二卷、《孙子小集》三卷。今《全
唐文》卷八二〇收录有孙郃《送无作上人游云门法华寺序》一文。

　　钱易为钱弘佐之子，"才学敏赡，数千百言援笔立就"，有《金
闺瀛州西垣制集》一百五十卷，《青云总录》《青云新录》《南部新
书》《洞微志》一百三十卷，还有《钱氏家话》一卷。

　　钱惟演（962—1034），钱弘俶次子，"博学能文"，"文辞清丽，
名与杨亿、刘筠相上下"，既是一位史学家，也是一位文学家。难
能可贵的是还"尤喜奖励后进"。

　　毛胜，晋陵（今江苏常州）人。仕吴越国忠懿王钱俶为功德判
官，作《水族加恩簿》，假托沧海龙君之命，对42种水产，各按性
状姿态、烹饪技巧、口味特色和药理作用，一一给予加官晋爵，构
思独特，文章典赡，一时传为佳话。

　　章鲁封（一作鲁风），桐庐人，"少与罗隐齐名"，有《章子》
三卷。

二、唐诗遗风

　　五代的诗歌，沿袭唐代，但其成就远不及盛唐。从区域来说，
南盛于北。《五代诗话》例言云："十国文物，首推南唐、西蜀，闽
则韩（偓）、黄（滔）、翁（承赞）、徐（寅）诸君子连茵接轸，美

秀而文……楚风不竞，而天策十八学士炳炳琅琅亦拔戟自成一队。吴越似稍亚，然有罗江东一人便大为浙水吴山生色。孙光宪之于荆南也，亦然。"吴越国涌现出了不少诗人，其中以贯休、罗隐、罗邺、罗虬、吴仁璧、沈崧、皮光业、林鼎等人为代表。

（一）诗僧贯休

贯休（832—912，一作913年卒），唐末五代时期著名诗僧。俗姓姜，名贯休，字德隐，婺州（今金华）兰溪人。出生于一个破落的士大夫家庭。七岁时便投本县和安寺圆贞禅师出家为童侍。雅好吟诗，工于绘画。十余岁时，常与僧处默隔篱论诗，或吟寻偶对，或彼此唱和，见者无不惊异。贯休受戒以后，诗名日盛，远近闻名。尝有句云："一瓶一钵垂垂老，万水千山得得来"，时称"得得和尚"。二十岁的时候，贯休受具足戒。咸通六七年（865—866），他三十三四岁，离开家乡，开始漫游，经吴地由长江船行西上，至庐山、钟陵（今江西南昌），习经传法。后来几年，到过长安、商州、建州，拜谒过多位刺史，并到处投诗，受到当地官员的器重和赏识。广明元年（880）六月，婺州被黄巢的起义军攻陷，贯休辗转避地常州，后又避乱入庐山。黄巢之乱平定后，贯休后又游淮南一带，到杭州居灵隐寺，曾谒镇海军节度使、浙西观察使钱镠。贯休曾献给钱镠一首诗《献钱尚父》诗："贵逼人来不自由，龙骧凤翥势难收。满堂花醉三千客，一剑霜寒十四州。鼓角揭天嘉气冷，风涛动地海山秋。东南永作金天柱，谁羡当时万户侯？"[①]

----

①吴任臣：《十国春秋》卷四七《贯休传》，第2册，第670页。《唐诗纪事》卷七五所载的文字与此多有差异："贵逼身来不自由，几年勤苦蹈林丘。满堂花醉三千客，一剑霜寒十四州。莱子衣裳宫锦窄，谢公篇咏绮霞羞。他年名上凌烟阁，岂羡当时万户侯？"

这首诗中的"鼓角揭天嘉气冷，风涛动地海山秋"句道出了钱塘潮的排山倒海之势，钱镠见诗大喜，却仍意有不足，遣门下吏对贯休说道："教和尚改'十四州'为'四十州'，方许相见。"贯休回答说："州亦难添，诗亦难改。贫僧闲云野鹤，何天不可飞，而必欲见耶？"即日便飘然离杭去往蜀地，只留下他所画的《十六罗汉像》在杭州灵隐，时人尽服其高。唐天复三年（903），贯休入蜀，受到蜀主王建礼遇，赐号"禅月大师"。贯休在蜀中圆寂后，王建又在成都北门外为其修建灵塔。

贯休的诗集称《禅月集》，共收集了他创作的近八百首诗歌，有乐府古题，古风杂言，五言律诗、七言律诗等，分为十二卷。这些诗歌可以大体分为两大类，一是禅诗，二是世俗诗。诗风以豪放奇崛见长，诗歌极其追求清冷意境，滋生出幽幽的禅趣。而诗歌的语言、句式上具有口语化、散文化的特点，通俗易懂。他的诗思想丰富，艺术成就颇高，是我国历史上一位成就卓著的诗僧。据王嘉良教授主编的《浙江文学史》一书所说，最能反映贯休忧世和忧民思想的有几首：

谁信心火多，多能焚大国。谁信鬓上丝，茎茎出蚕腹。尝闻养蚕妇，未晓上桑树。下树畏蚕饥，儿啼亦不顾。一春膏血尽，岂止应王赋。如何酷吏酷，尽为搜将去。（《偶作》）

这首诗描写了一个蚕妇为了应付苛捐杂税，日夜养蚕纺织，但一春膏血全部被官府酷吏搜将而去，使得家中一贫如洗，孩子也是更加饥饿了。此诗充分体现了作者对劳动人民寄予了无限的同情，对压迫百姓和搜刮民脂民膏的豪门酷吏则给予无情的抨击，具有现实的意义。

另外还有一类赞扬贤良，崇尚讽谏。如贯休《读唐史》诗：

> 我爱李景伯，内宴执良规。君臣道昭彰，天颜终熙怡。大簸怕清风，糠秕缭乱飞。洪炉烹五金，黄金终自奇。大哉为忠臣，舍此何所之。

这是一首歌咏唐朝忠臣的诗。李景伯在唐中宗时任谏议大夫，父亲是宰相李怀远，敢于讽谏，独为箴规语以讽帝。史称唐中宗曾宴侍臣及朝集使，酒酣，使令各为《回波词》，在场的官员全部谄言媚上，以求得皇帝的荣宠。独李景伯对"众皆为谄佞之辞"十分不满，说："回波尔时酒卮，微臣职在箴规。侍宴既过三爵，喧哗窃恐非仪。"中宗听后不悦，但中书令萧至忠称赞景伯曰："此真谏官也。"贯休对这些敢讲真话、一身清风正气的忠臣，给予了充分的肯定，并加以表彰，祈求能够有英雄和贤良人物出现，以救助当时贫困百姓脱离苦海。

当然，贯休也创作有不少的田园诗作。如《春晚书山家屋壁》（其一）：

> 柴门寂寂黍饭馨，山家烟火春雨晴。
> 庭花蒙蒙水泠泠，小儿啼索树上莺。

这是一首非常知名的田园诗。一、二句写的是农民趁着春雨过后天晴的大好时光忙于春耕、山家门外无人声的寂寂景象，显现出一派温馨、宁静的农村氛围。黍饭是黄米饭，是时人待客的佳肴；馨是香的意思，表示屋里飘出米饭的香气。三、四句先写庭院花色迷蒙、流水泠泠的清幽环境，接着突然出现一个小儿的特写镜头，顿时使无声变有声、静态变动态，透露出天真稚气、盎然生机，也体现了作者对山村宁静、舒适、温馨的田园生活的热衷和向往。

（二）罗隐、罗邺和罗虬

罗隐是晚唐和五代时期有名的诗人。他的诗，抒泄感情，平淡自然，篇篇皆有喜怒哀乐，是一位讽刺诗人，为读者所喜爱。他的诗和文章都为世人所推崇，与天台罗虬、同县罗邺，被合称为"三罗"。曾有"吟诗罢征鱼"的逸事流传湖上。据说钱镠统治两浙等地时，由于征敛繁苛，西湖的渔民每天必须向官府缴纳数斤鱼，因为钱镠曾担任过杭州防御使，镇海、镇东军节度使等职务，所以这些被征收的鱼被称为"使宅鱼"。渔民们颇以为苦。有一天，钱镠请罗隐为一幅画姜子牙垂钓的《磻溪垂钓图》题诗，罗隐便在画上题诗上谏国主道："吕望当年展庙谟，直钩钓国更谁如？若教生长西湖上，也是须供使宅鱼。"这首诗歌表达了自己对"使宅鱼"制度的不满，罗隐通过这一巧妙的规劝进谏，促使钱镠随即下令免除了西湖渔民的这一沉重负担。钱镠对罗隐的才华和忠心也颇为赞赏，他在所作的《题罗隐壁》诗中表露无遗："特到儒门谒老莱，老莱相见意徘徊。黄河信有澄清日，后代应难继此才。"

罗虬（？—约881），台州天台人。以诗才闻名，词藻富赡，事迹主要见于《唐才子传·罗虬传》中。官至台州刺史。为人狂放，不检点约束自己。曾相中高官门下一名为"杜红儿"的歌姬，并馈赠礼物，未被接受，遂杀该女子获罪。不久遇大赦，他选取了一批古代姿色艳丽、富有才情的美女作为题材写绝句百首以求赦免。流传至今的主要是《比红儿诗》一卷，语句流畅自然，音韵和谐。

罗邺（825—约900），余杭人。擅长写律诗，《唐才子传·罗邺传》载："时宗人隐、虬，俱以声格著称，遂齐名，号'三罗'。"明代杨慎认为罗邺的诗歌成就要超过其他"两罗"，其《升庵集》卷五四《三罗诗》说："晚唐江东三罗，罗隐、罗邺、罗虬也。皆有集行世，当以邺为首。如《闺怨》云：'梦断南窗啼晓乌，新霜昨夜下庭梧。不知帘外如珪月，还照边城到晓无。'《南行》云：'腊晴江暖鹧鸪飞，梅雪香沾越女衣。鱼市酒村相识遍，短船歌月醉方归。'此二诗，隐与虬皆不及也。"唐咸通年间（860—874），罗邺屡试不第，作诗："故乡依旧空归去，帝里如同不到来。"曾有官员慕其诗名欲招徕任职，因旁人反对未成。罗邺遂前往北方戈壁大漠的少数民族首领帐下，不久抑郁而终。《唐才子传》对其评价很高，称："邺素有英资，笔端超绝，其气宇亦不在诸人之下。"时人称为"诗中虎"，现流传有《罗邺诗》一卷，存诗一百六十五首。

（三）历代钱王均擅诗

吴越国创建人钱镠，好吟咏，通图纬学，喜作正书。《全唐诗》卷二九存诗两首。《全唐诗补编·全唐诗补逸》卷一存诗一首，同书《全唐诗续补遗》卷一二存诗十五首，同书《全唐诗续拾》卷四五存诗两首。这些诗歌除前面所述的《巡衣锦军制还乡歌》外，知名的还有《没了期歌》："没了期，没了期，营基才了又仓基。没了期，没了期，春衣才了又冬衣。"《筑塘》："天分浙水应东溟，日夜波涛不暂停。千尺巨堤冲欲裂，万人力御势须平。吴都地窄兵师广，罗刹名高海众狞。为报龙神并水府，钱塘且借作钱城。"《九日同群僚登高（并序）》："淡荡晴晖杂素光，碧峰遥衬白云长。好看塞雁归南浦，且（一作'宜'）听砧声捣夕阳。满眼旌旗皆动色，千株橘柚尽含芳。锦袍分赐功臣后，因向龙山醉羽觞。"《造寺保民》："百谷收成届应钟，南方景象喜重重。三秋甘泽烟尘息，四序和风气色浓。播种勤耕盈廪庾，兆民兴让洽温恭。广崇至道尊三教，盖为生灵奉圣容。"这些诗歌大多与其政事有关。还有一些他游览名胜古迹的诗歌，如《青史楼引宾从同登》："云阁霞轩别构雄，下窥疆宇壮吴宫。洪涛日日来沧（一作'苍'）海，碧嶂联联倚太穹。志仗四征平逆孽，力扶三帝有褒崇。如今分野无狼孛，青史楼标定乱功。"《石镜山》："卯岁遨游在此山，曾惊一石立山前。未能显瑞披榛莽，盖为平凶有岁年。昨返锦门停驷马，遂开灵岫种青莲。三吴百粤兴金地，永与军民作福田。"《功臣堂》："今夕虽非丰沛酒，醪醨同醉恰吾乡。两邦父老趋旌府，百品肴羞宴桂堂。宝剑已颁王礼盛，锦衣重带御炉香。越王册后封吴主，大国宣恩达万方。"《罗汉寺偶题》："九夏听蝉吟，已知秋气临。高梧上明月，深巷捣寒砧。好对吴山秀，宜观浙水深。一登灵鹫阁，宝地胜黄金。"《西园产芝》："五纪尊天立霸基，八方邻国尽相知。兴吴定越崇王道，珍物平凶建国仪。忽有灵根彰瑞应，皆由和气感明祇。休言汉代芝房异，今日吾邦事更奇。"《隐岳洞》："百尺金容连翠岳，三层宝阁倚青霄。手炉香暖申卑愿，愿降殊祥福帝尧。"

钱镠之子、吴越国第二任国王钱元瓘，著有《锦楼集》十卷。《全唐诗补编·全唐诗续补遗》卷一二存诗两首，同书《全唐诗续拾》卷四五存两句。据史载，吴越国王钱元瓘常从佛道思想中取材，抒写自己对社会和人生的感怀，从而促进了吴越国文学艺术（尤其是诗歌）的发展。如后晋天福三年（938）七月，婺州金华县招隐乡民李满，于溪中得香炉一枚。钱元瓘颇为重视，亲为题写《得铜香炉并序》以记其事。序文使用了天尊、道气、玄功、太上仙客等道教专用术语。其诗云："莫记年华隐水中，忽于此日睹灵踪。三天瑞气标金相，五色龙光俨圣容。节届初秋兴典教，时当千载庆遭逢。仙冠羽服声清曲，共引金台入九重。"而《送别十七哥》诗："大伯东阳轸旧思，士民襦裤喜回时。登临若起鸰原念，八咏楼中寄小诗。"兄弟之情溢于言表。

钱元瓘之子、吴越国第三任国王钱弘佐，《全唐诗补编·全唐诗续补遗》卷一二存诗两首。如其《佳辰小宴寄越州七弟、湖州八弟》诗："角黍佳辰社稷宁，灵和开宴乐群英。樽前只少鸰原会，百里江城隔二城。"《谒宝塔回赐僧录》："佛日辉光最有灵，真身宝塔镇吴城。千寻独拔乾坤耸，八面齐含日月明。几曲朱栏瞻海浪，长时金铎振风声。祷祈只愿苍生泰，更仗高僧法供精。"钱元瓘之子、吴越国第四任国王钱弘倧，著有《越中吟》二十卷，《全唐诗补编·全唐诗续补遗》卷十二存诗四首。

钱元瓘之子、吴越国最后一任国王钱弘俶（入宋改为钱俶）。好吟咏，自编其诗为《正本集》（又作《政本集》）十卷，陶毂为序。《全唐诗》卷三七存诗一首《宫中作》，卷八七九有《吴越王与陶毂酒会》一句。《全唐诗补编·全唐诗续补遗》卷一二存诗十二首，句二，同书《全唐诗续拾》卷四六存诗两首。其诗多为远赴北宋京城开封的路上所作，如《过平望》记："风静度长川，清吟倚画船。未分山有树，惟见水连天。沙嘴牛眠草，波心鸟触烟。宵征还有兴，皎皎玉轮圆。"《金陵》："不用论京口，先须问石头。虎山终自伏，带水漫长游。青盖曾彰谶，黄奴肯识羞。分明前鉴在，刚地弄戈矛。"《过楚州》："驻马楚城南，秋光带雨寒。地平无岛屿，淮近足波澜。圣德常柔远，烝民赖此安。行吟复行酌，朝野正多欢。"《舟中偶书》："轻舟画舸枕江滨，眼底波涛日日新。瞑目稳收双足坐，不劳询问醉禅人。"《小窗》："粉云牙贴小窗凉，坐见澄波泛夕阳。更持夜深方有意，半环新月上重床。"《村家》："竹树参差处，危墙独木横。锄开芳草色，放过远滩声。稚子当门卧，鸡雏上屋行。骑牛带蓑笠，侵晓雨中耕。"《渔者》："罟网是生涯，柴扉隔水遮。不辞粗俗气，惟取大鱼（一作'渔'）虾。贳酒方登陆，怜春亦种花。等闲乘一叶，放旷入烟霞。"也有他到开封后，表达其对宋太祖、太宗感激之情的诗作，如《读圣寿诗》："功格皇天伪国平，八方臣妾尽来庭。骏奔幸逐朝宗水，雀跃俄逢绕电星。就日心虽悬紫阙，祝尧身尚处洪溟。寿山耸峙将何愿，泰华千霄万仞青。"《感皇子远降见迎》："千年遭遇觐真王，敢望青宫赐显扬。只合承华趋令德，岂宜中道拜元良。深思转觉乾坤大，力弱难胜雨露滂。早暮三思恩泰极，饱餐丰馔饱亲光。"《感降内夫人赐家室药物金器》："鱼轩相逐拜龙轩，圣主俄推望外恩。锡宠便藩光石窌，内嫔迢递下金门。嵩衡压地何曾重，鸡犬升仙未足论。臣憨已平难展报，只将忠孝训儿孙。"《宫中作》记："廊庑周遭翠幕遮，禁林深处绝喧哗。界开日影怜窗纸，穿破苔痕恶笋芽。西第晚宜供露茗，小池寒欲结冰花。谢公未是深沉量，犹把输赢局上夸。"《路次再感圣恩》："洪涛泛泛雨霏霏，芳草如茵柳袅丝。贴水碧禽飞一字，隔烟青嶂展双眉。南风入隙开襟久，西照临窗卷箔迟。惭愧圣恩优渥异，不教炎暑冒长歧。"

三、陌上花开

钱镠虽是武人出身，但不乏深厚的文学涵养。只要是临安人，几乎没有不知道"陌上花开"这个千古流传的爱情典故的。据《钱氏家乘》等书记载，武肃王钱镠恭穆王妃戴氏（？—912）为临安县人。她每年春天一定要回到家乡临安省亲，有一次她一直到春色将尽、花开遍野仍然没有回到王城杭州，钱镠对王妃非常思念，便派人送书信给王妃说："陌上花开，可缓缓归矣。"意思是：田间小路上鲜花盛开了，你可以慢慢赏花，不必急着回来。①这封书信短短九个字，言简意赅，字里行间饱含着钱镠对发妻的真挚感情，且朗朗上口，令人无限想象。此事传开后，即成为历代文人名士题咏的佳话。以至千百年来，人们把它奉为"天下第一情书"。民国时期的江南才子徐志摩就对钱王的《陌上花开》进行了解读：那是春天里一幅最美妙的图画，在粉黛佳丽的簇拥下，一位美若天仙、仪态雍容的贵夫人，款摆腰肢，走在一千多年前的江南临安的阡陌上。这时，一骑快马飘然而至，驿者把一封书信递给贵夫人。原来，吴越王嘱爱妃只管消受春色，不必急着回宫，"陌上花开，可缓缓归矣"。缓缓归，缓缓归。多么柔情的一句话！吴人遂将钱王书信中的话改编成了歌曲传唱，所含情思婉转动人，使人听了心神凄然。当时这首吴人《陌上花》歌，在民间广为

---

①据《钱氏家乘》卷五《武肃王年表》，钱镠于唐咸通五年（864）聘戴氏，时年钱镠13岁，戴氏年龄应与之相当。咸通十四年，钱镠正式迎娶戴氏。后梁乾化二年（912），戴氏去世，谥号恭穆。墓在保锦山后，今明堂山。根据现有文献，戴氏或未生育子嗣。不过在《十国春秋》《吴越备史》中，有关"陌上花开"的逸闻被归入庄穆夫人吴氏传记下。戴氏、吴氏皆为临安籍。

流传。

北宋熙宁年间（1068—1077），吴越国"国除"的百十来年后的一个秋天，在杭州为官的苏轼到临安考察民情，他在游览九仙山时，听见当地儿童在唱钱镠《陌上花》，认为歌声非常动听，但它的歌词比较粗俗、浅陋，因此想给它换掉，不禁即兴创作《陌上花》三首，对其歌词进行了修改，诗曰："陌上花开蝴蝶飞，江山犹似昔人非。遗民几度垂垂老，游女长歌缓缓归。""陌上山花无数开，路人争看翠辇来。若为留得堂堂在，且更从教缓缓归。""生前富贵草头露，身后风流陌上花。已作迟迟君去鲁，尤教缓缓妾还家。"翻译成当今的白话文，意思如下："春天时节，田间小路上的鲜花盛开了，蝴蝶在花丛中翩翩飞舞；这迷人的春色、美丽的江山，跟吴越王妃每岁春必归临安时的景象并无不同，然而，随着时光的流逝，往昔的主人早已不复存在，只留下了令人凄然的故事传说。经过了几度春秋，吴越王朝的遗民已经渐渐地衰老了，但出游的女子们仍在长声歌唱《陌上花》，缓缓地返归家乡，以寄托她们对王妃的追忆与悼念。""田间小路和山上的野花盛开，路上的行人争相围观王妃的彩车驶来。如果要留住这明艳的春花，那就暂且听从钱王的意见，不要急着返回王城，多看看这一美景。""吴越王烟逝，爱妃云去，只留下一个美丽动人的历史故事游荡在临安的陌上，供人凭吊。这生前的富贵荣华好似草尖上的露珠，死后的风流情感正如那春天田间小路上的野花。钱王你已眷恋不堪地离开杭州纳土归宋去了，嘱咐妻子不要急于从陌上归家。"不愧为文学大家，东坡文笔之美、意境之深自然是出身军人的钱王无法比拟的。怅对古人，一番凭吊，令人唏嘘不已。

四、二王手泽

五代十国时期，书法艺术主要承袭晚唐遗风。杭州作为吴越国首都，书画名家荟萃。

吴越国钱氏统治者对于书法的重视和雅好并不亚于绘画，甚至有过之而无不及，所以其繁荣也甚于画坛。《吴越备史》卷一《武肃王》载开国国王钱镠便曾学习书法，"能书写，甚得体要"。《宣和书谱》卷五说他喜作正书，作品"刚劲结密，似非出用武手"。其书法笔迹，今有两种流传：一是浙江省博物馆藏钱镠、钱俶批牍，字数很少；另一件是民间流传的钱镠尺牍，是七行草书，有书法价值。

钱镠后人如三子钱传瑛工于草书、隶书，文穆王钱元瓘二子弘僎能书，钱元瓘第十一子弘仪"工草书、善弈棋，皆及上品"，第十三子弘仰"尤精书法"。

吴越国末代国王钱俶，也擅长草书和隶书，宋太宗"以王善草隶，遣中使取王草书笔迹。王以风疾，手不能握笔，命将往时所书绢图草字，遣世子惟濬同中使以进"，宋太宗为之下诏奖谕褒美，并赐金盒玉砚一副，龙凤墨一百斑，红绿笔一千管，盈丈纸二百轴，白绢三百尺。《宣和书谱》曾经评价钱俶书法：钱俶草书"斡旋盘结，不减古人"。还记载说，钱俶的草书，内府仅存有《国子监直讲补牒》一件和《手简》一件。《宣和书谱》著录的内府所藏《草书手简》目前尚可见到，据吴越王三十世孙、清代学者钱泳等考证，手简应作于978年或983年，是钱俶写给亲近叔辈家属的回信，其内容表露出钱俶纳土归宋后，在汴梁城屡次风疾复发，内心烦躁、痛苦的生活状态。

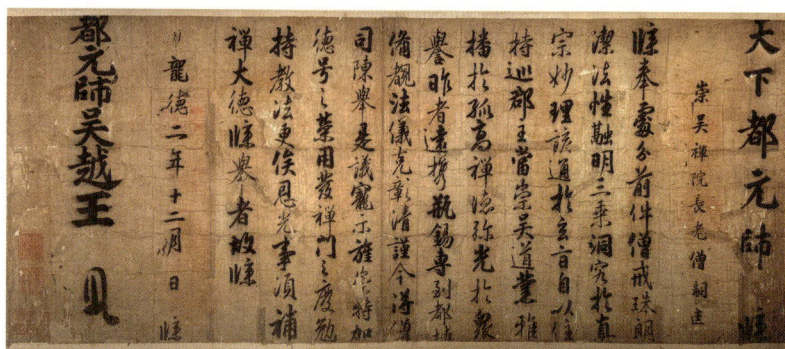

钱镠《崇吴禅院长老僧嗣匡》行书牒文

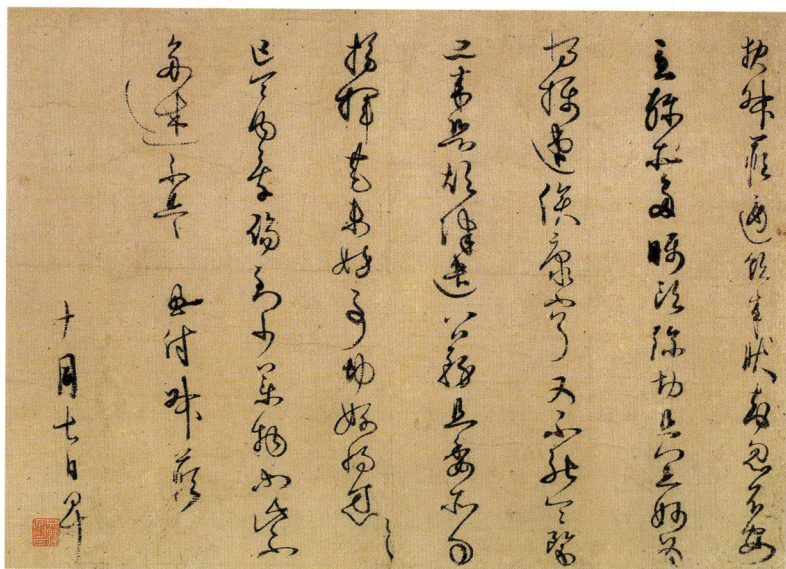

钱俶草书手简

浙江省博物馆收藏有吴越国王钱镠、钱俶二王纸本合卷。此卷纵29厘米，横101.4厘米。全卷分为两段，前段系钱镠给崇吴禅院僧嗣匡的行书牒文，书于后梁龙德二年（922）十二月。后段系庆禅院僧崇定上奏楷书表文，有吴越国最后一位国王钱俶的批字和花押，据考系书于北宋太平兴国二年（977）闰七月。两段"钱王手泽"均得唐代书法精髓，历经千年，流传至今的钱王存世墨宝，已是凤毛麟角，它可以说是弥足珍贵了。

此外，忠献王钱弘佐长子钱昱擅长书法，宋太宗闻其善书，诏令进笔札，阅后非常赞赏，赐御书金花扇二、《急就章》一、御翰三十轴。忠逊王钱弘倧之子钱易"善寻尺大书行草"。钱俶长子钱惟治草隶擅绝，尤好"二王"书，其在书法理论上也多有心得，认为"心能御手，手能御笔，则法在其中矣"。宋太宗曾与翰林贺丕显评鉴钱惟治的书法艺术时说："诸钱皆效浙僧、亚栖之迹，故笔无骨，独惟治工耳。""浙僧"即智永，亚栖即释亚栖，洛阳人，皆以草书闻名。

在吴越国官员中，林鼎为一位著名的书法家。林鼎（890—944），字涣文，原籍侯官（今福建长乐）。其父无隐流寓明州（今宁波），依刺史黄晟。林鼎生于明州大隐村，及长，为武肃王钱镠观察押牙。文穆王钱元瓘袭位后，署镇海军掌书记、节度判官，官至丞相。他能书，书法法式得"二王"及初唐欧阳询、虞世南笔法，尤以书写草隶知名，颇为时人所重。

而在民间，当以贯休、辩光最为著名。综合《宋高僧传》《宣和书谱》《益州名画录》等书的记载，贯休擅长书法、图画，时人比诸唐代的怀素、画师阎立本。他独创一体，作字尤奇崛，篆文雄健，至草书益胜，争鸣于时。更为释门所重，有"能草圣"之誉。由于俗姓姜，故人号为"姜体"。崇峻之状，可以想见其人。喜书（千文），世多传其本。钱镠初据两浙时，正想树堂立碑，大封功臣，要贯休题诗刊于碑阴。贯休遂向钱镠献诗一首。后至荆南，荆南节度使成汭仰慕贯休的书法盛名，想请他教自己书法，贯休又说:"此事须登坛可授,安得草草而言!"恼羞成怒的成汭将其逐出荆州。据《宣和书谱》记载,北宋宣和朝内府曾收藏贯休草书七件、行书一件。其代表作有草书《常侍帖》、《千字文》(六通)及行书《梦游仙诗》。

辩光也是一位书法家。他生卒年不详,俗姓吴,永嘉人。幼年于陶山寺出家剃度,不与常人交往,看不起一般的僧侣,写诗喜欢写古调诗,常用生僻字眼,善于写草隶。几经周折,拜大书法家陆希声为师,得到"撅、押、钩、格、抵"五字拨镫真传,于是书法日益精进。唐昭宗听说辩光的盛名后,便下诏接见,请他在御榻前书写,并赐紫方袍。回到浙江后,辩光拜见钱镠,因其个性孤傲,不为钱镠所喜,于是回到明州地区,寿终正寝。

五、绘画艺术

五代时期的绘画艺术上承唐代传统,下开宋代画风。一方面是宫廷绘画依然带有浓艳华贵气息,但不少画家与社会保持一定的联系,艺术上有卓越的创造;另一方面在山水画和花鸟画上取得了令人瞩目的发展,对后世产生了深远的影响。其时吴越国的画坛,名家荟萃,虽然现存资料有限,但还是可以看出其表现的广度和深度,以及与其时我国整个画坛同步发展的趋势,达到了较高的水平。郑午昌先生在《中国画学全史》第八章《五代之画学》中认为:"盖吴越在五代时,亦称治平之国,得有闲暇,讲究绘事。"

(一)名家荟萃

元代夏文彦《图绘宝鉴》卷二便载吴越国开国国王钱镠善画墨竹,与南唐后主李煜并称为五代皇帝中的画家。钱氏家族中善画者也不乏其人。如钱镠四弟钱铧,"善丹青"。文穆王钱元瓘养子钱弘俟，"工于画艺"。忠献王钱弘佐长子钱昱亦"雅善琴画"。钱弘佐侄子钱仁熙，为钱昱从弟，喜读书，善丹青，尤工水牛，多写于纨扇之上。忠逊王钱弘倧之子钱昆，工于绘画，常绘寒芦沙鸟于团扇，人们竞相收藏，以为珍宝。

吴越国统治者对于绘画的重视和雅好，曾经吸引了不少外地画家如山东的王道求、高唐的李群、河北的张质、唐希雅等人进入吴越国。据《鲁山峰书典》记载，山东画家王道求、高唐画家李群，皆因"钱越王所召"而"同时入吴越"。王道求为人物画家，善画鬼神及畜兽。入宋时曾去开封大相国寺作壁画，观者如堵，名重一时。李群也是人物画家，作品有《醉客图》《孟说举鼎图》等，但是只见著录，未见真迹流传。风俗画家张质，据《图画见闻志》《图绘宝鉴》等记载，有《村田鼓笛》《村社醉散》《踏歌》等作品传世。唐希雅祖籍河北，因五代离乱，迁于江南，落籍嘉兴。唐希雅初学后主李煜金错刀法，后又吸取其他笔法作画，用颤掣笔势写竹画树，爱写荆棘荒野之景，气韵萧疏，别有意趣，尤长花竹翎毛，是一位堪与徐熙媲美的五代江南花鸟画代表画家。

此外，吴越国时期的浙江籍画家还有王畊、钟隐、罗塞翁、蕴能、陆晃等人。

王畊，善画，尤精牡丹，一时被称为"丹青之冠"。

钟隐，天台人，因长期隐居钟山，遂以为姓名，实则为号。《图画闻见录》称钟隐善于画猛禽榛棘，注重阴阳向背，能以墨色的深浅分出物体的正面与背面。起初想拜南唐著名画家郭乾晖为师，但又怕遭拒，便改名换姓住在郭乾晖家，直到有一天，钟隐画了一只鹞鹰在墙上，郭乾晖急忙去看，问："子得非钟隐乎？"于是对其刮目相看，钟隐由此师从郭乾晖，并深得其旨，闻名一时。钟隐作画常以画花竹禽鸟自娱，也善画山水、人物。其画作深得南唐后主李煜的喜爱，李煜常在钟隐画作上盖章题词并加以珍藏。有《周处斩蛟图》传世。

罗塞翁为罗隐之子，善于画羊，《宣和画谱》卷一四说其"善画羊，精妙卓绝，世罕见其笔"。北宋时，余姚陆家曾收藏一卷，精妙卓绝。后归孙元规家收藏。

蕴能，是一位画僧，浙江人。工杂画，善画佛像，也画山水、花卉。

陆晃，嘉禾人。善丹臒，多画村野人物及道像、天辰、神仙等，又喜为数称，如三仙、四畅、五老、六逸、七贤、山阴会仙、五王避暑之类。南唐元宗李璟闻其名而欲召之，后因听说此人好纵酒，少臣子之礼，才作罢。

（二）贯休的罗汉画

吴越国的罗汉画，在当时的画坛上别具特色。罗汉像始于唐代而盛于五代。由于罗汉功德神通、随应所需、普渡众生，极易深入民间，使人们有亲近之感，激发了广大民众的崇敬之情，而对罗汉供养和布施可以获得因果报应的这种十分现实的利益也促进了罗汉信仰的广泛流行。①这个时期画罗汉声名卓著、成就最高的人就是张玄和贯休。

据《宋高僧传》卷三〇记载，贯休"长于水墨，形似之状可观"。宋代黄休复《益州名画录》卷下载贯休"画罗汉十六帧，庞眉大目者，朵颐隆鼻者，倚松石者，坐山水者，胡貌梵相，曲尽其

---

①樊珂：《论五代十国时期人物画的题材和功能》，《吉林艺术学院学报》2019年第3期。

五代贯休《十六罗汉图》（局部）

态"。他自己说是梦中所见，醒后画之，因称"应梦罗汉"。所画的十六罗汉，生动逼真，用笔遒劲，线条紧密自如，在造型上富有艺术的夸张意趣。据说贯休在杭州时，曾受众安桥强氏药肆之请，画出罗汉一堂，并自称"每画一尊，必祈梦得应真貌，方成之"。当时的文人士大夫，皆有歌诗赞赏。宋太平兴国初，宋太宗搜访古画，程羽将贯休罗汉十六帧进呈，欧阳炯作《禅月大师应梦罗汉歌》："西岳高僧名贯休，高情峭拔陵清秋，天教水墨画罗汉，魁岸古容生笔头……若将此画比量看，最是人间为第一。"他的罗汉画，是古代佛教绘画史上的名作，可惜真迹传世绝少，多数是宋代摹本，还有不少是后人伪托。有的流传日本，有的刻本分散各地。在杭州，有丁观鹏的摹刻本，原藏净慈寺。杭州孔庙内尚存有他画的罗汉刻石十六方，刻石原在西湖圣因寺内。清乾隆南巡，看到此碑，赞不绝口，并亲笔修改名号，题写赞词。

（三）墓室壁画

五代吴越国的墓室壁画也达到了较高的水平。自20世纪50年代以来，先后在今杭州城区及临安市两地发掘、清理了9座钱氏家族墓，这些墓葬大多在中后室墓壁发现有精美的壁画和天文星象图，殊为难得。

1962年，浙江省文物管理委员会在临安县城南二里许功臣山下清理了五代钱元玩墓。墓室为土坑石椁，外加筑拱顶砖室，分前后两室，前室施彩绘，后室四壁上沿雕刻宽带状牡丹花图案，每组图案由一大一小的牡丹花纹组成，上面着有颜色。大花心施金色，花瓣涂红色，叶着石绿色；小花着色不同，花瓣红色，叶金色。四壁中部为四神浮雕。青龙腾跃于左，遍体披鳞，背鳍、腹甲和唇部着朱；白虎猛踞于右，腹部瘦长，背施黄黑间色斑纹，红地；朱雀昂首奋翼，通体染红，屏羽加点褐彩；玄武底色用黑，蛇缠龟体，蛇身施以朱绘。四壁下部浮雕十二生肖神像，自北壁正中的"子"开始，顺时针方向排列：东壁为寅、卯、辰，南壁为巳、午、未，西壁为申、酉、戌，北壁为亥、子、丑。每像各居一龛，双手拱在胸前，十二生肖抱于怀中。[①]

1996年12月，在临安市西南11千米的玲珑镇祥里村发现五代马氏康陵。康陵墓室平面呈长方形，分为前、中、后三室。前室为砖砌，中、后室双重墓壁，外壁用砖砌拱券，内壁为石板结构，前室左右各有一个耳室，内壁石灰涂抹，彩绘牡丹树。后室四壁浅浮雕彩绘四神：青龙、白虎、朱雀、玄武，凿出十二个壶口形龛，龛

---

①浙江省文物管理委员会：《杭州、临安五代墓中的天文图和秘色瓷》，《考古》1975年第3期。

康陵墓室彩绘白虎神像（选自《五代吴越国康陵》）

康陵墓室彩绘缠枝牡丹和宝相花（选自《五代吴越国康陵》）

康陵墓室后室和青龙全貌（选自《五代吴越国康陵》）

康陵墓室后室后额枋金凤凰（选自《五代吴越国康陵》）

内雕刻十二个手捧生肖动物的人物像，方柱、额枋上用金箔贴飞翔的凤凰，顶部刻有一幅完整的天文星象图，绘出银河，用金箔贴饰218颗星。[1]

此外，吴越国的民间画手也不乏其人，仅就杭州西湖雷峰塔所出吴越版刻《宝箧印经》，即可见其一斑。

六、石刻造像

石窟造像是佛教建筑的一种，源于印度，大约阿育王（？—前232）时代已有。其时，"苦修僧"们效法释迦牟尼（约前565—前486）苦修，于僻静山崖凿窟（亦称"石窟寺"）居住，白天外出行乞，晚上住寺修道。此后佛教信徒们为表达对佛的虔诚，捐舍"净财"，邀聘能工巧匠，或在石窟内雕凿佛像即所谓石窟造像，或在巉岩石壁上开窟凿像即所谓摩崖龛像，或在露天石壁上雕造佛像，用以祈求福禄，并逐渐成为风气。

石窟造像大约东汉以后传入中国，并首先在北方兴起，经过南北朝时期的发展，到了唐代，无论在数量上和艺术上都达到了高峰，盛极一时。浙江早期的石窟造像有依山开凿的新昌大佛寺的石弥勒大佛，雕于南朝梁天监年间（502—519），原为立像，元元统二年（1334）改为坐像。新昌石城山千佛岩石窟第一窟中两菩萨主像也具有南北朝时期风格。此外，绍兴柯岩造像和羊山造像，据说为隋唐时期作品。前者，《柯山小志》说："石佛高五丈六尺，相传隋开皇间有石工发感为之，未成而逝，以禅之子，子复禅孙，三世讫

①杭州市文物考古研究所、临安文物馆编著：《五代吴越国康陵》，文物出版社2014年版，第34页。

功。"后者相传隋朝采羊山之石筑罗城，罗城竣工后留下一处高数十丈、周十余丈孤石，工匠历经七世，终于就岩凿成大佛一座。除此以外，少有建树。

唐末以后，中原战乱，北方石窟造像逐渐衰落，长江流域四川、江浙一带，由于社会相对比较安定，佛教相对比较繁荣。随着佛教重心的南移，石窟造像于是在南方崛起，并形成了自己独特的风格。吴越国的石窟艺术虽不及云冈、龙门，却正好起到了承上启下的作用，使得中国石窟造像的历史没有被中断。这不仅对于佛教的发展有着重要的意义，而且在发扬中国的石窟造像艺术、延续中国的石窟造像历史方面，也有特殊的意义。[1]

吴越国王三代尊奉佛教，造像之风甚盛，尤其在国治杭州。这一带寺宇林立，石窟造像也大多分布在这里，比较著名的如南塔寺（后改梵天寺）造像，凤凰山圣果寺"西方三圣"、罗汉造像，天龙寺无量寿佛、弥勒、无著、世亲等造像，慈云岭资延寺阿弥陀佛、观音、势至等造像，烟霞洞罗汉造像以及灵隐飞来峰"西方三圣"造像等。

（一）慈云岭造像

慈云岭造像位于浙江杭州将台山与玉皇山之间的慈云岭南坡，即凤凰山右翼的将台山和玉皇山之间。后晋天福七年（942），吴越国忠献王钱弘佐在慈云岭南建资延寺，并在石壁上凿两龛造像，即慈云岭造像。造像整体采用圆雕的技法。主龛高5.8米、宽10米，顶部呈弧拱状，中塑"弥陀三尊"。本尊阿弥陀佛居中，左侧为观世音菩萨像，右侧为大势至菩萨像。三佛像都作全跏趺坐式坐于莲

---

①李志庭：《浙江通史》第4卷《隋唐五代卷》，浙江人民出版社2003年版，第395页。

花座上，莲座花瓣饱满，被须弥座托起；背光均作宝珠形，中间浮雕缠枝宝相花，边缘饰火焰纹。"弥陀三尊"的两侧还有菩萨和金刚力士。龛内上部左右浮雕向中间飞舞的飞天和迦陵频伽。龛楣上还刻有七尊佛像，细腻精致。龛楣两端，左边浮雕文殊菩萨骑狮，旁有拂菻，右边浮雕普贤菩萨骑象，旁有獠蛮。在主龛的北侧，另有一地藏龛。龛高3.90米、宽2.38米，顶部也呈弧拱状。中间是地藏王菩萨像，半跏趺坐，袒胸露腹，胸挂璎珞。地藏像的两旁，立着供养人，男相，一为长者，另一人较年轻，均束发，左侧一人双手执物，右侧一人拱手至胸前。地藏龛的左上角，引出一道云气，渐高渐大，绕回龛楣，云际间浮雕出"六道轮回"，即：天道、人道、阿修罗道、地狱道、饿鬼道、畜生道。在主龛左侧有一摩崖石刻题记，题额为篆书："新建镇国资延遐龄石像之记"，其下有宋绍

杭州慈云岭七佛造像（民国旧影）

慈云岭五代佛教造像（选自浙江省文物局编《意匠生辉：浙江历史遗产的文化品读》）

圣元年（1094）惟性和尚凿平原文而改刻的正书"佛牙赞"。1961年4月15日，浙江省人民委员会公布慈云岭造像为第一批省级文物保护单位。2006年5月25日，慈云岭造像作为五代吴越国造像中的精品，对于研究吴越国造像艺术具有重要的实物价值，与天龙寺造像、烟霞洞造像合称为"西湖南山造像"，被国务院公布为全国重点文物保护单位，并入第二批全国重点文物保护单位飞来峰造像。

（二）天龙寺造像

天龙寺造像位于浙江杭州慈云岭西南侧天龙寺后的崖壁上，坐北面南，背靠玉皇山，为北宋乾德三年（965）吴越国王钱俶建天龙寺时所雕凿。造像存有东、中、西三龛，大小佛像共十一尊（包括中龛两尊飞天）。中为主龛，以弥勒佛为主体造像，两侧分别为无著菩萨和世亲菩萨、法花林菩萨和大妙相菩萨、金刚力士像；龛楣浮雕飞天。东、西两龛分别是单尊水月观音像和阿弥陀佛像。中龛造像坐北朝南，位于三组造像最高处，中龛前台阶右侧为西龛单尊阿弥陀佛像，两龛相距7.70米，三组造像分布不规则，都根据地形因地制宜雕刻在岩壁上。三龛造像都依山建有保护亭，中龛以南台阶下平地建有管理房两间，用于日常管理维护，四周筑围墙，其中中龛、西龛处于保护围墙内。1986年，杭州市人民政府公布天龙寺造像为第一批杭州市级文物保护单位。2006年5月25日，国务院将天龙寺造像、烟霞洞造像和慈云岭造像合并，归入飞来峰造像，公布为第六批全国重点文物保护单位。

（三）飞来峰造像

飞来峰造像位于浙江杭州灵隐寺前的飞来峰青林洞、玉乳洞和龙泓洞等天然溶洞内外以及冷泉溪沿岸的崖壁上，是杭州市规模最大的佛教造像群。始凿于五代后周广顺元年（951），历经两宋，盛于元代，明代有少量增凿。现存造像115龛、390余尊和大量摩崖题刻，其中较为完整的造像有345尊。属于五代时期的有3尊，青林洞内后周广顺元年雕凿的佛教净土宗的"西方三圣"，为飞来峰现存有题记的造像中年代最早的一龛。居中者为阿弥陀佛，左为观世音菩萨，右为大势至菩萨。背后饰火焰纹背光，尚存晚唐造像风格。1982年2月24日，国务院公布飞来峰造像为第二批全国重点文物保护单位。

（四）烟霞洞造像

烟霞洞造像，位于浙江杭州南高峰西翁家山南部山腰上，有烟霞洞一处。洞内左右壁面上有16尊罗汉造像，罗汉造像附近原有"吴延爽舍三十千造此罗汉"的题记。吴延爽是吴越国王钱元瓘次妃吴汉月之弟、吴越国王钱弘俶之舅。这16尊造像造型生动，神

杭州烟霞洞石刻造像

态各异，雕刻技法熟练，是体现五代吴越国文化艺术的代表性作品。关于烟霞洞造像的历史，据传和弥洪和尚有关：弥洪在烟霞洞口建寺时，洞内原有罗汉 6 尊；弥洪圆寂后，托梦于吴越国王钱弘俶，后者便又补塑了 12 尊。这一事件在《十国春秋》《咸淳临安志》等史料中均有记载。事件本身记载离奇，或不足全信，但能证明烟霞洞内原有罗汉像为 18 尊，而非现存的 16 尊。1981 年 5 月 6 日，浙江省人民政府公布烟霞洞造像为第二批省级文物保护单位。2006 年 5 月 25 日，国务院将烟霞洞造像、慈云岭造像和天龙寺造像合并，归入飞来峰造像，公布为第六批全国重点文物保护单位。

（五）石屋洞造像

石屋洞位于浙江杭州南高峰石屋岭下，原名石屋院，始建于五代开运年间（944—946），为吴越国王所建。后晋开运元年（944），

民国初年石屋洞五百五十六尊罗汉造像旧影

石屋洞石刻造像

石屋洞石刻造像

洞内开凿石刻造像。《咸淳临安志》卷二九《山川八·洞》记载："周回镌罗汉五百十六尊，中间凿释迦佛诸菩萨像。"元永隆和尚重新造像记中说，此洞在后晋天福年中开山建院，洞中正面七尊大像同上面飞天，可能都是这时候的雕刻。其余小造像，每个都有供养人题记，其中有年月可凭的，从后晋天福年间到北宋开宝年间。可知都是吴越国时期雕造的。

第四节　科学技术

　　五代吴越国的科学技术，成就突出，这主要体现在天文学、建筑学、雕版印刷、医学、农业水利等方面。在天文学上，吴越国的天文星图在我国已发现的古代石刻天文图中，不但时间最早，准确度也最高，不能不说是吴越国在天文学上的杰出成就。在建筑学方面，建造了许多气势磅礴、庄严宏伟的建筑，如捍海塘、城墙、宫殿、亭台楼阁、寺观、佛塔等，特别是临安功臣塔、义乌双林东铁塔、黄岩灵寺塔、安吉灵芝塔、苏州虎丘山上的云岩寺塔、上海龙华寺塔和杭州城区的六和塔、保俶塔、白塔等一些佛塔，经历了上千年的漫长岁月，仍完好无损地屹立在吴越大地，成为吴越文化的象征。以"钱氏捍海塘"为代表的"江浙海塘"，与万里长城、大运河一起号称为"中国古代的三大建筑工程"。喻皓是一位既有丰富的实践经验，又有建筑学理论的杰出建筑科学家，对我国古代建筑技术的发展，作出了卓越的贡献。他著的《木经》，是中国历史上重要的建筑学专著。吴越国的制瓷技术相当高超，特别是越窑秘色瓷制作之巧妙精美，已远远超过了唐朝，以至于时人有将秘色瓷直接断定为钱氏吴越国的特种瓷品者。在雕版印刷方面，吴越国的雕版印刷技术得到了显著发展。在医学方面也有所发展，明州（今宁波）人日华子精通医学，洞察药性，收集诸家本草及应用药物，撰成《大明本草》（或作《日华诸家本草》）二十卷，以药物寒温、性味、华实、虫兽为分类，自成一家，对医学的发展作出了重要贡献。邱光庭通过进一步悉心观察，潜心研究，在前人的潮汐理论基础上，"辄以管见自立一家之言"，写出了《潮汐十论》。其关于潮汐、钱江潮的论述，有许多都与当前的科学测定和观察相符合。此外，在农业、水利、数学、气象学和园林植物学等方面也达到了一定的水平，出现了一些相关的人才。

一、天文历算

（一）天文学

我国古代对天文学历来非常重视，而且取得了很大的成就。隋唐时期，无论是天文仪器的制作，还是对于天体日、月、星辰的观察，都有了进一步的发展。尤其是僧一行（683—727）对天文学的研究，突破前人的成果，取得了重大的成就。随着天文学知识的发展和流传，还出现了观天认星的天文学普及读本《步天歌》（唐代王希明著，一说隋代丹元子著），以七字一句的诗歌形式，专门介绍三国时期吴太史令陈卓星图中283个星官、1464个星辰，将整个天空分成31个天区，每个天区绘制了星图，图与诗歌互相配合，用以介绍天文科学知识。在敦煌发现的绢质星图，画有1350

多颗星星。敦煌星图大约绘制于8世纪初,是现存世界上最早的星图(该图1907年被英国人斯坦因带走,现存英国伦敦博物馆),而且此图可能是更早的星图的抄本。①唐末五代时期,江南浙江一带出于适应日益发展的农业生产以及航海贸易需要等原因,对于天文学自然更为重视。天文星图作为丧葬礼仪和习俗而广泛应用,屡屡在吴越国墓葬中被发现,充分说明了人们对天文学的重视。

吴越国的天文星图,迄今已相继在钱宽墓、水丘氏墓、钱元瓘墓、吴汉月墓康陵中发现了五幅。

钱镠之父钱宽墓的天文星图以金箔作星,矾红绘线,绘于墓室顶部石灰壁上。所绘制的为我国古代天文学对于天域所划分的北斗星座及东宫苍龙(角、亢、氐、房、心、尾、箕),北宫玄武(斗、牛、女、虚、危、室、壁),西宫白虎(奎、娄、胃、昴、毕、觜、参),南宫朱鸟(井、鬼、柳、星、张、翼、轸)二十八宿,即28个星空区域。

水丘氏墓的天文星图,绘制在后室顶部石灰层表面。星图上绘有三重椭圆线圈,系传统天文图中盖天图的几个特定纬度圈在椭圆形墓室中的变形,中间一圈则代表赤道。墓顶中心偏南处凹腔内置有铜镜一面,暗窗周围彩绘重瓣莲花一朵,星星以莲花为中心,顺着三条线圈作椭圆形分布。星图东南方彩绘红日一轮,直径12.5厘米。月亮由于色彩与石灰色接近,已经难以辨认。星星共有185颗,其中二十八宿和北斗168颗,附属星座8座17颗。星

---

① 杜石然等:《中国科学技术史稿》(上册),科学出版社1982年版,第334页。

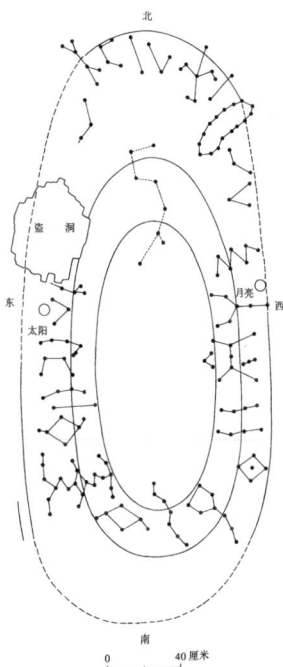

钱宽墓天文图（《晚唐钱宽
夫妇墓》）

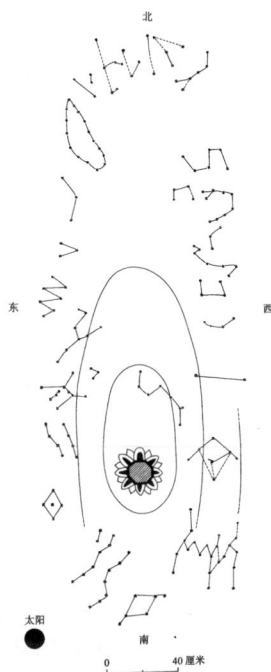

水丘氏墓天文图（《晚唐钱
宽夫妇墓》）

星用金箔贴成，呈方形，宽1—2厘米。同一星座的星星用红线
相连。

以水丘氏墓天文星图与钱宽墓天文星图相比较，水丘氏墓天文
星图补上了钱宽墓天文星图上少画的毕宿一颗正星和斗室外三颗正
星；在附属星座中水丘氏墓图补上钱宽墓图"长沙"一星；附属星
座的"坟墓"四星和"附耳""钺"各一星，两者都没有画出。水
丘氏墓图附属星座"钩钤"中则多画了一星。也就是说，就星数来
说，水丘氏墓天文星图稍胖干钱宽墓天文星图。但是不知出于什么
原因，水丘氏墓天文星图却相互置换了东、西两方的星宿，而且整

个星图的位置向东南方有了转动。

钱宽墓天文星图绘制于895年至900年之间，水丘氏墓天文星图绘制于901年，代表了唐朝末年或者说吴越国前期的天文学及天文星图的绘制水平。

钱元瓘墓后室顶盖有阴刻天文星图，系用红砂石刻成。星图以北极为中心，画有三个同心圈，用阴线刻出紫微垣及二十八宿，分别代表北极常显圈、赤道和南极恒隐圈。天文星图外围圆圈直径1.895米，内规圆圈直径0.495米。应有星数218颗，现存183颗星星，缺星35颗。所刻星象位置，逼真准确，并刻有基本坐标线，这是目前已发现的世界上最早的一块石刻星象图，是研究我国天文学史的珍贵文物资料，具有很高的科学价值。现藏杭州碑林内。

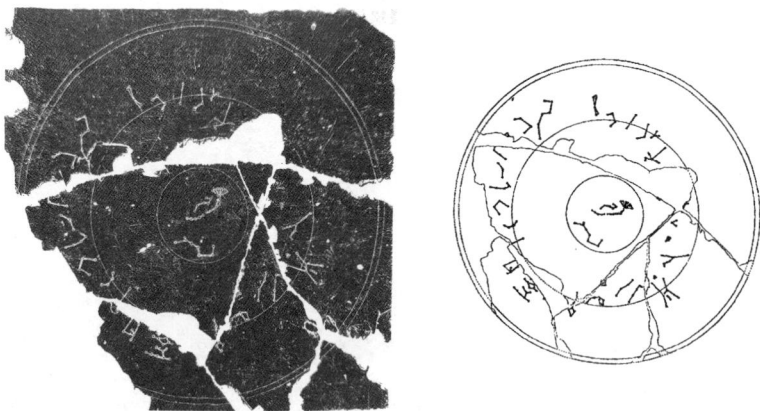

吴越国文穆王钱元瓘墓的石刻星象图拓片和摹本

康陵后室顶部石板正中刻有一幅星象图，用单线阴刻紫微垣和二十八宿，并刻有三个直径分别为46厘米、190厘米、200厘米的同心圆，表现内规、外规和重规。在同心圆外缘有一道宽4厘米的

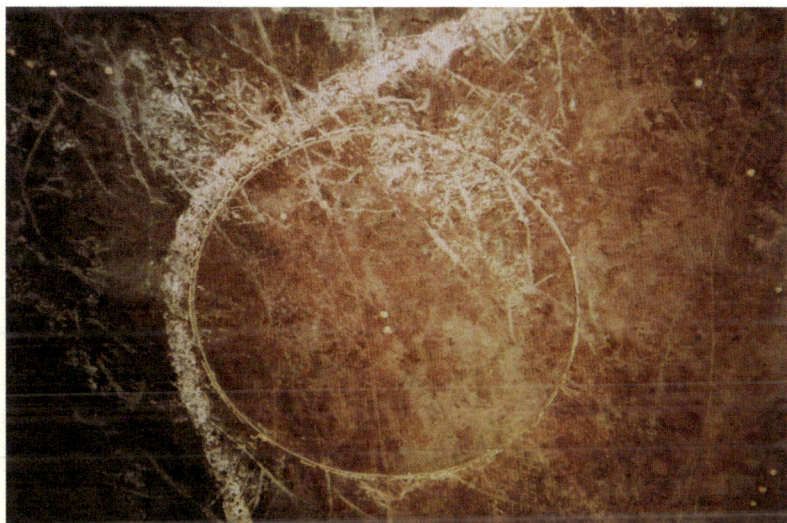

康陵后室天文星象图局部（选自《五代吴越国康陵》）

白色条带穿过，颇似银河。星呈圆形，大多直径为 1.2 厘米，个别的直径 0.7 厘米。整个星象图共绘有 218 颗星，原均用金箔贴饰，现已部分脱落。星与星之间用单线相连，连线及三个同心圆原亦都贴金箔，但也部分脱落。而星象图中标示银河的做法，不见于以往发现的钱氏家族墓。图中内规即天球北极，可见有北极、勾陈、华盖、北斗七星。内规与外规之间刻有二十八宿，东方七宿是角、亢、氐、房、心、尾、箕；北方七宿是斗、牛、女、虚、危、室、壁；西方七宿是奎、娄、胃、昴、毕、觜、参；南方七宿是井、鬼、柳、星、张、翼、轸。所刻位置相当准确。

　　吴汉月墓后室顶盖有阴刻天文星图。天文星图外围圆圈直径1.80 米，内规圆圈直径 0.426 米，刻有北斗星座及二十八宿，应有星数 189 颗，缺 11 颗，现存星数为 178 颗。

　　钱元瓘墓天文星图与吴汉月墓天文星图由于已经残破，无法进行具体星数完整程度的比较。但就星座而言，钱元瓘墓比水丘氏墓图增画了正座3座和附座5座，吴汉月墓图也增画了正座和附座各1座。从天文星图的质量来看，钱元瓘墓图质量更高。这两幅天文星图，反映了吴越国中后期的天文学及天文星图制作水平。

上述已被发现的四幅天文星图，在我国已发现的古代石刻天文图中，不但时间最早，准确度也最高，就此而言，不能不说是吴越国在天文学上的杰出成就。[①]

（二）数学和气象学

吴越国的数学和气象学也达到了一定的水平，出现了一些相关的人才。

叶简，生卒年、籍贯不详，"善占候，尤精风角"，即对气象规律，尤其是"风"有较深入研究。唐天复二年（902），武勇都之变爆发，钱镠命叶简占卜，叶简说："贼无如我何。"钱镠问："淮人将同恶乎？"叶简回答："淮南不来，宣城当济贼耳，然宣城亦当败于明年，今不足虑。"此处"宣城"，即指宣州军阀田頵。叶简之言后来果然一一应验。后梁开平二年（908），钱镠望见一阵怪风，又召叶简问："此何祥也？"叶简回答："法应杨渥死，速遣吊祭使往，彼当自不爽。"果然，就在使者到达吴国都城江都（今江苏扬州）

---

①以上参见明堂山考古队：《临安县唐水丘氏墓发掘报告》，载《浙江省文物考古所学刊》，文物出版社1981年版，第94—104页；杭州市文物考古研究所、临安文物馆编著：《五代吴越国康陵》，文物出版社2014年版，第34页。浙江省文物局编：《文物考古资料》，第3册，第33页；浙江省文物局编：《文物考古资料》，第1册，第73—74页。蓝春秀：《浙江临安五代吴越国马王后墓天文图及其他四幅天文图析》，《中国科技史料》1999年第1辑；伊世同：《最古的石刻星图——杭州吴越墓石刻星图评介》，《考古》1975年第3期；伊世同：《临安晚唐钱宽墓天文图简析》，《文物》1979年第12期。

的前一天，吴国皇帝杨渥被权臣徐温所杀。吴国上下对吴越吊丧使者的到来皆感诧异。清人编撰的《全五代诗》收录有其诗作《射覆橘子》和《射覆二鸡子》。

吴仁璧（？—901），字廷宝，吴（今江苏苏州）人。早年习星纬黄白家言，文章和诗都写得不错，著有诗作一卷，已佚。《全唐诗》第六九〇卷收有吴仁璧的《投谢钱武肃》《客录》《南徐题友人郊居》《读度人经寄郑仁表》等十二首诗作。在中进士前，他的老师庐山道士曾劝他放弃儒学而改学道，被吴仁璧坚决地拒绝了，因为他非常想求得功名。唐昭宗大顺二年（891）登进士第，不知什么原因，他没有在唐朝廷中谋得一官半职，无以谋生。他听说吴越国的钱镠爱才，遂辗转来到吴越国，求见钱镠，想在吴越国得到发展，有一个好的前程，以完成自己的求名之志。钱镠闻其名，接纳了他，曾经两次主动联系他，给予礼待。第一次是向吴仁璧请教天象问题，这是吴仁璧的强项。史书记载，吴仁璧"父教以玄象阴阳之学"，"善星学及黄白术"，吴仁璧对此是有所研究的，也就是说这件事他是可以做的。但是他却推说自己不懂此道，拒绝了钱镠。第二次是钱镠希望吴仁璧加入自己的幕府，帮自己出谋划策，以后根据他的才能和实际表现在吴越国做官。但出人意料的是，为了求得功名而来吴越国的吴仁璧却坚决地拒绝了钱镠的要求。后来，他写了一首《投谢钱武肃》诗给钱镠："东门上相好知音，数尽台前郭隗金。累重虽然容食椹，力微无计报焚林。弊貂不称芙蓉幕，衰朽仍惭玳瑁簪。十里溪光一山月，可堪从此负归心。""弊貂不称芙蓉幕"虽然是一种谦词，但还是透露出了他的心迹，他认为钱镠小看了他，对他还不够重视。也许钱镠没有注意到吴仁璧的心思，也许是不想强人所难，钱镠就尊重他的意见，没有为难他。吴仁璧之女受父亲影响，同样精于天宫之学，她曾告诫父亲慎出入。后来钱镠之母、秦国太夫人水丘氏去世，钱镠"具礼币"请吴仁璧为其母亲撰写墓志铭，却又一次被吴仁璧拒绝了。钱镠是个孝子，对母亲尤其孝顺。史料记载，钱镠发达以后把母亲接到杭州来享福，有空经常陪母亲游玩，有的亭台楼阁很高，钱镠的母亲年迈上不去，钱镠就亲自把母亲背上去，竭尽孝心。吴仁璧竟然在这件钱镠认为非常重要的事情上也不肯帮助他，使钱镠丢了面子。钱镠又想到吴仁璧以前的几次不合作态度，在极度恼怒之下说："这种不识好歹的东西，留他何用？"下令将吴仁璧沉江。有的书中记载，钱镠同时还将吴仁璧十八岁的女儿一同沉入樟亭附近的钱塘江中。

二、制瓷技术

五代吴越国时期是浙江制瓷史上的繁荣时期。据《吴越备史》《宋史》《宋会要》《十国春秋》等书记载，从宝大元年（924）钱镠向后唐进贡秘色瓷器至宋初年钱俶贡宋金银陶器的五六十年中，吴越国钱氏进贡中原王朝的精美瓷器达到 14 万件以上，数量极其巨大。[1]

慈溪上林湖、上虞窑寺前是吴越国设置官窑的地方。20 世纪60 年代初，浙江省文物考古工作者对窑寺前窑址进行了调查，发现许多产品的造型、纹饰与上林湖窑场所出难分彼此。2015 年以来，浙江省文物考古研究所等发掘的位于慈溪市桥头镇上林湖中部的西岸边的后司岙窑址，是上林湖越窑遗址的最核心位置。从历年

---

[1]参见郑建华：《越窑贡瓷与相关问题》，《纪念浙江省文物考古研究所建所二十周年论文集》，西泠印社出版社1999年版，第182页。

调查的情况来看，产品中秘色瓷比例高、质量精、种类丰富，是晚唐五代时期秘色瓷的最主要烧造地。产品种类相当丰富，以碗、盘、钵、盏、盏托、盒等为主，亦有执壶、瓶、罐、碟、炉、盂、枕、扁壶、八棱净瓶、圆腹净瓶等，每一种器物又有多种不同的造型。许多器物为首次出土，不见于公私博物馆馆藏与历年来的考古出土品中。[1]浙江省文物考古工作者自1958年以来，在杭州、临安等地发掘清理了多座五代墓葬，出土了许多"秘色器"，器形有罂、壶、碗、盘、洗、碟、缸等。这些"秘色瓷"制作十分精美，胎质细腻坚致，釉层均匀滋润，呈半透明状，釉色以青色和青绿为主，个别器盖呈炒米黄色，瓷缸有呈青黄色者。

五代越窑青瓷八棱净瓶、盖盒和凤首器盖

制瓷技术相当高超，特别是越窑秘色瓷的制作，已远远超过了唐朝，以至于当时有将秘色瓷直接断定为钱氏吴越国的特种瓷品者。著名学者陈万里先生总结五代时期的越器，具有以下几种特

---

[1]郑建明：《秘色瓷的发现历史》，《东方收藏》2018年第1期。

点：（1）就色釉来说，从初期青中带有微黄的一种不成熟的还原色调，已经改进为一泓清漪的湖绿色，釉层很薄，而且比较匀净，比之唐代青釉有极大的进步，这为后来宋代的青瓷打下了基础。（2）就器物纹样来说，唐代越器的纹样草率而简单，五代越器的纹样则有多种多样。（3）就器物形制及其装饰来说，越器至五代而有雕瓷、镂空、开光的手法。例如鸽形的有盖瓷盒，是一件非常突出的作品，盖上有浮雕的狮与凤、镂空的花与草，以及人物的局部画像。从以上三点，可知五代越器的烧造，具有卓越成就。[①]

三、建筑技术

吴越国的建筑技术高度发达，这主要表现在城垣、宫室、台馆和寺观佛塔的建造技术和喻皓的建筑理论上。

高超的建筑匠师喻皓

在五代吴越国大兴塔寺的过程中，曾经涌现出不少技术高超的建筑匠师，但是留名至今的唯有喻皓一人。

喻皓是五代末年北宋初年一位著名的建筑工匠，杭州一带人。他在长期从事建筑实践中，勤于思索，善于学习，因而在木结构建造技术方面积累了丰富的经验，尤其擅长建筑多层的宝塔和楼阁。当时统治两浙地区的吴越国王钱镠派人在都城杭州凤凰山麓的梵天寺建造了一座方形的木塔。当这座塔才建好第三层的时候，这位征战多年而又笃信佛教的国王便带人前来巡看。他登上木塔的第三层后，觉得木塔框架晃动不稳，便问主持施工的工匠是什么原因。工

[①]参阅陈万里《越器图录》"自序"，中华书局1937年版，第3—4页。陈万里：《中国青瓷史略》，上海人民出版社1962年版，第12图。祝慈寿：《中国古代工业史》，学林出版社1988年版，第384页。

匠自信地解释说："因为木塔上还没有铺瓦，上面轻，所以才这样。"可是等塔铺上瓦以后，人们登上去，塔身还是像原来一样晃动。这个工匠一时没有办法，生怕要被国王责备，这时有人提议："何不请教喻皓解此难题？"于是这位工匠偷偷派妻子去见喻皓的妻子，赠送给她金钗首饰作为礼品，侧面询问塔动的原因。喻皓得知此事后，笑着对来人说："这个问题很容易解决啊！只要在每层都铺上木板，用铁钉钉实，就不会晃动了。"那个工匠照喻皓说的办法去做，果然塔身稳定，人走上去就不再摇晃了。大概钉牢的木板上下紧紧约束，六个方位像箱子一样相互连接，人走在楼板上，下及四周板壁相护持，塔自然不能晃动。由此，人们都佩服喻皓造塔技术的精明练达。

北宋初年，宋太宗想在京城开封建造开宝寺木塔，从全国各地抽调了一批名工巧匠和擅长建筑艺术的画家到京城进行设计和施工。喻皓也在其中，并且受命主持这项工程。为了建好这座京师所有塔中最高的寺塔，喻皓事先造了一个宝塔的模型，塔身是八角十三层，各层截面积由下到上逐渐缩小。当时有一位名叫郭忠恕的画家提出这个模型逐层收缩的比率不大妥当。喻皓很重视郭忠恕的意见，对模型的尺寸进行了认真研究和修改，此后才开始破土动工。在大家的辛勤努力下，989年下半年，建成了雄伟壮丽的八角十三层琉璃宝塔，这就是有名的开宝寺木塔。可是塔建成以后，大家发现塔身并不端正，而是微微向西北方向倾斜，都感到奇怪，便去询问喻皓是怎么回事。喻皓笑着向大家解释说："京城地势平坦无山，又多刮西北风，使塔身稍向西北倾斜，为的是抵抗风力，估计不到一百年，塔身自然就能被风吹正了。"原来这是喻皓特意这样精心安排的，可见他在搞设计的时候，不仅考虑到了工程本身的技术问题，而且还注意到周围环境以及气候对建筑物的影响。在当时条件下，喻皓能够做出这样细致周密的设计，是一个非常了不起的创造。

木结构建筑是中国古代的代表性建筑。经过长期的经验积累，到了宋朝初年，其技术已经达到了很高的水平，并且形成了中国独特的建筑风格和完整的体系。但是当时这种技术主要是靠师徒传授的办法来传播，还没有一部专门的书籍来记述和总结这些经验，以致许多技术得不到普及与推广，甚至最后导致失传。喻皓决心把历代工匠和本人的经验编著成《木经》一书。经过一年时间的撰写，写成《木经》三卷。它的问世不仅促进了当时建筑技术的交流和提高，而且对后来建筑技术的发展产生了很大的影响，成为中国古建筑重要著述之一。

四、海潮理论

浙江地处东海之滨，这里的人民在长期的海上劳作、航海实践当中，积累了关于海洋、潮汐的丰富知识。东汉的王充已经在《论衡》中论述了潮汐涨落与月亮盈亏的关系，以及涌潮现象与河床的关系。三国时期的吴国，已有关于潮汐的著作《潮水论》问世（惜已散佚）。隋唐时期，随着天文学和航海业的发展，对潮汐的认识也达到了一个新的水平，并产生了窦叔蒙论述海潮的专门著作《海涛志》。到了五代，邱光庭通过进一步悉心观察，潜心研究，又在他们的潮汐理论基础上，"辄以管见自立一家之言"，写出了《潮汐十论》，名曰《潮汐论》。

邱光庭（907—960），吴兴乌程（今浙江湖州南下菰城）人。唐乾宁三年（896）前曾编《乌程图经》。吴越国时官任国子博士。有集三卷，今存诗七首，有《兼明书》《唐教论》《海潮论》等。

在《潮汐论》一书中，邱光庭借助东海渔翁与西山隐者一问一答的形式阐述自己的观点，在前人的基础上提出了自己独到的潮汐理论。书中共列有 40 个问答，分为 10 篇，广泛地阐述了潮汐成因及其变化规律。在《论潮汐由来大略》《论地浮于大海中》《论地有动息上下》《论潮汐名义》《论潮有大小》《论潮候渐差》中，邱光庭认为，海洋里的潮汐现象，并不是由于水本身造成的，不是像前人所说那样，是由于海水的扩张和收缩造成的。它的形成，主要是陆地作用所造成的。陆地处于大海的环抱和浮托之中，又随着"气"出入而上下移动。当"气"从陆地内部放出来时，陆地就要下降；当"气"进入陆地时，则陆地因此而上升。陆地下降，致使一部分海水流进江河，原来流进江河的水，又流回大海。水流入江湖，即是"潮"；流回大海，即是"汐"。人感觉不到陆地的升降运动，就像人坐在船上感觉不到船在行进一样。每年阴历的二月和八月是阴阳之气相互交替的时候，而每月的初一和十五是阴阳二气发生变化的时候。阴阳之"气"在相互交变的时期，即每年的二月、八月，每月的初一、十五，非常强盛。这样，从地下散发的"气"必然多，"气"出得较多，陆地的下降幅度也就较大，地下降得大，潮水也来得大。这就是每年二月、八月与每月朔望潮水特别大的原因。当然，由于一切事物的运动，总是先有感觉，再有反应，先微弱而后强烈。初一、十五的时候，"气"的变化虽已发生，但地的感应还较为微弱，所以真正的大潮往往要在初一、十五之后才能来到。虽然邱光庭所持的"地浮于大海之中"以及"浑天"之说仍不免陈旧，但其"地有动息上下"的地球自动

（自转）说、"气水相周日月行运"的潮汐与日月天体运行相关说等，都不乏科学性。

邱光庭在《论浙潮》中指出"浙江之潮特大"的原因，是因为"诸江淮河，发源皆远，其水多（按：楚江出岷山，淮出桐柏山，河出昆仑山）。江水既多，则海水入少。水入既少，其潮皆小也。而浙江发源独近，其水少（浙江之源，近者三四百里，远者不过千里）。江水既少，则海水入多。水入既多，故其潮特大也"；浙江"潮来有头"，是因为浙江（钱塘江）河口"地势广远，垂入海中（今人见海岸谓之海际，非也。殊不知地势渐低，为海水所漫，其际不可见也）。地下则潮生，潮生于地际，自际涌，涌则蹙，蹙则奔，奔则有头，水之常势也"；又说"浙江之潮或东或西"的变化，是因为泥沙沉积变化："夫水之性，攻其盈而流其虚，沙随其

南宋夏圭《钱塘秋潮图》

流而积其虚，积而不已，变虚为盈，盈则受攻，终而复始，所以或东或西也"。又解释"何故浙江之水，独能攻其盈乎？"他说："大川皆然，非独浙江也。凡水之回折之处，涯岸皆迭盈迭虚，或三十五十年而一变，水势使之然也（今黄河及诸大川之岸皆有移易是也）。《易》曰'地道变盈而流谦'，此之谓也。"

根据现代科学考察，钱江潮的产生与变化，确实受到钱塘江河口和杭州湾一带天文、地理、水文、气象等多种因素的制约。钱塘江河口和杭州湾位于北纬30°—31°之间，就天文因素而言，除南岸湾口附近属非正规半日潮以外，其余部位的潮汐均属半日潮，即一日有两次潮汐涨落，每次涨落历时12小时25分，两次涨落的幅度略有差别。阴历每月有两次大潮汛，分别在朔日（初一）之后两三天和望日（十五）之后两三天，而上弦（初七、初八）、下弦（廿二、廿三）之后的两三天则分别为小潮汛。每年阴历三月下半月至九月上半月太阳偏向地球北半球时，朔汛大潮大于望汛大潮，而且大潮期间日潮总是大于夜潮；而九月下半月至次年三月上半月太阳偏向地球南半球时，情况正好相反，朔汛大潮小于望汛大潮，大潮期间的日潮也总是小于夜潮。越接近春分和秋分，这种差异越小；越接近夏至和冬至，这种差异越大。就全年而言，则以春分和秋分前后的大潮较大。至于这个大潮的大小，则有19.6年的周期变化，其中一半时间春分大潮大，另一半时间秋分大潮大，大小的程度则是由小逐渐增大，然后由大逐渐减小。

钱塘江流域的降雨主要集中在梅雨季节和台风季节。4月至8月份降雨量约占全年雨量的54.4%，其时山水径流量也较大，河口河床处于冲刷状态；10月至次年2月降雨量仅占全年雨量的25.8%，其时山水径流量小，河口河床处于淤积状态。由于上述原因，钱江潮的秋潮往往比春潮大。但是如果冬春雨水较多，该年份的春潮有时就不比秋潮逊色；而如果夏季干旱，该年份的秋潮可能就不那么壮观。

此外，风向和风力对钱江潮也有很大影响。钱塘江涌潮如果恰遇东风或东南风，在东风和东南风的推波助澜之下，钱江潮会更加雄伟。如果遇到西风或西南风，钱江潮就会大大逊色。①

由上述可见，邱光庭关于潮汐的论述、关于钱江潮的论述，有许多都与当前的科学测定和观察相符合。千余年前邱光庭能有如此见地，实属难能可贵。邱光庭的潮汐理论对后人有深刻影响，如宋人徐兢在《宣和奉使高丽图经》卷三四《海道一》中有关潮汐的理论，即从邱光庭继承而来。

五、医学本草

在医学方面，吴越国达到了较高的水平。如在本草学方面，明州（今宁波）人日华子为其代表。

关于日华子，其姓名不详。明代李时珍《本草纲目》说他可能姓大名明，也可能姓田名明。生活于五代末年北宋初年。他精通医学，热衷于炼丹，其外丹著作颇丰，馨字号《诸家神品丹法》卷六收有"日华子口诀"。不过日华子最大的成就是在本草学上。

日华子深察药性，极辨甚微；收集诸家本草及应用药物经方，多由注疏，根据其在吴越各地的实地考察和医疗实践，写成《日华子本草》（或作《日华诸家本草》）二十卷，后世习称为《大明本

————————

① 以上参见中国古潮汐史料整理研究组：《中国古代潮汐论著选译》，科学出版社1980年版；周潮生、钱旭中：《天下奇观钱江潮》，水利电力出版社1993年版，第17—19页。

草》。该书约成于908—923年间，比著名的《开宝本草》早半个世纪，为五代民间的一部著名本草，简明实用。据宋《嘉祐本草》介绍，《日华子本草》"序集诸家本草，近世所用药，各以寒温、性味、华实、虫兽为类，其言近用功效甚悉"。其分类法自成一家，所收各药条下介绍正名、别名、性味、药效、主治、用法、七情畏恶、产地、形态、采收时月、炮炙等内容。该书早佚，现存《证类本草》中的条文约有六百余条，药物产地遍及全国。今传有1983年尚志钧油印辑复本。

据学者研究，其成就表现在以下几点：（1）对药性的论述尤详，并比前代有所发展。如他所记药物性味不全同于陈藏器，有莶（刺激咽喉产生的辛辣感）、涩、滑、辛、烈等提法，比较新颖，如半夏味莶，槟榔味涩，天南星味辛烈，苎根味甘滑等，其中莶、涩、滑等味，都是日华子新提出的。（2）对药物炮炙记述颇详，并注意到炮炙与药效的关系。在炮炙方法上有炒、微炒、捣炒、淬、飞、烫、蒸、煮诸法。他还认为同一药物经不同方法炮炙后可引起药效改变，如蒲黄破血消肿生用，止血须炒用；卷柏生用破血，炙用止血；青蒿子明目开胃须炒用，治劳则要小便浸用。（3）对药物"有相制使（畏恶相反）"的论述很详，共计70多味有这方面的内容。（4）对药物形态的记载，均依据实地观察。如记空青（蓝铜矿的矿石）、菟丝子、石帆（柳珊瑚的石灰质骨骼）均很细腻，只有深入山野海滨实地观察，才有可能真切地描绘出来。（5）对药物采收时月，多从实际出发。例如泽漆，《别录》作三月三日、七月七日采，日华子作四、五月采；前胡，《别录》作二、八月采，日华子作七、八月采。（6）对过去的一些旧药，记载了新用途。如地榆，过去只言治各种痢疾，很少讲到止血，而日华子除讲治痢外，大讲止血新用途，说地榆能止吐血、鼻洪、月经不止、血崩、产前后诸血疾，这些止血新功效，至今仍在沿用。

此外，日华子还根据实地调查纠正了前人很多关于药用植物产地的记载错误。特别是他长于海滨，对海药颇多了解，记载了海鳗、鲎尾、烂壳粉等天然海洋药物，还传授了鉴别真伪的方法。他有丰富的医疗实践经验，记录了不少行之有效的验方和心得，如用金樱根、糯米粒加水煎服治疗小儿蛔虫，有"神验"；当归、大明用以"治一切风，一切血，补一切劳"。又有关于新颖的磁疗法的记载，不失为具有创新性的记述。

总之，《日华子本草》总结了唐末五代的药学成就，内容丰富，创获良多，学术价值重大，因而受到后世本草学家的重视，历来将其与陈藏器的《本草拾遗》相提并论。其书的大部分药为宋代本草所收录，有些药物如仙茅、谷精草、自然铜、盐肤子、绿矾、蓬砂等，宋代本草作为正品收入，著名的《嘉祐本草》收辑非常多。日本、朝鲜的本草著作如《和名类聚钞》《香要钞》《东医宝鉴》等，直接或间接地引用了该书的大量材料；李时珍《本草纲目》亦视之为权威。

日华子对眼科也有极其丰富的临床经验，撰有眼科医书《鸿飞集七十二问》（一作《鸿飞集》）。①

---

① 〔清〕雍正《浙江通志》卷二四七《经籍七》作田日华撰，乃因相传日华（子）姓田而署名如此（中华书局2001年版，第12册，第6860页）。以上参阅尚志钧《日华子和〈日华子本草〉》，见《江苏中医》1998年第12期；尚志钧《未收本草名著提要》，见张瑞贤主编《本草名著集成》附录，华夏出版社1998年版，第1273页；尚志钧辑：《日华子本草》附录《〈日华子本草〉文献考》，安徽科学技术出版社2005年版，第234页；傅璇琮主编：《宁波通史·史前至唐五代卷》，宁波出版社2009年版，第327—332页。

另外，据《杨文公谈苑》《十国春秋》卷八八《目医传》所载，吴越国王钱镠在晚年时，一只眼睛失明了，遍访吴越国境内的医生也没治好。当时听说北方中原的后唐王朝有一位胡姓太医能治该病，他"累世疗内外障眼，针法独神"，就派人去请胡某医治。当时石敬瑭还没有做皇帝，但权力已经很大了，他接到钱镠的请求后就派这位胡太医走海路到达吴越国，为钱镠治眼病。胡太医仔细看过钱镠的病后，对钱镠说：您的眼疾容易治。但大王非常人，这是上天故意让您生此病的。如果要治的话，是违天也，恐无益于您的寿命，会减损您的福报。如果不治的话，您还可以多活六七年。钱镠听后说："吾起身行伍，跨有方面，富贵极矣。但得两眼见物，为鬼不亦快乎！"于是，胡太医医好了钱镠的眼病，使其复明。钱镠大喜，重重赏他价值五万缗的黄金、帛及各种宝物，并派人用船将他送回后唐。

六、园艺之学

吴越国的园艺学达到了较高的水平，出现不少相关的人才。如钱镠第八子钱传璙（887—924），性仁厚，聪敏好学。在地方为官期间多有善政，在东府（今浙江绍兴）时十分喜欢种植牡丹，"成丛列树者，颜色葩芳，率皆绝异，人号为'花精'"。钱弘俶从兄钱仁杰，也酷好种花，精通花卉园艺，同样有"花精"的美称。睦州（今浙江建德）人陆仁章（？—939），因为家中穷困，曾为武肃王钱镠王家园林中的士卒。有一天，钱镠到园林中游览，发现他对园艺中的花卉、果树和观赏树木的品种、生长习性、育种、栽培、繁殖、养护、管理等方面非常有研究，有自己的独特见解，遂提拔他做官。杨吴围攻苏州孙琰，钱镠派陆仁章设计入城，立功受赏。后来陆仁章在吴越文穆王钱元瓘时历官至保大军节度使，同参相府事。

七、石油和火药

吴越国已经掌握了"火油"（石油）的使用方法。《吴越备史》卷二曾经记载了这样一场战役：吴越国与淮南的狼山（今江苏南通东南狼山附近的长江）之战中，吴越国钱镠之子钱元瓘，在与杨吴彭彦章水军的水战中，巧妙用计，最后趁对方在船上东倒西歪、一片狼藉之际，祭出吴越国军队的秘密武器——火油，大败吴国。那火油是什么宝贝呢？作者在后文中作了注释："火油，得之海南大食国，以铁筒发之。水沃，其焰弥盛。武肃王以银饰其筒口，脱为贼中所得，必剥银而弃其筒，则火油不为贼所有也。"原来吴越国军队使用的秘密武器——火油，就是今天我们普遍在用的石油。而吴越国获得石油的地方，也是今天世界上最重要的石油产地——阿拉伯半岛。不过，吴越国以石油作秘密武器（放在铁筒里点火发射）焚烧敌舰的同时，还加了点小技巧：吴越国王钱镠专门命人在发射石油的铁筒口上装饰有白银，这样，即使这种秘密武器落到了敌军手里，这些人也只知道争抢铁筒上的银子，而不会想着里面的石油了……

宋太祖开宝九年（976）八月一日，吴越国王钱俶向宋朝进贡了射火箭军士六十四人。

火箭是由中国人发明的。早在228年，当时蜀汉丞相诸葛亮率大军进攻陈仓（今陕西宝鸡东），蜀军在陈仓城墙上架起了攻城的云梯，魏国守将郝昭急中生智，让守城的将士在弓箭后部绑附浸满油脂的麻布等易燃物，点燃后用弓弩射至敌方云梯，将其焚烧，从而守住了陈仓。自此，"火箭"一词出现了。吴越国进一步发展了这一火箭技术，使用了燃烧效能更好的火药，但仍是把火药绑在箭头上，用引线点着后射向敌人，从而出现了人类历史上最早、最原始的"火药箭"。此后，北宋的军官冯继升、岳义方、唐福等向朝廷献过火箭及火箭制造方法，就可能受到了吴越国的影响。后来许多西方人都据此认为，火箭是由中国人于10世纪前发明的。

此外，吴越国已能运用硫黄制作"发烛"引火。明代田汝成《西湖游览志余》卷二五《委巷丛谈》载有一则关于"发烛"的故事云：

> 杭人削松木为小片，其薄如纸，熔硫黄涂其锐，名曰发烛，亦曰焠儿，盖以发火代灯烛用也。史载周建德六年，齐后妃贫者，以发烛为业，岂即杭人所制欤？陶学士《清异录》云："夜有急，苦于作灯之缓，批杉染硫黄，遇火即焰，呼为引光奴，今遂有货者，其名颇新。"

根据所载发烛（焠儿、引火奴）的特性，实即后人所说的"火柴"。如果田汝成的推测不误，那么火柴的发明者可能就是吴越国时的杭州人。12世纪以后，火药开始在南宋和金国的军队里逐步形成气候。

第五节　工艺之美

一、瓷器之冠

　　瓷器是我国劳动人民的伟大发明，是中华民族对世界文明的独特贡献。据郑建华等著的《浙江古代青瓷》（浙江人民出版社 2022 年版）一书的研究，中国陶器的源头可以上溯到 10000 年以前，长江流域中下游地区是中国最早烧制釉陶的。其中，江西万年县仙人洞遗址陶器的年代可早至 20000 年前。浙江已知最早的陶器见于浦江县上山遗址，距今约 11000 年；距今 9000 年前后，上山文化已经有彩陶的制作，这也是迄今为止中国乃至世界上最早的彩陶。在此后的四五千年间，跨湖桥、河姆渡、马家浜、崧泽、良渚等新石器时代文化的陶器制作日渐精进。从跨湖桥文化时期起，开始出现印纹软陶；新石器时代晚期到相当于夏代早期的钱山漾文化和好川文化时期，诞生了烧成温度更高、胎体更坚致的印纹硬陶。印纹硬陶的出现，为原始青瓷的发明和烧制打下了厚实的工艺技术基础。据现有考古资料，早在公元前十六七世纪的夏商之际，我们的祖先就已经生产出施青釉的原始瓷器，开创了世界陶瓷史的新纪元。到商朝时，在浙江出现了结构完整、装烧量大、窑温较高的烧制印纹硬陶的龙窑。在商周时期浙江地域的陶瓷生产过程中，原始青瓷和印纹硬陶常常同窑共烧，实非偶然。从这一时期原始瓷的滥觞到东汉后期浙江绍兴、上虞一带成熟瓷器的出现，由于瓷器具有制作方便、成本低廉、坚固耐用、美观清洁等优点，因此一经出现，便迅速地获得了人们的喜爱，成为中国人十分普遍的必不可少的日常生活器具。此后，瓷器在浙江这方充满活力的水土中得到了飞速的发展。从唐宋瓷窑体系的兴盛到鸦片战争传统制瓷手工业开始受到近代陶瓷工业的冲击，三千余年间，中国古代的瓷器生产一直无有间断地发展着，工艺传承不绝，瓷业文化一脉相承。在此期间，中国作为世界上首屈一指的瓷器生产、消费和贸易大国，对世界其他地区的陶瓷生产和消费产生了巨大而深远的影响，并成为世界范围内陶瓷文化交流的主导力量。沿着海上陶瓷之路，远销世界各地，釉色青翠滋润的青瓷俨然成了中国文化的亮丽名片之一。与此同时，又吸纳了大量异域文化因子，使自身的瓷业文化变得更加丰盈玉润、更加多彩多姿。

在浙江上万年的陶瓷发展史中，五代吴越国无疑是一个极其重要的时期，其代表便是"秘色瓷"。

(一)"秘色瓷"之谜

"秘色瓷"中的"秘色"一词来自古代文献，蕴含了深厚的文化意义和历史背景。根据历史文献的记载，"秘色"一词最早出自晚唐著名诗人陆龟蒙（？—881）的诗篇《秘色越器》："九秋风露越窑开，夺得千峰翠色来。好向中宵盛沆瀣，共嵇中散斗遗杯。"此后生活在唐末五代的徐夤也在《贡余秘色茶盏》诗中云："捩翠融青瑞色新，陶成先得贡吾君。功剜明月染春水，轻旋薄冰盛绿云。古镜破苔当席上，嫩荷涵露别江渍。中山竹叶醍初发，多病那堪中十分。"由此可知，越窑青瓷中的精品"秘色瓷"除被用作专供帝王贡瓷外，尚有一少部分流入民间。否则两位均非高级官员且都有隐居经历的诗人，能写出如此写实的秘色瓷诗作似有不合理之处。

作为中国传统制瓷工艺中皇家专用之物的越窑青瓷，具有极其深厚的文化内涵和历史背景。其外表具有"如冰""似玉"的美学效果，釉层特别薄，与胎体结合特别牢固。这种特制瓷器是严格保密的，不仅其特殊的从釉料配方、制坯、上釉到烧造整个制作工艺都是秘不外传的，还体现在其专用于皇家瓷器的烧造，因此得名为"秘色"。

古代文献也对官窑有所记载，如《嘉泰会稽志》卷八《寺院》"广教寺"条记载，吴越王钱弘俶在位时期，上虞设置了越窑官窑36所。《光绪上虞县志》转引明万历《上虞县志》称："广教寺，在县西南三十里，昔置官窑三十六所，有官院故址。宋开宝辛未，有僧筑庵山下，为陶人所祷。吴越领华州节钺钱惟治创建为寺，名保安。治平丙午改今额，俗仍呼窑寺前。"钱惟治为吴越国废王钱弘倧长子，其所建保安寺与官窑有否直接关系，未详。但是此地至迟在北宋开宝辛未（971）仍置官监窑烧瓷。窑场广布于今浙东绍兴、上虞、鄞州、慈溪、奉化、临海、天台、仙居、黄岩、温岭，浙南永嘉、东阳、武义以及浙北湖州等地。其中越窑系窑场主要密集在曹娥江沿岸上虞窑寺前、慈溪上林湖和鄞州东钱湖一带。其中，窑寺前窑址分布很广。

当然，对于吴越国来说，仅仅上林湖和窑寺前两地烧制秘色瓷是远远不够的，应该还有别的窑场烧制贡瓷，然而其所在尚不得而知。《十国春秋》卷一一五《吴越拾遗》亦云："钱氏所进窑器，龙泉章氏兄弟世业也。其青瓷，兄曰'哥窑'，弟曰'生二窑'。"瓯窑系窑场主要分布在楠溪江下游的东岸、罗溪、黄田和仁溪（乌牛溪）上游西部，特别是瑞安飞云江下游北岸及其支流南溪交汇的夹角地带，即陶峰、丰和、荆谷和梅屿等地。台州地区的窑址以温岭、临海等地较为密集。

五代十国时期，吴越国王采取了保境安民的国策，在取悦强国、和好邻邦中，"贡献相望于道"，以致"费用无艺"。仅瓷器一项，吴越国向中原上贡秘色瓷器的次数至少有9次。据《吴越备史》《宋史》《宋会要》《十国春秋》等文献记载统计，从宝大元年（924）钱镠向后唐进贡秘色瓷器至宋初太平兴国八年（983）钱惟濬贡宋金银陶器的60年中，吴越国钱氏进贡中原王朝的精美瓷器多达14万件以上，数量极其巨大。这些吴越国用于上贡中原的瓷器基本为秘色瓷，且部分秘色瓷还镶嵌金银，分别被记载为"金棱秘色瓷器""金棱秘色磁器""金银棱瓷器"以及"秘色瓷器"。

自从晚唐诗人陆龟蒙诗中第一次提到"秘色"一词以来，"秘色瓷"俨然成了中国陶瓷史上一个千年未解的谜案，引发了后人无穷无尽的追问。秘色瓷究竟是一种怎样的瓷器？它的釉色到底如何？产地在哪里？它突然消失的原因是什么？……诸多的疑问，导致了学术界众说纷纭，莫衷一是，给"秘色瓷"罩上了一层神秘莫测的色彩。

宋代周辉《清波杂志》卷五云："越上秘色器，钱氏有国日，供奉之物不得臣下用，故曰秘色。"对此，赵德麟在《侯鲭录》卷六考证其名，称秘色瓷始于晚唐，而盛于五代："今之秘色瓷，世言钱氏有国，越州烧进为贡奉之物，不得臣庶用之，故云'秘色'。比见陆龟蒙《越器》诗……乃知唐时已有秘色，非自钱氏始。"这一观点，长期以来被明清两代专家学者普遍认同并成为陶瓷学界主流。

（二）"秘色瓷"的考古发现

中华人民共和国成立以后，秘色瓷的庐山真面目才逐渐被考古工作者揭开。1958年以来，浙江省文物考古部门先后在浙江杭州和钱镠故里临安发掘出土了吴越国钱氏家族及其重臣的墓葬近10座，出土了许多随葬用的越窑青瓷，其中不乏精品。器物有龙瓶、壶、双系罐、葵口碗、盘、洗、碟、盖罌、缸、盏托、粉盒、油盒、器盖、油灯、香炉、四系坛等。这些越窑青瓷的制作十分精细，式样优美，胎质细腻坚致，釉层均匀滋润、晶莹、润泽，呈半透明状，釉色以青色和青绿为主，个别器盖呈炒米黄色，瓷缸有呈青黄色者。它们的考古出土，为解开"秘色瓷"这个千年之谜迎来了重大的转机。

1965年，杭州钱元瓘墓出土有青釉龙纹瓷罌、瓷缸、划花壶、方形盘等。

1980年，考古人员在发掘临安西墅街明堂山钱镠生母水丘氏墓时，在其中发现三件极精美的青瓷器，它们是青釉褐彩云纹熏炉、青釉褐彩云纹盖罌、青釉褐彩云纹油灯，从胎质、釉色、装烧工艺等方面看，都堪称臻于极致，几乎可以认定它们是真正的"秘色瓷"。但可惜的是，因为没有明确对应的文字佐证，人们也不敢贸然断言下结论。

1981年，苏州七子山五代钱氏贵族墓葬中出土越窑青瓷金扣边碗。

1987年4月，陕西省文物考古部门对扶风县法门寺唐代真身宝塔地宫进行了发掘。地宫中除出土了当年唐懿宗朝廷赏赐给法门寺的令佛教徒顶礼膜拜的佛骨舍利和众多的金银器、玻璃器、丝织品等稀世之宝外，还出土了14件精美的越窑青瓷器，器物有八棱瓶和圆口、花瓣形口的碗、盘、碟等，其共同的特点是造型精巧端庄，胎壁薄而均匀，润泽晶莹，特别是湖水般淡黄绿色的瓷釉，玲珑得像冰，剔透得如玉，匀净幽雅得令人陶醉。其中2件银扣碗，外涂黑漆，并用金银团花等装饰，使器物显得极为华贵。巧的是，伴随出土的还有记录法门寺皇室供奉器物的物帐碑，上面明确刻记着"瓷秘色碗七口，内二口银棱；瓷秘色盘子、碟子共六枚"字样，这段文字与包裹里的瓷器一一对应，分毫不差！物帐碑上"瓷秘色"三个字，让古陶瓷专家眼前一亮。这批世界上发现有碑文记载证实的最早、最精美的宫廷专用瓷——"秘色瓷"，除两件为青黄色外，其余釉面青碧，晶莹润泽，有如湖面一般清澈碧绿。尤其是其中两个银棱秘色瓷碗，高7厘米，口径23.7厘米，碗口为五瓣葵花形，斜壁，平底，内土黄色釉，外黑色漆皮，贴金双鸟和银白团花五朵，非常精美。还有一件盘子贴着金银箔的装饰，行话叫作"金银平托"。在古代，金和玉都被看作是人间最高级的材质。把瓷器烧成玉色，又在上面加饰金银，这种器物的地位可想而知。另外，陈放于地宫后室第四道门内侧的门槛上的八棱长颈瓶，瓶内装有佛教五彩宝珠29颗，口上置一颗大的水晶宝珠覆盖。从其青釉比13件秘色圆器要明亮、玻化程度更好来看，更是一件具有典型意味的秘色瓷，而且堪当标准器。于是，专家们才恍然大悟，原来这就是千年以来众说纷纭的"秘色瓷"，从而真正解决了陶瓷界长期以来议论不休的问题，同时有力地说明了"秘色瓷"晚唐时开始烧造，五代时达到高峰。上海博物馆研究馆员陆明华先生认为："法门寺八棱瓶是所有秘色瓷中最精彩也是最具典型性的作品之一，造型规整，釉色清亮，其制作达到了唐代青瓷的最高水平。"

这些秘色瓷器的发现，在中国陶瓷史考古上具有突破性的意义，为鉴定秘色瓷的时代和特点提供了标准器。有了法门寺地宫出土的实实在在的秘色瓷"标准器"，人们再回过头来，比对过去考古出土的那些精美绝伦的晚唐五代时期生产的越窑青瓷精品，觉得秘色瓷并不陌生，它原来就是越窑青瓷中的极品，只是从前相见而不相识罢了。如陕西唐墓里出土过的八棱瓶，苏州虎丘云岩寺塔三层窖穴中出土的青釉荷花碗，宁波和义路唐代码头遗址出土的青瓷荷叶盏托，临安明堂山钱镠父母墓出土的青瓷褐彩云纹熏炉、盖罂、油灯，杭州钱元瓘墓出土的青瓷有肩腹上浮雕双龙的大瓶、划花壶、方形盘等，钱弘俶生母吴汉月墓等出土的壶、罐、碟、盘碗等精美越窑青瓷，等等，也就名正言顺地被归入"秘色瓷"行列，列入了国宝的名册。

此后，更大的惊喜接连而来。1996年，临安恭穆马皇后康陵出土20多件精美越窑青瓷等。

与此同时，浙江省考古工作者坚持不懈地寻找"秘色瓷"的产地。20世纪60年代初，浙江省文物考古工作者对窑寺前窑址进行了调查，发现许多产品的造型、纹饰与上林湖窑场所出难分彼此。2015年以来，在考古工作者坚持不懈地勘探试掘之后，"秘色瓷"的产地之谜终于得以揭晓。浙江省文物考古研究所等在浙江省慈溪市桥头镇上林湖中部的西岸边发现的后司岙窑址，编号为Y66，这里是上林湖越窑遗址的最核心位置，出土了一批秘色瓷及瓷质匣钵，发现了30种"秘色瓷"，被确定为晚唐五代时期"秘色瓷"的最主要烧造地。从历年调查的情况来看，产品中秘色瓷比例高、质量精、种类丰富，是晚唐五代时期秘色瓷的最主要烧造地。发掘面积近2000平方米，揭露包括龙窑炉、房址、贮泥池、釉料缸等在内的丰富作坊遗迹，清理了厚达5米多的废品堆积，出土包括秘色瓷在内的大量晚唐五代时期越窑青瓷精品。此次发掘基本理清了以后司岙窑址为代表的晚唐五代时期秘色瓷的基本面貌与生产工艺、秘色瓷窑场基本格局以及唐代法门寺地宫与五代吴越国钱氏家族墓出土秘色瓷的产地问题。这里出土晚唐五代秘色瓷的产品种类相当丰富，以碗、盘、钵、盏、盏托、盒等为主，亦有执壶、瓶、罐、碟、炉、盂、枕、扁壶、八棱净瓶、圆腹净瓶等，每一种器物又有多种不同的造型。许多器物为首次出土，不见于公私博物馆馆藏与历年来的考古出土品中。

　　毫无疑义，这些被古代诗人赞誉为"类玉""类冰""捩翠融青""千峰翠色""嫩荷涵露""古镜破苔"等的"秘色瓷"，是越窑青瓷的杰出代表，充分反映了越窑鼎盛时期的制瓷水平。

（三）国宝中的秘色瓷

　　如上所述，1949年以来，我国出土了一批具有代表性的越窑青瓷。这些越窑青瓷，质地细腻，制作精巧，胎壁较薄，表面光滑，釉色滋润光泽，造型新颖优美，而且不少器物带有皇家气象，装饰华贵，足以代表五代越窑的工艺成就，为国宝级的"秘色瓷"。现列举浙江省博物馆、临安博物馆等藏的几件五代越窑"秘色瓷"。

　　越窑青釉褐彩云纹熏炉　1980年临安钱宽夫人水丘氏墓出土，临安博物馆藏，国家一级文物。秘色瓷，熏炉器高66厘米，口径40.3厘米，底径41厘米。器身通体施青黄釉，釉下绘褐彩如意云纹。整器由盖、炉身、底座组成。盖为头盔形，纽为裹合的莲花花蕾状，中空，镂雕菱形出烟孔。炉身直口，平折宽沿，筒腹，平底置五虎首兽足，五趾，虎额阴刻正楷"王"字。底座为须弥座式的束腰环形，宽平折口，镂壶门形孔。这件熏炉炉盖上，还有36个蝙蝠形熏香孔。稍微熟悉传统文化的人都知道，文物、古玩上的

"蝠"实为谐音"福",也就是讨个彩头。有的瓷器绘上5只蝙蝠,意思就是"五福临门"。此外,《道德经》中说:"道生一,一生二,二生三,三生万物。"36为3的倍数,所以,炉盖上的这36只蝙蝠,是一种化抽象为具象的艺术表现形式,真正的含义就是"万福"。36个蝙蝠形香孔,也是水丘氏晚年心情的形象反映,既是一种自由的意境,更是一种享受生活的状态——这是钱镠对母亲真真切切的亲情。这种制作精致的熏炉,体形硕大,形制端丽,即使在唐代越瓷中也是少见的。熏炉出土时,炉内尚存香灰,且工艺精良、造型优美,说明熏炉在入葬前,是被墓主人水丘氏使用过的。这是一件生活用器,而非陪葬用的冥器。考虑到同时代的越窑瓷器,多是碗、盘、渣斗、钵等小型器,因此该熏炉的横空出世显得尤其弥足珍贵,堪称唐代越窑青瓷烧造的巅峰之作,也是当时江南

水丘氏墓出土青釉褐彩云纹熏炉、青釉褐彩云纹盖罂(选自《晚唐钱宽夫妇墓》)

地区经济富庶的历史见证。1995年，国家文物鉴定委员会就将它定为国宝级文物。到2013年，国家文物局发布《第三批禁止出境展览文物目录》，共有94件（组）一级文物列入第三批禁止出境展览文物目录，临安水丘氏墓出土的越窑青釉褐彩云纹熏炉在列。

越窑青釉褐彩云纹盖罂　　1980年临安水丘氏墓出土，临安博物馆藏，国家一级文物。秘色瓷，器高66厘米，口径9.8厘米，底径16厘米。通体施青黄釉，釉下绘褐彩如意云纹，胎体细密坚致。整器由器盖、器身两部分组成。盖呈半球形，顶呈花蕾状，立体感强烈。盖面和肩部都刻有三道弦纹。盘口，长颈，溜肩，深鼓腹，圈足外撇。

越窑青釉褐彩云纹油灯　　1980年临安水丘氏墓出土，临安博物馆藏，国家一级文物。秘色瓷，器高24.4厘米，口径37.2厘米，底径19.5厘米。通体施青黄釉，釉下绘褐彩如意云纹、莲花纹。整器为钵形，敛口，圆弧腹，圆足外撇。器内还尚存大量未燃尽的油脂。

水丘氏墓出土的唐代青釉褐彩云纹油灯（选自《吴越胜览：唐宋之间的东南乐国》）

越窑青瓷钵　　1971年临安板桥吴越国钱氏王族墓出土。高8.8厘米，口径19.8厘米，底径8.4厘米。口微敛，卷唇，折腹斜收，平底。通体施青绿釉，釉面晶莹润泽。

越窑青瓷蟠龙罂　　杭州市玉皇山五代钱元瓘墓出土。高30厘米，口径10.6厘米，底径14.2厘米。敛口，圆肩，深鼓腹，圈足外撇。肩、颈部各安一对并列的双股双复系。肩腹部浮雕双龙戏珠纹，龙头之间饰有一珠，呈二龙戏珠之势。龙身刻鳞纹，旁缀云纹。龙腾空飞舞，奋力抢珠，龙身涂金，璀璨辉煌，其造型之庄重、气魄之宏大，绝非唐代一般瓷罂可比。胎质青灰，细密坚致。通体施青绿色釉，釉层匀净润泽。龙瓶的造型浑厚，晶莹滋润，华丽异常，器物出土时龙身处残附着三小片金饰片，显得雍容华贵。这些发现说明吴越国确有用金银装饰瓷器的工艺，印证了《宋史》《宋会要辑稿》等书中"金银扣瓷""金银饰陶器"和"金棱秘色瓷器"的有关记载，信而有征，当属越窑秘色瓷器中最具代表性的器物之一。

吴越国钱元瓘墓出土的青瓷蟠龙罂（选自宿白主编《中华人民共和国重大考古发现》）

　　越窑青瓷方盘、划花执壶、器盖　杭州市玉皇山南武肃王钱镠第七子钱元璀墓中出土。划花执壶，通体冰清玉洁，釉色青绿晶莹给人以"似玉"之感，线型饱满厚重，球腹、曲流、双股鋬，腹壁划四组花草纹，线条娴熟纤细，配以端巧的造型，整个形态显得谐调得体；方盘为平底、敞口，盘壁自口至底内向斜收，口外装方座，式样别致。几件瓷缸，宽厚唇，口下安环耳四个，耳根饰柿蒂形，高37厘米，口径62.5—64.7厘米，底径35—38厘米。这些精美的瓷器，为越瓷中的珍品。

青瓷刻划纹执壶

越窑青瓷方盘

越窑青瓷刻划纹器盖

越窑青瓷凤首器盖

越窑青瓷带盖执壶　康陵出土。高11.4厘米，口径4.4厘米，足径7.6厘米。带盖，直口，长颈，圆鼓腹，矮圈足略外撇。肩部置长弧形流，与流相对的一侧是扁泥条近倒U字形把。盖为子口，宽沿，浅弧盖面，圆柱状纽。灰白色胎，胎质细腻坚致。通体施天青色釉，釉层薄而均匀，釉面莹润，足底有泥点垫烧痕迹。

青瓷缸　临安钱元玩（钱镠第十九子，出家后号普光大师）墓出土。几件青瓷缸，宽厚唇，口下安环耳四个，耳根饰柿蒂形，上饰小圆饼三个，系仿铜器之铆钉，高37厘米，口径62.5—64.7厘米，底径35—38厘米。如此大型的瓷缸、瓷瓶，无论是制坯成型，还是入窑烧成，都相当不易。越窑工匠能烧造出这样形体高大的秘色瓷珍品，确实令人惊叹不已。①

二、越罗吴绫

吴越地区的丝织业，早在唐代就已经非常发达了，民间从事蚕桑丝织者普遍。施肩吾《春日钱塘杂兴二首》云："酒姥溪头桑袅袅，钱塘郭外柳毵毵。路逢邻妇遥相问，小小如今学养蚕？"李郢《浙河馆》（一作《暮春山行田家歇马》）云："雨湿菰蒲斜日明，茅厨煮茧棹车声。"白居易《和微之春日投简阳明洞天五十韵》还

---

① 以上参见《浙江通志》编纂委员会编：《浙江通志·文物志》，浙江古籍出版社2021年版；浙江省文物考古研究所编：《浙江考古精华》，文物出版社1999年版，第206页；郑建明：《浙江上虞2012—2013年窑址调查发掘》，《考古通讯》2014年第1期；郑建明：《秘色瓷的发现历史》，《东方收藏》2018年第1期。李军：《五代越窑青瓷的外销与制瓷技术的传播》，《宁波与海上丝绸之路》，科学出版社2006年版；郑建华：《越窑贡瓷与相关问题》，《纪念浙江省文物考古研究所建所二十周年论文集》，西泠印社出版社1999年版，第182页；廖志豪：《苏州七子山五代墓发掘简报》，《文物》1981年第2期。

说"产业论蚕蚁"。

蚕桑业已是人们日常最为关心的产业，其时杭州上贡的丝织品有白编绫、绯绫等。柿蒂绫亦享有盛名，曾任杭州刺史的大诗人白居易曾有诗赞曰："红袖织绫夸柿蒂，青旗沽酒趁梨花。"在诗中，作者将杭州所产的柿蒂绫与当地的名酒梨花春相提并论，并在诗中自注曰："杭州出，柿蒂花者尤佳也。"到晚唐时，唐代著名书法家褚遂良的九世孙褚载，从当时丝织业最为发达的广陵郡（今江苏扬州）回到家乡，并带来了扬州先进的织造技术，进一步促进了杭州丝织业的发展。褚载，字厚之。工诗，唐乾宁二年（895）进士，"性行端洁，学问赅博，人咸敬仰。其先家广陵，获织绫锦法，世袭为业"。有诗一卷，今存诗十四首。后来杭人为了纪念他的功绩，在城内褚家堂建通圣土地庙，供其为神，额曰"通圣"。

继隋唐以后，浙江丝织业在五代吴越国时期发展速度更快了。吴越国的统治者为了适应贸易、贡献及享受的需要，对于丝织业颇为重视。钱镠自称："吴越境内，绫绢绸绵，皆余教人广种桑麻。"五代李琪在吴越王钱公生祠堂碑中说钱镠"善诱黎甿……八蚕桑柘"。清人袁枚在《重修钱武肃王庙记》中也说："四方喋血以事干戈，我且闭关而修蚕织。"所以，不仅在农村"桑麻蔽野"，而且在城镇也是"春巷摘桑喧姹女"（罗邺《自遣》），一派摘桑养蚕的繁忙景象。

吴越国时期浙江丝织业的一个特点是官营手工业的产生与发展。杭州作为首都所在，官营织造十分发达。据《吴越备史》卷二所载，唐天复二年（902），钱镠部将徐绾叛，当时"城中有锦工二百余人，皆润人也"。钱镠子元瑛虑其为变，乃命曰："王令百工悉免今日工作。"遂放出城，而发悬门。钱镠入城，闻其事颇为嘉奖。

从这条史料中我们可以看出，钱镠在杭州设有官营丝织业手工作坊，城中仅锦工就达200余人，且已能生产技术含量极高的锦了。钱元瑛矫令既称"悉免今日工作"，可见官营作坊此后依然存在。

不仅如此，贵族们还大量使用锦。如钱镠功成还乡，大摆酒宴，招待乡亲父老。当时"山林树木，皆覆以锦幄，号其幼所常戏大木曰'衣锦将军'"以"表衣锦之荣也"。

丝织品质量精美，数量庞大，并出产有很多著名产品。从种类来说，吴越国的丝织品门类齐全，绫有越绫、吴绫、异文绫，锦有盘龙凤锦、红地龙凤锦等，罗有越罗，縠有越縠，纱有金条纱，绢有越绢、印花绢，此外尚有绮、绵、织成等。吴越国的丝织品成衣制作技术精良，常常作为贡品进贡中原王朝。如宝大元年（924），钱镠向后唐进贡的就有龙凤衣、丝鞋、履子，盘龙凤锦织成红罗縠袍、袄、衫，御衣，红地龙凤锦被，等等。此前此后亦常以丝织成品衣作为贡品进贡。

吴越国时期丝织业的产量也十分惊人，这从钱氏大量进贡中原王朝和奢耗的情况中可以推知。根据记载，从钱镠封为吴越国王开始到钱俶"纳土"归宋的70余年中，吴越国向中原王朝进贡丝织品的有21个年份。有的一年之中几次进贡。最多的如后周显德五年（958）吴越国王钱弘俶向周世宗进贡的丝绸就达六次之多：二月，进贡御衣、绫绢等物；四月，进贡绫、绢各二万匹；闰七月，进贡绢二万匹、细衣缎两千匹及御衣等；八月，进贡绢一万匹；十一月，进贡绵五万两；十二月，又进贡了绢三万一千匹、绵十万两。宋太祖开宝九年（976）更甚：二月二十一日，贡绢五万匹；二十二日，贡绢三万匹；二十五日，贡绵八十万两；三月初二日，贡绢五万匹；三月初三日，献绢六万匹；六月，所贡绢、绵以万计；十一月贺宋太宗即帝位，贡御衣，绢万匹。前后贡献共七次。其中仅钱俶有一次上贡给宋太祖的丝绸织物就有"绫罗锦绮二十八万余匹，色绢七十九万七千余匹"。就在宋太宗太平兴国三年（978）五月吴越国纳土归宋之前两个月（即是年三月），钱俶还进贡"白金五万两，钱万万，绢十万匹，绫二万匹，绵十万屯（六两为一屯）"。其数量浩大，举世无匹。贡品有绫、绵、绢、缎等丝织品，以及龙凤衣、丝鞋、履子，盘龙凤锦织成线罗縠袍、袄、衫、御衣，红地龙凤锦被等丝织成品衣衫。这些丝织品以及成品衣衫，充分反映了吴越国杭州丝织业的发达以及丝织成衣制作技术的精良。

吴越国的丝织业也为宋代江南地区丝织业的发展打下了坚实的基础，这正如钱文选在《追述钱武肃王治吴越功德，纠正欧史非议之谬诬》一文中所说，钱镠"劝民从事农桑，桑麻遍野，至今千余年，江浙丝绸业为全国之冠"。

三、金花银器

吴越国金银器的加工工艺，不同凡响。根据记载，吴越国在给中原王朝的贡物当中，有大量的金、银、白金。如钱镠在宝大元年（924）贡后唐方物中即有银器、金器，宝正三年（928）进后唐白金五千两。钱元瓘在应顺元年（934）献后唐白金五千锭，钱元球等四人贡后唐白金七千锭；清泰二年（935）贡后唐连金花食器二千两；天福二年（937）贡后晋金器五百两、白金一万两；天福五年贡后晋金器三百两、白金八千两。钱弘佐于天福七年贡后晋铤银五千两，开运三年（946）献后晋白金五千两。钱弘俶于乾祐三年（950）贡后汉银器六千两；显德三年（956）贡后周白金五千两、金花银器一千五百两；显德五年（958）四月进后周白金一万两，同年闰七月贡后周白金五千两，八月贡白金五千两；乾德元年（963）贡宋白金万两，金银等器数百事；开宝九年（976）二月戊午贡宋宝玉金器五千余事，丙寅日进金玉宝器，又贡白金十万两；三月庚午，献白金六万两；夏六月，进宋银、绢、绵以万计；十一月，赍金器五百事。太平兴国三年（978）三月己酉进宋金银器物三千两，翌日复进宝玉金银酒器等三千余两。时宋帝命射，每中的钱俶即进金银器三百两，帝中的凡六，钱俶合进一千八百两；夏四月，又上金银酒器无算。据清人吴任臣按宋两朝贡奉录统计，钱俶所贡仅金、银即分别有九万五千余两和一百一十万两，这还不包括装饰玳瑁器、陶器、龙凤舟、器械等金银。1979 年，在苏州七子山五代墓中出土了大批的金银器。这说明苏州与杭州一样是吴越国重要的金银器生产地。现列举一些出土的文物精品，以见吴越国冶金业的发展情况。

1957 年，杭州西湖出水五代吴越国金龙，现藏于浙江省博物馆，国家一级文物。金龙通长 11 厘米，通体鏨刻鳞片，昂首挺胸，尾部飞扬，气韵生动，威武勇猛，是将银简内容递送上天知晓的使者。五代吴越国时期，钱氏三代五王崇信道教，逢重大节日或事件，必依道法斋醮，并向灵山洞府或水府投放金龙银简。

1963 年 5 月，东阳南寺塔（中兴寺砖塔）出土五代珍珠地花卉纹金舍利盒。舍利盒，金质，直径 2.5 厘米，高 1.0 厘米，重 8.5 克。盒呈扁圆形，器盖、器身以子母口盖合，盖面及盒底均作弧形凸起，器表鏨刻珍珠地纹，盖面鏨刻花鸟纹，盒底鏨刻重瓣宝相花。

1970 年，临安板桥如龙村出土五代飞鹤牡丹纹金花银盂（飞鹤牡丹纹金花银渣斗），口径 23.8 厘米，底径 9.7 厘米，高 13.6 厘米，重618.5克。银质鎏金，大盘口，束颈，球腹，平底，圈足外撇。盘口内侧錾刻云中仙鹤团花，腹壁錾刻缠枝牡丹团花各四组，团花之间填以双叶花纹，圈足边沿刻联珠纹一周。纹饰图案处均鎏金，为吴越国生产"金花银器"的代表之作，造型、工艺与内蒙古辽会同四年（941）耶律羽之墓出土的金花银渣斗相近。现藏于浙江省博物馆。

五代錾刻鎏金银渣斗（选自《吴越胜览：唐宋之间的东南乐国》）

2000年至2001年，浙江省文物考古研究所为配合雷峰塔重建工程，对雷峰塔遗址进行考古发掘，揭露面积4000平方米。从地宫中发掘出土了不少五代吴越国的金银器物。

镂空鸳鸯鸿雁纹"千秋万岁"铭鎏金银垫，直径25.4厘米，厚0.05厘米，重98.5克。内圈为一圆形方孔钱造型，锤揲成圆形镂空薄片状，正中镂刻"千秋万岁"铭圆形方孔钱。以联珠纹分成内外两圈，外圈装饰六只展翅飞翔的鸿雁，周边铺陈缠枝忍冬纹；内圈装饰两对顾盼传情的鸳鸯，四周镂刻莲荷，仿佛编织物一般。图案

五代雷峰塔地宫出土的镂空鎏金银垫

布局井然有序，层次分明，显现出一派鸟语花香、祥和温馨的氛围。整器采用锤揲、镂刻等加工工艺，纹饰精美，是五代金银器中的精品。

"千秋万岁"铭鎏金双凤对舞纹银盒（牡丹双凤对飞纹鎏金银盒），通高13.7厘米，口径20.7厘米，盖径17.8厘米，底径16.4厘米，重823克。银质，器表通体鎏金，由盒盖与盒身扣合而成，两侧外壁衔环。盖面以一对衔草对舞的凤凰为主体，周边錾刻细密的缠枝牡丹花，其间等距分布楷体"千秋万岁"四字，盖及盒身侧面各錾刻两圈缠枝牡丹花纹。纹饰构图严谨，线条流畅，显示了极高的工艺水平。银盒胎壁轻薄，厚仅0.1厘米。银盒将"百鸟之王"的凤凰与"百花之王"的牡丹巧妙地融合在一起，是吉祥富贵、幸

雷峰塔地宫出土的吴越国"千秋万岁"铭鎏金银盒

福美满的象征。现藏于浙江省博物馆，国家一级文物。

　　银鎏金鹦鹉纹腰带，银质鎏金，通长68.2厘米，重475克。一套十三块，出土时排列有序，上饰展翅飞翔的鹦鹉，以珍珠作地纹，背面焊接三至五个银钉，嵌入皮革内。带扣反面浅刻"弟子陈承裕敬舍身上要带入宝塔内"十五字。根据其腰束十一铸金带，推测供养者是一位官至四品的官员，虔诚地将代表身份的腰带敬献佛祖。纹饰精美，工艺精湛。

雷峰塔地宫出土的吴越国银鎏金鹦鹉纹腰带

镂空鸳鸯纹鎏金圆形银饰件，直径6厘米，银质鎏金，采用锤揲、镂刻工艺制作而成，小巧精致。正中镂刻展翅作偎依状的一对鸳鸯，四周镂刻莲叶、苞蕾，枝茎缠绕，周边为一圈联珠纹。出土时因其粘贴于鎏金铜龙柱释迦牟尼佛像的背后，其性质应为象征佛教装饰物的"庄严"。

雷峰塔地宫出土的吴越国瑞兽铭带镜

瑞兽铭带镜，直径10.3厘米，圆形。圆纽，内区四瑞兽首尾相随绕纽奔驰，瑞兽间用缠枝葡萄作间隔装饰。外圈一周铭文：光流素月，质禀玄精。澄空鉴水，照回凝清。终古永固，莹此心灵。铭文外一圈锯齿纹。铜镜正面有一幅阴刻线画，画中人物、楼阁、星象、浮云、龙凤、仙鹤、天乐交杂，表现了"发愿往生净土"之主题。此镜与临安唐末水丘氏墓出土的一件瑞兽铭文带镜造型相同，而铭文有异。

除进贡以外，吴越国统治阶级享用的当也不在少数。如临安明堂山水丘氏（钱镠之母）墓出土的即有银高足杯、银盖罐等银器，还有金扣、银扣瓷器等。甚至战舰所配备的"火油"发射筒也以铁、银制作。数量如此庞大的金、银器物，对于仅有两浙之地的吴

晚唐水丘氏墓出土的鎏金银盖罐、高足杯（浙江省文物考古研究所等《晚唐钱宽夫妇墓》）

越国而言绝非易事。其中一部分当属贸易所得，但相当一部分当是自己开采冶炼的。

　　吴越国金、银等金属的镂、镌、扣、镶等加工工艺不同凡响。钱镠母亲水丘氏墓出土的银高足杯，口径8.5厘米，底径7.9厘米，高9.7厘米，杯体纹以缠枝牡丹和涡纹，杯把纹以荷叶纹并錾刻五只展翅鸳鸯，刻工细腻，形态逼真。另一件银盖罐，高14.2厘米，平面略方，四角圆转，平底下设四个对称的叶形圆柱足，盖沿与器肩两侧分别铆焊铰链、搭襻，可以落锁，通体鎏金，饰以卷云纹和莲瓣纹，四面中间开光内分别錾刻双龙、双狮及乐舞百戏。献给中原王朝的贡品中有金银饰龙凤船、银装器械、银装花榈橱子、金银饰陶瓷器、连金花食器、金排方盘龙带御衣、戏龙金带、佛头螺子青、山螺子、金饰玳瑁器等，举不胜举，不乏稀世之宝，充分反映了吴越国金属工艺技术的高超。[1]

---

　　[1]参见浙江省文物考古研究所：《杭州雷峰塔五代地宫发掘简报》，《文物》2002年第5期；杭州市临安区博物馆、朱晓东：《物华天宝——吴越国出土文物精粹》，文物出版社2010年版，第5页。

吴越国还用铜、铁等铸造一种"宝箧印经塔"。宝箧印经塔又名"阿育王塔",因造型类似箱箧,内藏匿《一切如来心秘密全身舍利宝箧印陀罗尼经》而得名。据《宝箧印陀罗尼经》所说,书写、读诵此陀罗尼,或者将经书放入塔中供奉,能够灭除罪障,免于恶道的痛苦,并且能获得无量功德。宝箧印经塔有大小塔之分,其中由铁、铜、银等金属材料制成的小塔又被称作"金涂塔"。正因为有如此多的福德利益,所以历代佛教信徒建造了许多宝箧印经塔。《佛祖统纪》卷四三曰:

> 吴越王钱俶,天性敬佛,慕阿育王造塔之事,用金铜金钢造四万八千塔,中藏宝箧印心咒经,布散部内,凡十年而讫功。

事实上,钱弘俶为此所花时间不止"十年"。20世纪50年代以来,各地陆续发现铁质、铜质大小四种形制的金涂塔已有24座。1999年,在杭州雷峰塔遗址中又发现银质阿育王塔一座,以往文献记载称说发现的金涂塔也在10座以上。从出土的钱弘俶所造的宝箧印经塔来看,均为小型塔,全部由金属材料制成,俗称"金涂塔",其构造沿用了印度阿育王塔的造型,均为单层须弥座,塔身正方形,四角分别有山花蕉叶,顶部正中五层相轮上镶嵌有摩尼宝珠。其最具有审美艺术价值的就是塔身布满了各种佛传故事的雕刻,雕工细致,手法精湛。

1955年,崇德崇福寺塔塔顶出土五代吴越国鎏金铜阿育王塔,通高21厘米,基座边长8厘米。塔由基座、塔身、塔顶三部分构成,外表鎏金。基座四面各开三龛各饰三尊坐佛,塔身四面装饰佛本生故事，分别为"萨埵太子舍身饲虎""尸毗王割肉贸鸽""快目王舍眼"和"月光王施首"。塔顶四角饰山花蕉叶，外侧饰护法力士，内侧饰坐佛，刹座为方形覆莲，塔刹七重相轮，嵌插在塔身上。塔身内侧铸阴文"吴越国王钱弘俶敬造八万四千宝塔乙卯岁记"的造塔题记，内壁出钩，"己"字编号。乙卯岁为后周显德二年（955）。

1957年，金华万佛塔出土两座五代吴越国铜阿育王塔。其中一座通高23.2厘米，基座边长8厘米。塔由基座、塔身、塔顶三部分构成。基座四面各开三龛各饰三尊坐佛，塔身四面饰佛本身故事。塔顶四角饰山花蕉叶，外侧饰护法力士，内侧饰坐佛。刹座饰方形覆莲，塔刹嵌插在塔身上，七重相轮。塔身内侧铸阴文"吴越国王钱弘俶敬造八万四千宝塔乙卯岁记"的造塔题记。"大"字编号，乙卯为后周显德二年（955）。

1963年，东阳市南寺塔（中兴寺砖塔）出土五代吴越国鎏金铜阿育王塔，底长16.5厘米，宽16.6厘米，通高38.6厘米，由塔基、塔身、塔刹三部分组成。外部通体涂金，塔基、塔身接合部均留有企口和榫卯。塔基作须弥座，呈正方形，四周各铸四佛像。塔身四面设壸门铸佛像，上部四角立蕉叶山花，铸力士像。塔刹设相轮五重及宝珠，最上部为十字火焰。塔身内上壁和蕉叶山花间铸有阳文"十四"；塔基上部四沿面上铸有："吴越国龙开寺弥陀会，潘彦温妻王十一娘，男仁太阖家眷属，造此塔永充供养。"塔基与塔身接合面上铸有阳文："勾当僧惠存。"

1963年，东阳市南寺塔（中兴寺砖塔）出土五代六层六角银塔，通高18.9厘米。塔身呈六角形六层，每层翘角挂有风铎，第一层四周有勾栏，下有须弥座，须弥座一侧设有六级踏步。

天台国清寺附近出土吴越国飞霞寺铜塔。此塔是单层重檐仿木结构建筑的小塔。塔方形中空，由基座、塔身、塔刹三部分构成。基座三层，分别装饰覆莲纹、佛像、如意纹，基座底部边沿两侧阴刻"（后晋）天福四年（939）岁次己亥六月再舍入飞霞寺永充供养吴越王记"的造塔题记。塔身四面开龛，装饰"西方三圣"像。其上密檐三层，檐面每层铸出斗拱，飞檐翘脊。四脊角有孔，原应悬挂风铎。塔刹相轮五重，饰忍冬纹，顶部作火焰宝珠。由造塔题记可知此塔是吴越国第二代君王钱元瓘发愿铸造的。

杭州雷峰塔地宫出土五代吴越国鎏金银阿育王塔。银塔通高35.6厘米，基座边长12.5厘米，由塔基、塔身、塔刹三部分组成，

雷峰塔地宫出土的五代纯银鎏金阿育王塔

每个部分由纯银捶揲成型，整体铆焊套接。基座下面用方形银板封护，塔座的每侧以菩提树、禅定小佛像四尊相间作装饰。塔身方形，四面圆拱形龛内镂刻佛本生故事画面，每面一个，分别为"萨埵太子舍身饲虎""快目王舍眼""尸毗王割肉贸鸽""月光王施首"，人物外表鎏金，四角各有一只护法金翅鸟。塔身最上层用忍冬纹及兽面纹作装饰。塔身四角的山花蕉叶，正面捶揲，反映佛祖一生事迹的佛传故事画面，共16幅，背面捶揲佛坐禅、说法等形象。塔刹由刹杆、五重相轮和顶部的摩尼宝珠等构成。塔身镂空处可见内部有奉安"佛螺髻发"的金棺。此塔正是吴越国末代国王钱俶为供养佛舍利而造。塔刹相轮五重，顶部作火焰宝珠。塔刹的底座装饰十二朵覆莲，五重相轮上饰忍冬、联珠纹，底轮最大，往上渐收。塔内金瓶高4.4厘米，呈葫芦形，表面錾刻团花、莲瓣等花卉，内盛舍利。

由此可见，钱弘俶确实制作了大量金涂塔。所有这些金、银器及金涂塔，充分反映了吴越国金属加工工艺技术的高超。它们可能主要出自于吴越国首府杭州，然后通过运河及其他交通道路分施各地。①

---

① 以上参见《浙江通志·文物志》，浙江古籍出版社2021年版，第712—713页。王士伦：《寺塔之建，倍于九国——兼谈喻皓》，周峰主编《吴越首府杭州（修订版）》，浙江人民出版社1997年版，第122—125页。金申：《吴越国王造阿育王塔》，《东南文化》2002年第4期；陈平：《八万四千阿育王塔》，《荣宝斋》2011年第3期。孙群：《从艺术到文化：泉州宝箧印经石塔与吴越国金涂塔雕刻艺术的比较研究》，《福建师范大学学报（哲学社会科学版）》2014年第2期。仲威：《金石善本过眼录——吴越国金涂塔拓本三种》，《艺术品》2015年第7期。

四、印刷空前

浙江的雕版印刷始见于唐朝中叶，唐代长庆四年（824）元稹序《白氏长庆集》："二十年间，禁省、观寺、邮候墙壁之上无不书，王公妾妇、牛童马走之口无不道。至于缮写模勒，衒卖于市井，或持之以交酒茗者，处处皆是。"原小注曰："扬、越间多作书模勒乐天及予杂诗，卖于市肆之中也。"

至五代吴越国时期，雕版印刷已经屡见不鲜，成为蒸蒸日上的新兴事业。杭州、越州、苏州等地都是吴越国最为重要的印刷出版地，特别是杭州与金陵、成都并称为当时的三大印刷出版中心。《册府元龟》卷六〇八载，后唐朝臣"尝见吴、蜀之人鬻印板文字，色类绝多。终不及经典"，于是萌生将儒家经典校定雕版印行的想法。这从另一个角度说明吴越国的印刷业已经达到了一定的水平。又，同光三年（925）十月，两淮钱镠、留后钱元瓘、苏州节度使钱元璙，各贡进金银锦绮数千件、御服犀带、九经书史汉唐书共423卷。有学者认为，同光三年钱镠等向后唐进贡的423卷图书，很可能就是印刷品，因为中原不缺史书，钱氏能够拿出来作为贡品，必有其特殊之处，而吴越国的图书印得十分精美，肯定会得到中原王朝统治者的喜爱。

吴越国统治者崇奉佛教，因此雕版印刷术大都用于印行佛经。吴越国所刻佛经，以钱弘俶时期为多。钱弘俶曾仿照阿育王故事，造塔84000座，内藏《宝箧印心咒经》，一次就达84000卷，颁行于各地。这些宝箧印经，有图有文，字墨隽秀，具有较高的水平。延寿和尚（904—975）也为钱弘俶主持刻印过大量经文、佛图等，曾亲手印《弥陀塔图》14万本。

1917 年，浙江湖州天宁寺幢拆毁，工人于石经幢象鼻中曾发现吴越国王钱弘俶时刻印本《一切如来心秘密全身舍利宝箧印陀罗尼经》一卷。此经卷高为工部营造尺二寸五分，版心一寸九分半，每行八字或九字，经文共 338 行，后空一行题《宝箧印陀罗尼经》，并前后题共 342 行。经前有画，作人礼塔状，广二寸有奇，画前有题记四行，曰："天下都元帅吴越国王钱弘俶印宝箧印经八万四千部，在宝塔内供养。显德三年丙辰岁记。"显德三年丙辰，即 956 年。这比雷峰塔经卷还早 20 年。王国维认为"小经卷刊本传世者，以此卷为最古，即吾浙古刊之存者，亦以此卷为最古矣"，即这是浙江已发现的最早的有纪年的雕版印刷品。

五代吴越国刻本《一切如来心秘密全身舍利宝箧印陀罗尼经》（选自《吴越胜览：唐宋之间的东南乐国》）

1924 年，杭州雷峰塔倾圮，在塔砖孔内也发现藏有《一切如来心秘密全身舍利宝箧印陀罗尼经》一卷，全长 2.11 米，高 7.3 厘米，卷首刻礼佛图，次为经文，经文首行十一字，余每行均为十字，全卷 271 行，共 2700 余字，经纸分白绵纸和竹纸两种，卷首题刊三行云："天下兵马大元帅吴越国王钱俶造此经八万四千卷，舍入西关砖塔，永充供养，乙亥八月日纪。""乙亥"即北宋开宝八年（975）。此外，还发现了雕版印刷的塔图，也称塔卷，长一米许，每层画一塔，四塔相叠，上画讲经故事，雕刻精细，印刷清晰。目睹过雷峰塔初倒时面世的佛经的俞平伯高度评价说："国内除敦煌所发现的唐写经外，恐怕要推此次发见为巨擘了。"

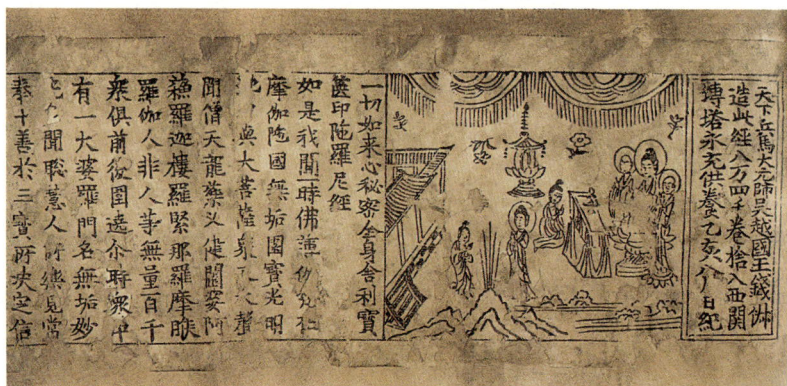

钱俶刻印的《宝箧经》

中华人民共和国成立后，吴越国雕版印刷的佛经残卷多有发现，如：1956年，温州龙泉县东大寺东西二塔出土《佛说佛名经卷第二十五》；1960年，丽水碧湖宋塔出土吴越国刻本《佛说观无量寿佛经》；1971年1月，安徽无为县中学在宋代舍利塔下砖墓小木棺内发现五代显德三年（956）吴越国王钱弘俶印《宝箧印陀罗尼经》一卷；1971年11月，浙江绍兴市城关镇物资公司工地出土《宝箧印经》一卷；1987年11月，黄岩县灵石寺塔第四层北部天宫出土五代吴越国墨书白描《佛说预修十王生七经》；等等。这些经卷字体细小精美，印刷清晰。印刷史专家张秀民指出，过去认为吴越国的印刷尚在初期试验阶段，他看了绍兴出土的乙丑本经卷后才认识到，不但扉画线条明朗精美，而且文字清晰悦目，如宋本佳椠，纸质洁白，墨色均匀，千年似新。它有力地证明了吴越国的雕版印刷品不仅数量多，而且质量亦臻上乘。而两万幅观音像印在绢素上，是最早用丝织品作为承印材料来印刷版画的，可见当时的印刷技艺水平之高。

吴越国著名高僧延寿和尚曾先后主持灵隐寺、永明禅寺净慈寺。其间，他受吴越王钱弘俶之命，刻印了大量佛经。据北京国家图书馆所藏南宋绍兴三十年（1160）临安府北关接待妙行院比丘行拱募缘重开、钱唐鲍询书、李度雕的《心赋注》及释元照重编的《永明知觉禅师方丈实录》记载，延寿禅师刊印的佛经及佛图，计有《弥陀塔图》（亲手印14万本），《弥陀经》《楞严经》《法华经》《观音经》《佛顶咒》《大悲咒》（以上约印于939年左右），《二十四应观音像》（914年开版雕刻，用绢素印2万本），《法界心图》（印7万本），《孔雀王菩萨名消灾集福真言》《西方九品变相毗卢遮那灭

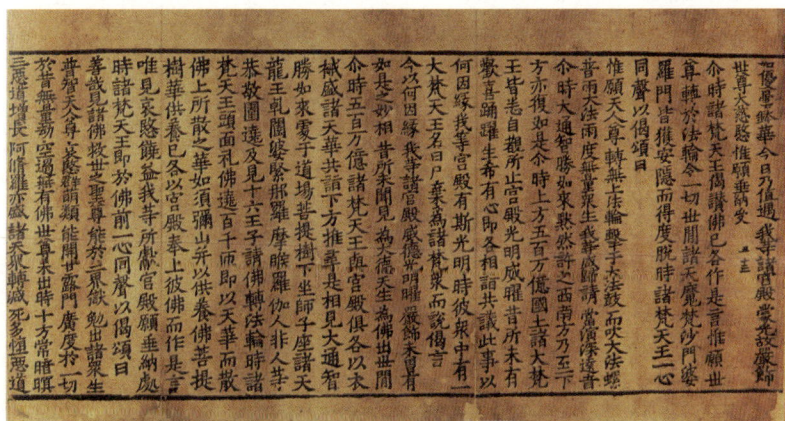

唐五代刻本《妙法莲华经》（选自《吴越胜览：唐宋之间的东南乐国》）

恶趣咒》（以上各印10万本），《阿閦佛咒》《心赋注》（延寿撰并注）。以上雕版印刷的佛教经、像、咒语，产地均当以杭州为主。

除延寿外，吴越国其他僧侣也有刻印的情况。如《宋高僧传》卷二八载："释永安，姓翁氏，温州永嘉人也。汉南国王钱氏召居报恩寺，署号禅师焉。乃以《华严李论》为会要，因将合经，募人雕板，印而施行。"又，水心禅院住持道诜亦曾刻印《往生西方净土瑞应删传》印本。

总之，这种由五代吴越国君主提倡、寺僧主持、大量印刷的出版现象为历史所罕见。张秀民先生考证："钱弘俶与延寿禅师所印佛教经像、咒语，有数字可考者，共计六十八万二千卷（或本），数量之巨，在我国印刷史上可说是空前的，后来也是少见的。"面世的吴越国刻印的佛经，充分展示了其雕版印刷业的发达和高超的技术水平。

正因为吴越国奠定的基础，北宋时的杭州，与四川成都、汴京（今河南开封）、福建建阳并称为全国四大刻书中心。王国维《两浙古刊本考序》中说："北宋刊本，刊于杭者，殆居泰半。"又说："自古刊版之盛，未有如吾浙者。"不仅数量多，而且质量也是全国最好。时人叶梦得在《石林燕语》卷八中评论说："今天下印书，以杭州为上，蜀本次之，福建最下。京师比岁印板，殆不减杭州，但纸不佳；蜀与福建多以柔木刻之，取其易成而速售，故不能工；福建本几遍天下，正以其易成故也。"正是在此背景下，毕昇发明了活字印刷术，成为举世闻名的中国古代四大发明之一印刷术的典型代表。

五、造船之巧

吴越地区是中国造船业的起源地之一。早在八千年前，生活于这里的人就开始造船了。杭州萧山跨湖桥出土的独木舟，是目前发现的世界上最早的独木舟。而杭州水田畈新石器时代遗址出土的距今五千年左右的木船桨，进一步说明杭州地区悠久的造船史。到东汉后期，杭州已经能够制造一些技术含量较高的船只。唐代的吴越地区，已经成为我国重要的造船基地之一。据司马光《资治通鉴》卷一八〇所载，唐代重要的船舶制造基地有：宣州（今安徽宣城）、润州（今江苏镇江）、常州（今江苏常州）、苏州（今江苏苏州）、湖州（今浙江湖州）、杭州（今浙江杭州）、越州（今浙江绍兴）、台州（今浙江椒江）、婺州（今浙江金华）、江州（今江西九江）、洪州（今江西南昌）等地以及剑南道（今四川省内）的沿江一带。同时，南方沿海的扬州、福州、泉州、广州与交州等港城，以及北方沿海的登州（今山东蓬莱）、莱州（今山东莱州），都是主要的海船建造基地。吴越地区是唐代重要的制造大船的地方之一，这里的航运业非常发达。《唐国史补》卷下记载："凡东南郡邑无不通水，故天下货利舟楫居多。"《旧唐书》卷九四《崔融传》描写唐代舟船之盛时说："且如天下诸津，舟航所聚，旁通巴、汉，前指闽、越，七泽十薮，三江五湖，控引河、洛，兼包淮、海。弘舸巨舰，千轴万艘，交贸往还，昧旦永日。"出现了唐代大诗人杜甫所说的"吴门转粟帛，泛海陵蓬莱"和"云帆转辽海，粳稻来东吴"的兴盛局面。

另据《新唐书》卷一三四《韦坚传》等书所载，天宝二载（743），水路转运使、陕郡太守韦坚于京城长安东九里长乐坡下、浐水之上的望春楼下穿广运潭以通舟楫。广运潭建成以后，韦坚在广运潭上为唐玄宗安排了一场由全国二三百艘船只组成的物产博览会，让京城百姓大饱眼福。

韦坚预先取洛阳、开封、宋州山东小斛舟三百只，都贮放在广运潭，驾船的篙工、舵师都戴着大笠子，穿着宽松的衣袖衫，穿着草鞋，为江南吴、楚一带的服饰，强烈地展示了江南风情。每只船写着来自某郡，并在船上堆放着当地的土特产。如广陵郡船，即于枞背上堆积着广陵所出锦、铜镜、铜器、官端绫绣、海味；丹阳郡船，船上堆放着当地的京口绫衫段；晋陵郡船，船上堆放着当地的官端绫绣；会稽郡船，船上堆放着当地的铜器、罗、吴绫、绛纱；南海郡船，船上堆放着当地的瑇瑁、珍珠、象牙、珠玑、沉香；豫章郡船，船上堆放着当地的名瓷、酒器、茶釜、茶铛、茶碗；宣城郡船，船上堆放着当地的空青石、纸笔、黄连；始安郡船，船上堆放着当地的蕉葛、蚺蛇胆、翡翠；吴郡船上堆放着当地的三破糯米、方文绫。总数达到了数十郡，这些郡的船都一艘接着一艘，尾

敦煌莫高窟盛唐壁画中的五级挂帆船（选自《敦煌石窟全集·交通画卷》）

相衔进，数十里不绝。关中之人从来没有看到这种"连樯挟橹"的壮观场面，看了以后都非常惊叹骇异。韦坚向唐玄宗跪上诸郡土特产，唐玄宗内心也是非常欢悦，赐贵戚朝官。

有了唐代的基础，五代吴越国的造船业更加发达。当时杭州、湖州、越州、台州、婺州等地都设有造船基地，打造了大量的船只，其中以战舰、龙舟、海船为最著。特别是杭州钱塘江边，舟楫辐辏，望之不见首尾。宋代陶岳《五代史补》卷五《契盈属对》载：吴越国时，龙华寺僧契盈，为闽中人，通内外学。性尤敏速。广顺初年，他到钱塘（今浙江杭州）游览。有一天，他陪吴越国王游碧波亭，当时钱塘江上潮水初满，舟楫辐辏，望之不见其首尾。忠懿王大喜曰："吴越国地距京师三千余里，而谁知一水之利有如此耶！"契盈因题碧波亭柱云："三千里外一条水；十二时中两度潮。"时江南未通，两浙贡赋全部从海上到达青州登陆，故云三千里。时人称此联非常骈切，为绝对。宋太平兴国三年（978）八月，宋太宗诏令钱俶缌麻以上亲属及管内官吏悉归京师开封，凡舟1044艘。由此可见其船只数量之大。

吴越国拥有数百艘战舰，如后周世宗显德五年（958）二月，后周世宗到扬州，钱弘俶进献御衣、犀带，又供给后周军20万石稻米，并派邵可迁、路彦铢率战舰400艘、水军2万人与周军会师。这些战舰的建造非常特别，船头"皆刻龙头"，船中则配备"火油"发射筒。

吴越国的龙舟建造得富丽堂皇。在北宋开国至吴越国王钱俶纳土称臣的短短十九年里，吴越国就向宋王朝进献了银装花舫、画舫、龙舟计二百艘。如后周显德五年（958），吴越国王钱弘俶贺周世宗"车驾还京"，"进龙舟一艘、天禄舟一艘，皆饰以白金"。宋朝建立以后，吴越国进贡的金银饰龙凤船竟达两百艘之多。据北宋科学家、钱塘（今浙江杭州）人沈括《梦溪笔谈·补笔谈》卷二《权智》记载，吴越国进贡宋朝的龙舟，"长二十余丈，上为宫室层楼，设御榻，以备游幸"。在当时，这是非常难得的、制造技术水平极高的船只。后因"岁久，腹败欲修治，而水中不可施工"，满朝文武竟一筹莫展，直到"熙宁中，宦官黄怀信献计，于金明池北凿大澳，可容龙船。其下置柱，以大木梁其上。乃决水入澳，引船当梁上，即车出澳中水。船乃笐于空中。完补讫，复以水浮船，撤去梁柱，以大屋蒙之，遂为藏船之室，永无暴露之患"。这一修船过程，及宋帝对于该船的珍爱有加，说明吴越国所打造的龙舟非同一般，也说明其时浙江的造船技术远在中原之上。

与吴越国和其他沿海地区的贸易及海外贸易的需要相适应，吴越国海船的打造也很发达。仅民间，有名可查的吴越商人如蒋承勋、季盈张、蒋衮、俞仁秀、张文过、盛德言等，都拥有自己建造的船只和船队。日人中村新泰郎在《日中两千年》里曾说：五代时期，"仅从日本的史书中所见，前后算来，商船往来就有十四次，而实际上恐怕次数还要更多。这些往来的船只，全是中国船，日本船一只也没有。而中国船中，几乎又都是吴越的船只"，充分说明吴越国造船业的先进和发达。

六、琢玉之精

五代吴越国的玉器，继承唐风。吴越国钱氏王族墓以及雷峰塔地宫出土众多玉器，玉牌、玉佩、玉饰件、各类花形饰片琳琅满目，用料考究，琢刻技艺精湛，众多新式器型及纹饰开风气之先，充分反映了当时琢玉业的发达及制作技艺的高超。

　　吴越国钱氏家族墓出土的玉器，以钱镠母亲水丘氏墓的玉栉面和钱元瓘夫人恭穆王后墓的玉步摇、玉佩、玉镶嵌等玉器为代表。

　　水丘氏墓出土的玉栉面，和田青白玉质料，布局形式上采用了对称式，以唐代常用的花鸟为主题构图，双面雕琢，在雕琢中采用了底子内凹的工艺手法以强化立体感，使花鸟更富神韵，更具观赏性。

　　受唐代金银饰品的影响，临安康陵玉器多以片状饰件为主，同时康陵的玉器琢雕工艺也受到当时绘画艺术的影响，形成了与唐代工艺既有联系又有自己独特工艺特色的风格，玉质温润晶莹，纹饰雍容华贵。从出土的吴越国玉器来看，其纹饰大多以龙、凤、鸳鸯、蝴蝶、牡丹、灵芝等为造型，形成了吴越国琢玉工艺的一大特色。

　　康陵出土玉器中，白玉鸳鸯纹栉面，整器呈半圆形，顶边呈圆弧形，下端有便于嵌插的凸榫，榫边缘略缺损未经修整。长5.3厘米，宽2.4厘米，最厚处0.23厘米。单面阴刻一对相向而立的鸳鸯，扇形冠，凤眼，曲颈，颈部饰米字形纹，挺胸展翅，羽尾上扬形若双叶。两鸳鸯中间下部刻有一组如意纹。此器雕刻精细，刻纹生动，工艺精湛，为康陵所有出土玉器中最佳者。

　　白玉牡丹纹花片一件，长7.2厘米，宽4.4厘米，厚0.15厘米。白玉，玉质晶莹剔透。正面用阴线刻出一朵含苞待放的牡丹花，反面平素未经打磨。牡丹花用三个层面来表现，最中心以网格细线表示花蕊，中心一层为含苞，外层为盛开的花瓣，边缘一周以自然花瓣形成大小不同的弧边，花瓣采用细线表示茎脉。花蕊下方镂刻两个对称的小圆孔。

　　白玉鸳鸯雕件，通长3.7厘米，高2.6厘米，厚0.6厘米。鸳鸯身体和两个翅膀分别雕琢，然后组装构成一只展翅的鸳鸯。用立体圆雕手法在整块玉上雕琢出鸳鸯的头颈及身躯。两侧眼睛双线阴刻，长冠后掠。身躯呈扁圆体，近脊背镂刻长条形孔，以便镶嵌翅膀。另外雕出两片扁薄的翅膀和一片尾羽，一面有斜面便于扦插，用细长线条镂刻成羽毛形态。羽根处有小圆镂孔，身下有凹槽，出土时有铜丝穿于圆孔及凹槽处，可见原件系采用铜丝捆扎固定。尾端刻有凹槽，表示上翘的鸳鸯尾巴。鸳鸯玉雕出土时在身躯及翅膀上多处粘有金箔。

白玉灵芝纹花片，长9厘米，宽6厘米。玉质晶莹剔透。平面呈不规则的弧边三角形，采用镂空结合的透雕及双面阴线刻手法。中间花蕊由三组斜线组成，为两朵四叶重瓣花朵，花瓣中心各镂八个椭圆形细长孔，以增强视觉效果。外缘刻出四朵灵芝花，枝杆用

康陵出土的玉梳面、玉凤凰花片、玉蝴蝶花片、玉龙、玉牡丹花片和临安采集的吴越国"富贵团圆"玉方牌挂件（选自《五代吴越国康陵》）

阴刻直线表示，边缘呈曲线连弧状排列，随沿单阴线勾勒，玉片一端呈尖首状，刻有细密的阴线，可能用于嵌插。中心镂椭圆形孔，花蕊、灵芝枝杆和尾部均阴刻线条，玉质白润，造型巧妙。

白玉牡丹花片，则形似一朵盛开的牡丹花，单面阴刻，由十只花瓣和一蒜形花蕊构成，花蕊阴刻网格纹，由三只花瓣合护，其余七只花瓣自然舒展，分三组两侧对称排列，中间一只扇形花瓣托底，花瓣上阴刻放射状线条，边缘为连续弧形，花朵中下部镂两个对称圆孔，玉质莹润剔透，雕刻写实细腻，造型优雅别致。

雷峰塔地宫出土的玉器，其题材更加世俗化，既有动植物形象，还有观音、善财童子等佛教造像。玉善财童子立像，头插鎏金银钗，身着对襟半臂衫，双手托于腰际，脚踩立在飘浮的云彩上，

雷峰塔地宫出土的五代玉善财童子（选自《物华天宝——吴越国出土文物精粹》）

衣衫随风飘逸，一副怡然自得、天真自信之态，颇为传神。这个玉善财童子立像竖插在"九山八海"题材的方座上，为我国目前发现年代最早的玉童子雕像，比四川华蓥安丙墓出土的玉童子像早两个多世纪。

上述这些吴越国水丘氏墓、康陵等陵墓以及杭州雷峰塔地宫等地出土的玉器，让我们清晰地领略到吴越国精进发达、深邃巧妙的琢玉工艺。其出现的组装饰件，除个别圆雕件外，立体饰件均为多件片状玉饰组合而成，如半圆形玉花片则是将两片半圆状薄片呈十字形榫接在一起。白玉龙形雕平面呈三角形，双面雕刻，局部镂空，上部雕一条飞龙，下衬五组如意祥云，飞龙回首顾尾，通体阴刻网格纹，玉质纯正，构思巧妙，整体造型优美，雕刻形象生动传神。其在工艺上采用了单面阴刻、双面阴刻、立体圆雕、镂空透雕等多种技法，风格写实。有学者认为，这些精美的玉器，特别是钱氏王族用玉的发现意义重大，在中国玉文化研究领域有着重要的地位，它打破了汉代以后浙江地区的考古发掘中鲜有玉器出土的沉闷局面，弥补了隋唐至清中国玉文化阶段的缺环，为我们研究和认识五代吴越国玉器工艺特征及宫廷用玉制度提供了不可或缺的实物资料。[①]

七、螺钿漆作

五代十国时期，吴越国手工业继续发展，成为漆器的主要生产地。其漆器制作技术和艺术风格在唐代的基础上有了一系列新的突

[①]以上参见杭州市文物考古研究所、临安文物馆编著：《五代吴越国康陵》，文物出版社2014年版，第35—37页；徐玲：《吴越国钱氏王族文物的初步研究——以临安市文物馆藏品为中心》，《杭州文博》第18辑，浙江古籍出版社2017年版。

破，漆器品种不断丰富，这从出土文物中可以清楚地看出。

1957年，江苏苏州虎丘云岩寺塔第二层出土鎏金镂花银包边楠木经箱，通高21厘米，长37.8厘米，宽19.2厘米。此楠木经箱置于石函内。箱底垫有丝织物，楠木质胎上髹透明单漆，盝顶各部边缘和接缝处皆镶嵌包银质鎏金花边，工艺极为精细。经箱大体完整，镂金工艺精妙。经箱须弥座边沿横凿小字一行："建隆二年男弟子孙仁朗镂，愿生安乐国为僧。"箱外底墨书四行："弟子言细招舍净财造此函盛金字法华经。弟子孙仁遇舍金银并手工装。弟子孙仁朗舍手工镂花。辛酉岁建隆二年十二月十七日丙午入宝塔。"箱上记载制作艺人姓氏和时间十分可贵，北宋建隆二年为公元961年，属吴越国后期。

1978年苏州瑞光寺塔第三层塔心天宫出土的五代吴越国时期黑漆嵌螺钿花卉纹经函，是迄今为止中国境内出土最完整的晚唐五代螺钿工艺器物。其表面髹黑漆，四周斜坡和边沿以螺钿通体镶嵌有瑞花、菱形环带花纹，间以蝴蝶和飞鸟状钿片。箱身壁面四周镶嵌缠枝形石榴、牡丹等花卉图案，整体呈现出雍容华贵的气象。①

湖州飞英塔出土的五代吴越国时期的黑漆嵌螺钿说法图经函，盝顶，通体髹黑漆，以螺钿镶嵌图案装饰，盖面饰宝相花三朵，函身饰佛像、菩萨、供养人、狮子、白象等佛教题材图案，函底有楷体朱书题记"吴越国顺德王太后吴氏谨拾宝，装经函肆只入天台山广福金文院，转轮经藏，永充供养，时□亥广顺元年十月□日题记"，说明经函的主人是末代吴越王钱俶的生母吴汉月。这两件经

---

① 苏州市文物保管委员会：《苏州虎丘云岩寺塔发现文物内容简报》，《文物参考资料》1957年第11期。苏州博物馆：《苏州博物馆藏虎丘云岩寺塔、瑞光寺塔文物》，文物出版社2006年版，第36—41页。

苏州瑞光寺出土吴越国黑漆嵌螺钿经箱（选自《吴越胜览：
唐宋之间的东南乐国》）

函，所使用的贝片厚度在 1 毫米左右，为厚螺钿。贝片微泛五彩之
光，且施以毛雕，刻划仔细。

1986 年，始建于唐代的湖州飞英塔出土了一件残损的五代吴
越国螺钿黑漆经函。经函现藏于湖州市博物馆，为嵌螺钿木胎漆
器，盝顶，函身连座，立面处以企口榫卯结合，其他用铁钉固定。
经函通体黑漆，函外布满镶嵌的佛教装饰图案，嵌物以蚌片为主，
还有水晶珠和绿玻璃片。贝片割制精细，中间加雕刻纹，镂空处以
绿松石镶填。经函底板部有朱书题记："吴越国顺德王太后吴氏谨
拾（施）宝装经函肆只入天台山广福金文院转轮经藏永充供养时辛
亥广顺元年十月日题纪。"五代后周广顺元年为公元 951 年。据此
可知"宝装经函"主人是五代末期吴越王钱弘俶的母亲、顺德王太
后吴汉月。底板四周钉对角边条为基座，盒旁中小方线条绕周盒盖
为盝顶，并施铁质燕尾梢。复原外形尺寸为长 40.3 厘米，宽 20.8 厘
米，高 23 厘米。经卷为纸质折装七卷本，木刻雕刻印刷，页面尺
寸约 30 厘米×10.7 厘米，卷内满页竖排五行，满行十八字左右，卷
中刊有精美礼佛图。每卷本上各有衬板一块，表面髹棕红漆，上有

墨书"妙法莲华经第□"。①

五代嵌螺钿说法图漆经函，木胎，长方形，盝顶，函身连座。通体髹黑漆，嵌乳白色贝片，少数贝片隐显彩光。函盖顶面嵌宝相围花三朵，围花由镂空六瓣花组成，中间衬花叶，镂空中镶绿色玻璃。函盖邦板饰飞仙，飞仙形态较唐代身短，羽高、翅简，函身立墙与须弥座间用一条方木线条隔开。线条上排列梅花纹贝片。立墙嵌说法图，中间佛像坐莲花座，两旁弟子迦叶和阿难，两侧依次有立佛及护法神、兽、供养人。另一面正中佛像坐莲花座，两侧为供养人，另有菩提树及火焰。须弥座上用贝片饰壶门。贝片切割较细，均施毛雕，而毛雕则显得稀落简单。底板外部有朱书题记一面，共47字："吴越国顺德王太后吴氏谨拾宝装经函肆只入天台山广福金文院转轮经藏永充供养时辛亥广顺元年十月日题记。"

从上述出土的吴越国经函中，可知吴越国漆器工艺，特别是其嵌螺钿制作工艺的概貌。

第六节 社会生活

随着吴越国社会经济的发展，到后期其社会生活的质量得到了

---

①以上参见湖州市飞英塔文物保管所：《湖州飞英塔发现一批壁藏五代文物》，《文物》1994年第2期。

极大的提高，特别是杭州在当时人们的心目中已经是一个非常富丽的人间天堂。这在当时的文学作品中表现得尤其突出，从北宋初年文人的描述中可以看出。陶穀《清异录》卷上《地理·地上天宫》说："轻清富庶，东南为甲。富兼华夷，余杭又为甲。百事繁庶，地上天宫也。"潘阆《酒泉子》词云："长忆钱塘，不是人寰是天上。万家掩映翠微间，处处水潺潺。异花四季当窗放，出入分明在屏障。别来隋柳几经秋，何日得重游。"由此，人们对吃喝、游览和娱乐有着较高的追求，反映出这一时期社会经济的富足状况。

一、吴越口福

五代时期食物原料越来越丰富，烹调技术有了进一步提高，而且还从国外引进不少食品和调味品，饮食比前代更加丰富多彩。特别是吴越地区的饮食文化已经发展到了较高的水平，在全国首屈一指。宋代陶穀《清异录》卷上就对此做了记载："天下有九福，京师钱福、眼福、病福、屏帷福，吴越口福，洛阳花福，蜀川药福，秦陇鞍马福，燕赵衣裳福。"

（一）主食

五代时期，长江以南为稻米产地，自古被称作"鱼米之乡"，号称"苏湖熟，天下足"之地，稻米饭为人们日常主食。

众所周知，早在唐代，吴兴出产的稻米就曾成为官方指定贡米，是朝廷贵族的专享美食。《吴兴备志品物类聚记》载："吴兴米，炊之甑香；白马豆，食之齿醉。虢国夫人厨吏邓连，以此米捣为透花糍，以豆洗皮作灵沙臛，以供翠鸳堂。"杨贵妃得宠于唐玄宗以后，家人鸡犬升天，不仅堂兄杨国忠贵为宰相，权倾朝野，而且她还把三个姐姐一起迎入京师。杨贵妃的三个姐姐都被封为一品国夫人，并赐以豪华的府宅，每人每年赏赐脂粉钱多达千贯。一时间，杨氏姐妹并承恩泽，出入宫掖，势倾朝野，连公主见了她们都要礼让三分。虢国夫人杨玉瑶是杨贵妃的三姐，她的厨吏以吴兴米为原料做成的"透花糍"，意为透出豆沙颜色的糯米糍，类似于今日江南人爱吃的糖糍粑。这可以说是唐代时尚贵妇虢国夫人留给后人的一种美食点心。

除了一般的稻米饭以外，还有蔬菜和米混在一起烹饪的蔬饭，用特殊工艺制作而成的清风饭。蔬饭可以弥补主粮之不足，常被视为生活艰苦，为官者食蔬饭则被视为清廉。清风饭的做法，五代陶榖《清异录》卷下记载为："用水晶饭、龙睛粉、龙脑末、牛酪浆调事毕，入金提缸垂下冰池，待其冷透供进，惟大暑方作。"水晶饭即糯米饭，龙脑末即冰片，是一种高档风味饭，唯有极少数人有条件享用。

食用麦饭的现象虽不普通，但可以见到。杭州居民还食用各种麦粉和米粉制成的饼。如《清异录》卷上《释族》"面忠"载："道忠行化余杭，一钱不遗，专供灵隐海众，月设一斋延僧，广备蒸作。人人喜曰：'来日赴忠道者蒸雪会。'忠之化人，惟曰买面，故称'面忠'。"汤饼即是今日的面条。

除了人们日常食用的米饭和面条外，苏州城阊阖门外有家著名的食肆"张手美家"，根据四季节日的变化，向食客提供不同的精美可口的米饭和面饼。陶榖《清异录》卷下《馔馐门》便对苏州著名食肆"张手美家"的饮食供应进行了详细的记载：

　　　　阊阖门外，通衢有食肆，人呼为"张手美家"。水产陆贩，随需而供，每节则专卖一物，遍京辐凑，号曰"浇店"。偶记其名，播告四方事口腹者：

元阳脔（元日）　　油画明珠（上元油饭）　　六一菜（人日）

涅盘兜（二月十五）　手里行厨（上巳）　　冬凌粥（寒食）

指天馂馅（四月八）　如意圆（重午）　　绿荷包子（伏日）

辣鸡脔（二社饭）　　摩睺罗饭（七夕）　　玩月羹（中秋）

盂兰饼馉（中元）　　米锦（重九糕）　　宜盘（冬至）

萱草面（腊日）　　　法王料斗（腊八）

又，明代王鏊《姑苏志》卷六〇《杂事》载"张手美家"，"其肆通连六七间，水陆南北之物毕具，随需而供，虽坐列十客，人各异品，亦唾手取办。每节则专卖一物，遍京辐辏，以不得为不足。缚木成栏，倾钱其中，至高丈余。先一日开说来者不拒，号曰'浇店'"。由此可见，这家大饭店以其烹调技艺高超而被民间誉称为"手美"。该店按四季时令每节专供一种特色的小吃食物，均极其精致可口。

（二）菜肴

吴越国的饮食文化，以精致、奢侈著称于世。当时杭州的菜肴已经发展到了较高的水平，尤其以水产菜名闻于世。陶穀《清异录》卷上《水族加恩簿》载杭州"地产鱼虾海物，四方所无"。书中还谈到吴越国功德判官毛胜，他自称"天馋居士"，认为江浙水产繁富，"须鳞壳甲，种类差殊，荐醴登盘，皆可于口"，但以往"陈言烂说，不足尽其妙""多雅戏，以地产鱼虾海物，四方所无，因造水族加恩簿，品叙精奇"。于是，他根据浙地各种水产的特点及在餐桌上的功用，戏作《水族加恩簿》一卷，将数十种江南水产食物全部给一个官位，如以江瑶为玉桂仙君、鲈鱼为橙薤录事、鲚为骨鲠臣、鼋为醉舌公、鳖为撋甲尚书、石首为新美舍人、乌贼为甘盘校尉、龟为通幽博士、水母为同体合用功臣、珍珠为圆辉隐士、玳瑁为点花使者、牡蛎为豪山太守、蛙为济馋都护、江豚为试汤波太守、河豚为春荣小供奉、蚬为表坚郎等。虽然作者是游戏笑谈，但他列出了众多时人食用的淡水和海产品名单。这些水产品，按书中的先后次序有：江瑶、章举、车鳌、蚶菜、虾魁、蟹、蝤蛑、蟹、彭越、蛤蜊、文、鲈、鲋、鲚、鼋、鳖、鲎、石首、石决明、乌贼、龟、水母、真珠、玳瑁、牡蛎、梵响、砑光螺、珂、螺蛳、蛙、鳑鮍、江豚、鳜、鲤、鲫、白鱼、鳊、鲟鳇、鳝、葱管、东崇、崇连、河豚、鳆、蚬。能有42种水产海鲜，从中大致可以窥见吴越地区水产的丰衍和食用方法的繁多。这说明人们对鱼类的食用数量在增加，认识上分类也更加细化，真可谓"生居水国，餍食群鲜"。

一些统治者在饮食上挥金如土，贪图享乐。宋代李昌龄《乐善录》卷上载吴越国时期钱塘（今杭州）人孙承祐的饮食生活："孙承祐，吴越王妃之兄，贵近用事，每一小饮，杀命数万，取鲤鱼腮肉为臛，坐客数十皆足。圈鹿数百，庖人不暇断，惟旋割取鲜腴以供膳，一食羹凡二十品，设十银镬，构火以次荐之。……及当朝为节度使，俸入有节，无复向之豪侈，然卧内每夕焚烛二炬，燃龙脑二两。征范阳，顿城下，鲙鱼召诸帅食，水陆咸备。性嗜鱼，作一黑漆大水斛，贮水养鱼，令役夫担负以从，但恣口腹，不计其费。"又，《十国春秋》卷八七《孙承祐传》载：孙承祐经常在家中宴请客人，他曾指着桌上丰盛的菜肴自傲地说："今日坐中，南之蝤蛑，北之红羊，东之虾鱼，西之嘉粟，无不毕备，可谓富有小四海矣。"

这里宴饮者身份的显贵、宴席的排场和奢华、席间的仪式感和食物的精美等，可以说写到极致了。

蟹的鲜味为人称颂，吴越人爱吃蟹，特别是在苏、湖一带，食蟹成风。如宋代陈善《扪虱新话》卷一一《国朝始置通判》载：宋初，吴越国王钱弘俶之子钱昆，生卒年不详，字裕之，其家世代居住在钱塘（今浙江杭州），归宋，举太宗淳化二年（991）进士。杭人喜欢吃蟹，而钱昆也是如此，他到京城开封后无蟹可吃，故向太宗申请到地方任职。太宗问他想到何郡为官，钱昆回答说："但得有蟹，无通判处，足慰素愿也。"在朝的文武百官听后都笑了。于是，朝廷任命其为楚州宝应县主簿。

食用牛肉虽然不合法，但食用的现象比较常见。当时也不乏铤而走险从事非法牛肉交易的人。如《十国春秋》卷八八《胡进思传》载，吴越国王钱弘俶时（947—948），就曾发生过一起违禁杀牛卖肉的案件。胡进思年轻时以屠牛为业，后"民有杀牛者，吏按之，引人所市肉千斤"。忠逊王问胡进思一般大牛杀后可得多少肉，进思说："不过三百斤。"当然，杭州杀牛者不会只有胡进思一人，如严昇期摄侍御史，"于江南巡察，性嗜牛肉，所至州县，烹宰极多"。这也说明了吴越地区市场里牛肉的消费量较大。

羊肉也在吴越地区的肉食中占有一定比重。孟诜《食疗本草》卷中称，北方的河西羊最佳，河东羊亦好，但"江浙羊都少味而发疾""都不与盐食之，多在山中吃野草，或食毒草。若北羊，一二年间也不可食，食必病生尔。为其来南地食毒草故也"。

这一时期菜肴的烹饪方法，主要有炙、脍、羹、鲊、腌、酱、蒸、焦、炸等。鲊鱼、蒸豚、炙鸭、脍鱼等，都有一定的名气。唐贞观时人（一说大历时人）、曾经隐居唐兴（今浙江天台）翠屏山的诗僧寒山有诗云："蒸豚揾蒜酱，炙鸭点椒盐。"又云："去骨鲜鱼脍，兼皮熟肉脸。"《嘉泰吴兴志》卷一八《食用故事》云："鲊，唐张文规《郡斋书情》云：'食有吴兴鲊。'蔡宽夫《诗话》云：'吴中作鲊，多就溪池中莲叶包为之，后数日取食，比瓶中者气味特妙。'白居易诗曰：'就荷叶上包鱼鲊，当石渠中浸酒尊。'昔人已有此法。乡间取大鱼切作片，用炒米屑，荷叶三数重包之，谓之荷包，可以致远。……间用精肉旋鲊，就池荷叶包裹，数刻可供，盖荷叶性恶肥腻，多作能害荷。"《岭表录异》也记载："乌贼鱼……炸熟，以姜醋食之，极脆美。或入盐浑腌为干，捶如脯，亦美。吴中人好食之。"上述就是用蒸、炙、脍、炸、腌等方法烹饪豚、鸭、鲜鱼、乌贼鱼的生动记载。孙承祐善作脍鱼。《十国春秋》卷八七《孙承祐传》记载：孙承祐"后归宋，扈从太宗北征，以橐驼负大斛贮水养鱼，自随至幽州南村落间……所止幕舍中，脍鱼具食，穷极水陆，人皆异之"。

五代时期吴郡擅长鮧鱼干脍和鲈鱼干脍。据《太平广记》卷二三四引《吴馔》记载："吴郡献海鮧干脍四瓶……作干脍之法：当五六月盛热之日，于海取得鮧鱼，大者长四五尺，鳞细而紫色，无细骨，不腥者，捕得之，即于海船之上作脍，去其皮骨，取其精肉缕切，随成随晒，三四日，须极干，以新白瓷瓶、未经水者盛之，密封泥，勿令风入，经五六十日，不异新者。取啖之时，开出干脍，以布裹，大瓮盛水渍之，三刻久出，带布沥却水，则瞭然。散置盘上，如新脍无别，细切香柔叶铺上，箸拨令调匀进之。海鱼体性不腥，然鳍鮧鱼肉软而白色，经干又和以青叶，皙然极可啖。"这项食品的干脍制作与保鲜技术，可使人们食用鱼脍在一定程度上不再受时间和地域的限制，对丰富人们的饮食生活有着重要的意义。《吴馔》所说吴郡"于海取得鲩鱼","即于海船之上作脍",当然包括浙北沿海一带。

五代时期，江南地区还擅长制作各种鱼鲊、鱼脯。鱼鲊即一种腌制的鱼产品，早在唐代就著名于世，并成为贡品。史载韦巨源拜尚书令，按照惯例，向唐中宗上《烧尾食食单》，其中有一款为"吴兴连带鲊"。所谓"吴兴连带鲊"，为一种用吴兴鲤鱼未经装缸发酵制作而成的鱼鲊。"吴兴连带鲊"能够出现在韦巨源所上烧尾宴的菜单中，应该是宫廷贵族消费的一道上品佳肴。这种技术沿袭到吴越国。如《清异录》卷下就记载了杭城中最为名贵的"玲珑牡丹鲊"："以鱼叶斗成牡丹状。既熟，出盎中，微红，如初开牡丹"，故称"玲珑牡丹"。实即由鲊食组合而成的拼盘，以其色、香、味、形俱佳，而成为吴越国的著名花色菜肴。鱼脯也是吴越国的特产，当时仪凤桥南有鱼脯楼，专门曝鱼脯上贡，其中"春月尤多，作以供盘钉"。

越州一带以春鱼制作的含肚鲞，为民间上馈佳珍。《嘉泰会稽志》卷一七记载："春鱼……盐渍而干之，名曰含肚。见《大业拾遗记》。越人馌耕，以含肚鲞为上馈，佣耕者至有置不敢食，包裹归为亲养者。或不设，则皆不乐。"

菘菜和竹笋是江南地区最受欢迎的两种蔬菜。

菘菜，为白菜的总称。叶阔大、色青的叫青菜，色白的叫白菜，淡黄的叫黄芽菜。宋代陶穀《清异录》卷上《笋奴菌妾》载："江右多菘菜，鬻笋者恶之，骂曰：'心子菜。'盖笋奴菌妾也。"《十国春秋》卷八三《钱弘偡传》载吴越国文穆王第二子钱弘偡镇永嘉，"每食不过鲍鱼、菘菜"。

竹笋，为一种根茎类蔬菜烹饪原料，是江南的特产，享有"天下第一蔬"的美称。其品种极其繁多，吴越国高僧赞宁《笋谱》一书总结了历朝历代流传下来的笋的名字以及其形态、生长特性、产地、产出时间、栽培技巧、烹制经验等。《笋谱》云："江南吴越皆多笋，然未有过于武林法华山，其品为最高。冬月即生，埋头土中，名猪蹄红。诸笋皆清瘦，是笋更瘦，而色稍青。其味清新，而有澹趣，名鹭丝青。"钱塘人沈括在《梦溪笔谈》卷二六《药议》中说："今南人食笋，有苦笋、淡笋两色，淡笋即淡竹也。"此外，还有紫笋、边笋。又据赞宁《笋谱》所载，"今吴、会间，八月，乡人往往掘土采鞭头为笋，向市而鬻"。主要供食用的竹笋，按产地等分有旋味笔、筜笋、钓丝竹笋、木竹笋、庐竹笋、对青竹笋、慈母山笋、钟龙竹笋、汉竹笋、邻竹笋、少室竹笋、新妇竹笋、茎竹笋、篲竹笋、鸡头竹笋、服伤笋、狗竹笋、慈竹笋、棘竹笋、鸡胫竹笋、扁竹笋、篾竹笋、水竹笋、古散竹笋、秋芦竹笋、鹤膝竹笋、石笾竹笋等三十余种。按品味，分为苦笋、淡笋两种。按采获季节又可分为冬笋（腊笋）、春笋和夏初的笋鞭，其中品质以冬笋最佳，春笋次之，笋鞭最劣。

此外，还有一些来自国外的蔬菜。宋代陶穀《清异录》卷上《金毛菜》载："石发，吴越亦有之，然以新罗者为上，彼国呼为金毛菜。"瓜的食用非常普遍，《清异录》卷上《瓜战》载："瓜战，吴越称'雪上瓜'。钱氏子弟逃暑，取一瓜各言子之的数，言定，剖观瓜者张宴，谓之瓜战。"

人们也已经注意到了菜肴的药理作用。如毛胜《水族加恩簿》曰："长尾先生（鲨），唯吴越人以谓用先生治医华佗无敌。"又曰："和羹长朱子房（石决明）……治目为最""黄荠可（河豚）……治败伤厥毒"，等等。

五代时期，豆酱、豆豉、醋等，已成为人们不可缺少的调味品，从王公贵族到普通百姓，从宫廷到民间，都普遍使用。

(三) 饮酒

隋唐五代时期的饮料，主要有酒、茶、乳酪和饮子等四类。其中以酒、茶为主要饮料，在浙江也最流行。乳酪是酒茶之外的补充，饮子是一种由中草药制成的饮料。

饮酒在五代的饮食生活中占有重要地位。这一时期酒的酒精度数较低，并含有甜味，既具刺激性，又具解渴功能，所以自王公贵族到庶民百姓，男女长幼多爱饮酒。

吴越国的饮酒之风，比唐朝有过之而无不及。据罗隐《茅斋》所述，受藩镇割据、时局动荡的影响，也有人"从事不从事，养生非养生。职为尸禄本，官是受恩名。时态已相失，岁华徒自惊。西斋一卮酒，衰老与谁倾？"沉湎于"今朝有酒今朝醉，明日愁来明日愁"（罗隐《自遣》）之中。特别是吴越国钱王多善饮。钱镠的"满堂花醉三千客"，以及衣锦还乡的"大会故老宾客"，都是浙江历史上罕见的饮宴场面。史载钱镠衣锦还乡，有邻媪年九十多岁，携壶浆迎王，曰："钱婆留，宁馨富贵。"钱镠下车向她致谢，并在衣锦军设酒宴招待高会父老，男妇八十岁以上者金尊，百岁者玉尊。王执爵上寿。"别张蜀锦为广幄，以饮乡妇。"《十国春秋》卷八三记载，吴越国钱氏宗室中如钱镖、钱元懿、钱文奉、钱弘偘、钱昱以及吴越国丞相元德昭等人皆为善饮之徒。文辞敏达、史学著作颇丰的钱俨，"善饮酒，百卮不醉，居外郡，常患无敌，或言一军校差可伦拟，俨问其状，曰：'饮益多，手益恭。'俨曰：'此亦变常，非善饮也。'""涉猎经史、音律、图纬、医药、鞠击，皆冠绝一时"的钱文奉，"饮酒兼数人，时时乘白骡，披鹤氅，缓步花径，或泛舟池中，远近闻宾客笑语声，则就饮为乐"。钱昱，"饮酒至斗余而不乱"。

也有饮酒误事乃至乱政者。据《十国春秋》卷八八《高澧传》、卷八三《钱镖传》记载，海盐人高彦之子、湖州刺史高澧，"好使酒杀人而饮其血"，听说钱镠计划出兵问罪，遂入淮南境，最后为淮人所杀。高澧叛逃以后，继为湖州刺史的钱镠之弟钱镖也"嗜酒杀人"，结果因惧怕钱镠责罚而逃奔去了吴国。还有一位钱弘偡，在钱弘俶朝官至检校太尉、宣德军节度使，封吴兴郡王，"寻以饮酒过度薨"。当然这些毕竟是少数。

而普通百姓一般到酒肆饮酒。清雍正《浙江通志》卷三五《关梁湖州府三》"望仙桥"载："在乌镇，五代时尝有异人过酒肆，饮醉，辄喷酒沫，污髭吻洒壁间，结灵芝，拂衣而去。追迹之至桥所，忽不见，故名。"

五代时期的饮酒习俗大体有日常饮酒、节令饮酒两大类。日常饮酒依然保持着依次尽饮的习惯，即席间按从长至幼次序依次饮酒，而且要一饮而尽。如《礼记·曲礼上》所说的"长者举未酢（尽），少者不敢饮"。所谓"酒过三巡"，即各依座次饮酒，首座饮尽，次座再饮（不是一齐干杯），直至末座饮尽，谓之一巡，如此三遍，谓之三巡。当然也有自酌自饮的，这种饮酒不受礼俗的限制。

五代时期，人们还有用酒祭祀、饮酒庆贺（凡节日、升迁、婚嫁、丰收等都要饮酒庆贺）、用酒送别和用酒慰劳的习俗。诗僧贯休谒钱镠诗所云"满堂花醉三千客，一剑霜寒十四州"，喝的是庆贺酒。后梁开平元年（907）封钱镠为吴越王，开平四年冬十月衣锦还乡，喝的既是庆贺酒，也是慰劳酒。

　　节令饮酒在五代时期主要有正旦、社日、中和节、上巳节、重阳节等节日饮酒习俗。如清代郑方坤《五代诗话》卷五《吴越》载："元德昭，字名远，抚州南城县人。仕吴越忠献王，至丞相。理家以孝爱闻，每时序置酒，环列几席者凡四从。尝为诗云：'满堂罗绮兼朱紫，四代儿孙奉老翁。'"

　　正旦即元旦，一年之中第一天，隋唐五代时期习俗要饮椒柏酒、屠苏酒。尤其是朝廷宴席，要"酒行十二遍"，即十二巡，场面非常热烈。

　　此外，五代时期赏玩游乐的宴饮以及其他家庭宴饮与迎送宴饮等，都离不开酒。文穆王钱元瓘第十子、奉国军节度使钱弘亿还举行过一个特殊的诀别宴。《十国春秋》卷八三《钱弘亿传》云："（弘亿）末年，梦金甲神告其死期，因署壁曰：'奉国节度使，只年三十九。'大会宾客饮酒，与之诀，卧疾三日而终，谥曰康献。"

　　五代时期聚宴饮酒，一般要设"酒纠"（或称"觥录事"）监酒，以维持宴饮有序进行，并以行令、赋诗、歌舞等佐饮。行令即酒令，至唐代才制定为法，名目繁多，最初有"平""索""看""精"四字和"律令"等，后因繁难而废止，代之以更为简单的令。比较流行的有骰盘、卷白波、莫走、鞍马，以及旗幡

辽代韩佚墓出土的五代越窑青瓷刻花宴乐人物执壶局部（选自《吴越胜览：唐宋之间的东南乐国》）

令、闪压令、抛打令、手打令等，前几种多用骰子或筹箸。宋代赵彦卫《云麓漫抄》卷一〇就记载了吴越国宫宴上的酒令使用情况："陶縠使越，钱王因举酒令曰：'白玉石碧波，亭上迎仙客。'陶对曰：'口耳王圣明，天子要钱塘。'"江苏省丹阳丁卯桥于1982年曾出土一副酒令筹具，其中有令筹40枚，各枚均刻有《论语》辞句，并注上"劝主人五分""自饮七分"等诸如此类的规定，抽得者依筹上文义饮酒。

而手打令则似是后世的划拳类酒令。以轻歌曼舞佐饮助兴在五代时期盛极一时，而且从王公贵族到民间、军营和酒肆，比比皆是。《十国春秋》卷八三《钱弘亿传》曰：吴越国钱弘俶常宴集兄弟。其中弘亿"晓音律，能造新声，尤工琵琶，妙绝当世"，钱弘俶"欲使亿弹，而难于面命。乃别设一榻，置七宝琵琶于上，覆以黄锦。酒酣，亿果白王曰：'此非忽雷乎，愿奏一曲为王寿。'时王叔元琀亦知音，王命之拍，曲终，王大悦，赐亿北绫五千段，元琀钱千缗，当时以为美谈"。《全唐诗》卷八七九有"吴越王与陶縠酒会"一句。

自汉代以来就有的艺伎佐酒，在五代时期也非常盛行，艺伎中能歌善舞又长于作诗填诗的佼佼者不乏其人。

五代吴越国的酒具多有发现。1957年，杭州西湖出水吴越国的莲花式银酒台。盘径14.5厘米，底径9.3厘米，高6.5厘米，重169克。呈覆杯状，喇叭形，中部出沿呈花口盘形，花口形圈足，略高。盏托上半部作一凸起的仰莲，莲瓣叠垂，露出莲芯，可见粒粒莲子。下半部锤揲如意纹，并錾刻铭文。整器采用了锤揲、錾刻工艺，造型新颖别致。此酒具现藏于浙江省博物馆。

银执壶

莲花式银酒台

青瓷酒盏

青瓷耳杯

（四）饮茶

吴越国盛产茶叶。据《册府元龟》卷一六九《帝王部·纳贡献》记载，吴越国在五代时向北方政权贡茶共十二次，其中三次没有具体数量，九次有具体数字的，共贡茶343800斤。贡献的茶叶不仅数量庞大，而且种类特殊，出现了大茶、细茶、脑源茶等具体的茶名。

吴越国饮茶之风盛极一时，当时坊间还流传着一些有关饮茶的典故。据陶毂《清异录》卷下《茗荈门》"苦口师"所载，曾任吴越国宰相的皮光业，容仪俊秀，善谈论，气质倜傥，如神仙中人，特别喜爱喝茶。有一天，皮光业的一位表兄弟请他去品尝新上市的柑橘，并专门设宴准备好好款待下这个贵戚。聚会那日，达官贵胄云集，筵席上也都是美味珍馐、美酒香茶。但皮光业一到亲戚家里，因为当时天气炎热，加之赶路的缘故，舌干口燥，他不顾筵席上丰盛的菜肴和新鲜甜美诱人的柑橘，却是急喊着要喝茶。于是，侍奉的仆人马上端来一大碗的茶汤。皮光业拿到茶后也不顾丞相的威仪，捧起茶碗就是一顿猛喝。喝完之后，他抹抹嘴角，才觉得身体舒坦起来。接着，他即兴吟诗一首，诗中有"未见甘心氏，先迎苦口师"之句。意思是茶的滋味，虽苦而后甘，能提神醒脑、涤烦解渴，犹如忠言逆耳而利于行，故皮光业遂称茶为"苦口师"，比喻为一位善于劝谏、直言不讳的良师。在座的众人听后都说："此师固清高，而难以疗饥也。"于是乎，茶另有了"苦口师"雅号。这一典故，表达了茶在五代不仅是一种饮品，更承载着深厚的哲理与人文精神。

至于吴越国时期的茶具，更是知名于时。早在唐代，陆羽《茶经》在谈论茶具时有云："碗，越州上，鼎州次，婺州次。"至五代十国时期，吴越国制瓷业的蓬勃发展，促成了这一时期茶具从造型、瓷质、装饰风格到工艺手法都有了令人瞩目的成就。茶具种类十分丰富，主要有执壶（或称茶壶）、碗、杯、盘、茶盏、茶托、盖盒、盖罐、茶碾和茶碾轮等，出土不少，体现了吴越国茶文化的发达。如钱氏越窑烧造的秘色瓷莲花碗，就是其中的典型代表。

晚唐钱宽墓出土的白瓷云龙把杯与杯
托（浙江省文物考古研究所等《晚唐
钱宽夫妇墓》）

五代吴越国越窑青瓷茶匙

二、江南园林

五代十国时期，吴越国的园林文化非常发达。钱镠第六子钱元璙和他的二子钱文奉，先后担任中吴军节度使，治苏州，对城市的修复和建设十分重视，"修旧图新，百堵皆作，竭其力以趋之，唯恐不及"。他们父子还把许多精力和兴趣放到了营建庭园上。《九国志》载："元璙治苏州，颇以园池草木为意，创南园、东圃（一作'东墅、东庄'）及诸别第，为吴中之胜，奇卉异木，名品千万。""又累土为山，亦成岩谷，延接宾旅，任其所适。"南园，在子城西南。宋代朱长文《吴郡图经续记》卷上《南园》载："南园之兴，自广陵王元璙帅中吴，好治林圃，于是醨流以为沼，积土以为山，岛屿峰峦，出于巧思，求致异木，名品甚多。比及积岁，皆为合抱。亭宇、台榭，值景而造，所谓三阁、八亭、二台、龟首、旋螺之类，名载图经，盖旧物也。"《祥符图经》云园内筑有安宁厅、思玄堂及清风、绿波、迎仙三阁，还有清涟、涌泉、清暑、碧云、流杯、沿波、惹云、白云、迎春、百花等十五亭。又有榭亭二，就树为槐柱。西池在园厅西，有龟首、旋螺二亭。时人罗隐《南园题》诗描述说："挢击路终迷，南山且灌畦。敢言逃俗态，自是乐幽栖。叶长春葑阔，科圆早薤齐。雨沾虚槛冷，雪压远山低。竹好还成径，桃夭亦有蹊。小窗飞野鸟，闲瓮养酰鸡。水石心逾远，云霄分已暌。病怜王猛奋，愚笑隗嚣泥。泽国潮平岸，江村柳覆堤。到头乘兴是，谁手好持携。"总之，南园出于巧思，非常精美华丽，被誉为"极园池之胜"。直至北宋时钱氏去国，此园犹存不毁。祥符中，知州秦义进行整修，作为寮吏聚会的场所。馆使朝贵皆为赋诗，参知政事、郡人丁谓为序。大诗人、长洲令王禹偁对南园非常喜爱和向往，常携客醉饮赋诗，曾云："天子优贤似有唐，镜湖恩赐贺知章。他年我若功成后，乞取南园作醉乡。"可以说是"玩而爱之之至也"。或传祥符中作景灵宫，购求珍石，郡中尝取于此以供京师，其间楼榭岁久摧圮。吕济叔尝作熙熙堂，厥后守将亦加修饰。至朱长文撰写《吴郡图经续记》时，所存之亭还有流杯、四照、百花、乐丰、惹云、风月之目。每春，纵士女游览以为乐事。大观末年，蔡京罢相，欲东还，诏以园赐之。蔡京诗云："八年帷幄竟何为，更赐南园宠退归。堪笑当年王学士，功名未有便吟诗。"

由于钱氏父子等统治者的倡导，上行下效，一时钱氏在苏州的部属纷纷造园营墅，以假山池塘象征高山流水，以花木亭榭寓意深林野居，美化了城市，点缀了环境，苏州造园之风由此而大兴。如驻扎在苏州的吴越国中吴节度使孙承祐也在苏州建造过园林，"草木郁然，崇阜广水。坳隆胜势"，颇具旨趣。明代王鏊《姑苏志》卷三二《园池》载：沧浪亭，在郡学之南，积水弥数十亩。傍有小山，高下曲折，与水相萦带。《石林诗话》以为钱氏时广陵王元璙池馆，或云其近戚、中吴军节度使孙承祐所作。

既积土为山，因以潴水。庆历间，苏舜钦购得，傍水作亭，曰沧浪。苏舜钦《沧浪亭记》："予以罪废无所归，扁舟南游，旅于吴中，始僦舍以处。时盛夏蒸燠，土居皆褊狭，不能出气，思得高爽虚辟之地以舒所怀，不可得也。一日过郡学，东顾草树郁然，崇阜广水，不类乎城中，并水得微径于杂花修竹之间。东趋数百步有弃地，纵广合五六十寻，三向皆水也。杠之南，其地益阔，旁无民居，左右皆林木相亏蔽。访诸旧老，云钱氏有国，近戚孙承祐之池馆也。坳隆胜势，遗意尚存。予爱而徘徊，遂以钱四万得之，构亭北碕，号沧浪焉。前竹后水，水之阳又竹，无穷极，澄川翠干，光影会合于户轩之间，尤与风月为相宜。予时榜小舟幅巾以往，至则洒然忘归，觞而浩歌，踞而仰啸，野老不至，鱼鸟共乐，形骸既适，则神不烦，观听无邪，则道以明，返思向之，汨汨荣辱之场，日与锱铢利害相磨戛，隔此真趣不亦鄙哉。噫，人固动物耳，情横于内而性伏，必外寓于物而后遣，寓久则溺，以为当然，非胜是而易之，则悲而不开，唯仕宦溺人为至深，古之才哲君子，有一失而至于死者多矣，是未知所以自胜之道。予既废而获斯境，安于冲旷不与众驱，因之复能见乎内外失得之源，沃然有得，笑傲万古，尚未能忘其所寓，故用是以为胜焉。"欧阳修诗云："清风明月本无价，可惜只卖四万钱。"沧浪之名始著。苏舜钦死，沧浪亭屡易主，后为章申公家所有，"广其故地为大阁，又为堂，山上亭，北跨水，有名洞山者，章氏并得之。既除地，发其下，皆嵌空大石，人以为广陵王时所藏。益以增累其隙，两山相对，遂为一时雄观"。至今，苏州沧浪亭已经成为江南古典园林的典范。

三、歌舞娱乐

吴越国的歌舞娱乐生活，丰富多彩。苏轼《表忠观碑记》形容说"其民至于老死不识兵革，四时嬉游歌鼓之声相闻"。

（一）音乐

古人云："情动于中，而形于言；言之不足，故嗟叹之；嗟叹之不足，故永歌之；永歌之不足，不知手之舞之，足之蹈之也。"古代的音乐和舞蹈往往合为一体，故有"乐舞"之说。五代时期也不例外，其音乐、舞蹈是在汉魏以来的基础上，吸取东西方精

五代顾闳中《韩熙载夜宴图》局部

华，经过融合、创新而形成的，是中国古代音乐、舞蹈史上堪称
繁荣的时期。[①]

五代时期的音乐，可分为宫廷和民间音乐两大类。宫廷音乐有
雅乐、燕乐两种。雅乐是古代帝王祭祀天地、祖先及朝贺、宴享时
所表演的乐舞，例由太常或太常寺掌管。历代皇室皆循例制作雅
乐。燕乐为帝王宴会时所表演的乐舞之统称。

吴越国王建有宫廷乐部，吴越国文穆王钱元瓘仁惠夫人许氏，
精通音乐，文穆王后庭乐部悉命夫人掌管。《吴越备史》说钱镠
"当岁除夜会子孙鼓琴"。太宗太平兴国三年（978）八月，宋太宗
诏令钱俶缌麻以上亲属及管内官吏悉归京师开封，凡舟1044艘。
杭州送钱俶乐人凡81人，宋太宗诏以36人还杭州，马迎恩等45人
赐钱俶。

不但如此，吴越国帝王还常常与大臣一起欣赏乐曲。文穆王钱
元瓘的恭懿夫人吴汉月善鼓胡琴，说明这种技能在宫里是比较受欢
迎的。罗隐撰有多首听琴、听琵琶的诗歌，如《听琴》：

> 寒雨萧萧落井梧，夜深何处怨啼乌。
> 不知一盏临邛酒，救得相如渴疾无。

又其《听琵琶》诗：

> 香筵酒散思朝散，偶向梧桐暗处闻。

---

①本节主要参考金文达《中国古代音乐史》，人民音乐出版社1994年版；
王克芬《中国古代舞蹈史话》，人民音乐出版社1980年版。

大抵曲中皆有恨，满楼人自不知君。

（二）民歌与曲子

五代时期，民间音乐的繁荣以民歌与曲子最为显著。

民歌是民间口头创作的诗歌。从歌唱的内容言，有山歌、樵歌、田歌等劳动歌谣，也有挽歌、祀神歌、月节歌等礼俗歌。由于民歌贴近普通民众的现实生活，所以一般都有很强的感染力。五代时期，一方面五言、七言各四句的形式达到鼎盛时期，另一方面长短句的曲子体裁又开始显示出生命力。民歌正是从这两方面开辟了艺术表现的途径。

五代吴越国王钱镠的吴语《还乡歌》，曾广为流传。后梁开平元年（907），梁太祖即位后封钱镠为吴越王。钱镠回到家乡临安，大摆牛酒，款待乡邻。席间，钱镠大声歌唱《还乡歌》："三节还乡兮挂锦衣，碧天朗朗兮爱日晖。功臣道上兮列旌旗，父老远来兮相追随。家山乡眷兮会时稀，今朝设宴兮觥散飞。斗牛无孛兮民无欺，吴越一王兮驷马归。"乡邻父老虽然也在边听歌、边饮酒，但实际上并不懂得其歌词的含义，因此气氛不够热烈喜庆。钱镠可能感到大家听不懂歌词，于是又斟满酒杯，"高揭吴喉，唱山歌以见意"，歌词曰："你辈见侬底欢喜，别是一般滋味子，永在我侬心子里。"当大家听到这首耳熟能详的吴越民歌，现场马上便群情激奋起来，引起了大家强烈的共鸣。于是，钱镠"歌阕，合声赓赞，叫笑振席，欢感闾里"。这首吴越民歌到宋代还在流行，宋释文莹《湘山野录》便说"今山民尚有能歌者"。此外，钱镠对庄穆夫人吴氏春归衣锦军所说"陌上花开可缓归"语，时人用其语以为歌曲，至宋代也非常流行，实际上也都是流行于一时一地的民歌。

（三）戏剧歌舞

戏剧是包含文学、音乐、舞蹈、美术、杂技等各种因素而以音乐、舞蹈为主要表现手段的表演艺术。五代时期，主要有参军戏、歌舞戏、傀儡戏等戏剧，宫廷、民间都很流行。

"参军戏"原称"弄参军"，主要由参军、苍鹘两个角色作滑稽对话表演。参军戏在内容和形式上有其自身的发展过程。原先是一种以讽刺、滑稽为主的歌舞戏。曾经有过以讽刺汉代贪官石耽、南北朝时贪官参军周延为题材的剧目。唐朝开元间（713—741）的参军戏，表演者大概为两个男性演员，一痴一智形成对比，表现形式似乎还只有舞蹈和对白。9世纪初期，已有女性参加表演，而且加入了歌唱。9世纪中期，参军戏题材扩大，不仅限于讽刺贪官，也有了其他轻松滑稽的内容，以及假扮女人和假扮别种人物的节目。唐代参军戏剧目主要有《婆罗》《假妇人》《陆参军》等，流行广泛。

歌舞戏以歌词、舞蹈为主体，杂以说白，叙述一个完整的故事。其时流行的剧目有《兰陵王》《拔头》《踏谣娘》等。《兰陵王》叙述北齐兰陵王入阵杀敌的故事。戏中演员头戴假面具，身穿紫衣，腰束金带，手执鞭子，指挥作战。《拔头（钵头）》叙述一人因其父为虎所伤害，遂上山寻父，并与猛虎搏斗。演员身着素衣，披头散发，面带哭相。演出中山有八折，故曲有八叠。后来又增加了捕杀老虎的情节。据说此戏剧盖由西域传入。《踏谣娘》叙述一美丽善歌女子深受丈夫虐待的故事。表演者男扮女装（后改为女子扮演），边歌边舞，诉说其怨苦，唱完一段，旁边人和上两句："踏谣娘，何来！踏谣娘苦，何来！"因主人公表演时且步且歌，故戏剧名曰"踏谣娘"。这些歌舞戏在隋唐五代时期也广为流行。1987年，黄岩潮济乡潮济铺村灵石寺塔内曾发现北宋乾德三年（965）

前后的优戏人物雕砖六块，雕砖高22—36厘米，宽15—30厘米，各以阴线剔刻戏剧角色一二人，形象生动，充满戏剧性，似乎有着某种戏剧故事场景，反映了吴越国戏剧的流行情况。①

任社娘是五代吴越国时人，宋代沈辽《云巢集》卷八《任社娘传》载：

> 吴越王时，有娼，名社娘者，姓任氏。妙丽，善歌舞。性甚巧，其以意中人，人辄不自解，盖其天媚者出于天资。乾兴中，陶侍郎使吴越。……明日，王遣使劳客，乐作，社少为涂饰，杂群女往来。乐后，以纵观陶，故逸荡且怪。既数目社，因剧饮为欢笑。……社曰："我家贫，受使者金帛，是速我死。然我生平好歌，为我度曲为词，使我为好足矣。"陶许诺，乃为送至其家，然尚不知其为娼也。使者明日见王，王劳之，语甚欢。既还馆，为作歌，自歌之，歌曰："好因缘恶因缘，奈何天只得邮亭。几夜眠别神仙，琵琶拨断相思调。知音少待得鸾胶，续断弦是何年。"是夕，书以赠之。明日，王召使者，曲宴于山亭，命娼进社之班在下，其服之裹博，陶颇不能别也。王既知之，从容谓陶曰："昔称吴越之女善歌舞，今殊无之。未知燕赵之下定何如也。"陶曰："在北时闻有任氏者，今安在？"王曰："公孰得之？"陶曰："久矣。"王乃使社出，拜陶，熟视而笑，知其为王所蛊也，亦不以为意，而社遂歌其词，饮酒甚乐。社前谢王，王大悦，赐之千金。

---

① 引自王中河、卢惠来《灵石寺塔戏剧砖刻角色之台州戏曲之滥觞》，《东南文化》1990年第6期。刘彦君：《图说中国戏曲史》，浙江教育出版社2001年版，第34页。

据此可知，吴越之女善歌舞，即使是娼妓，有许多都是"妙歌舞"。

（四）娱乐活动

吴越国的娱乐活动，以击鞠、弄潮为著。

1. 击鞠

鞠是古代的一种皮球。击鞠是一种骑在马上持杖击球的活动，亦即马球。五代时期风靡一时，帝王和许多达官贵人、文人学士皆热衷于此。因为马球既需要体力和技巧，也需要精湛的骑术，所以军中尤盛。

吴越国开国君主钱镠就颇好此术。后梁开平二年（908），钱镠遣宁国节度使王景仁前去大梁，后梁太祖朱晃问曰："钱王平生有所好乎？"对曰："好玉带、名马。"朱晃笑曰："真英雄也！"乃以玉带一匣，打球御马十匹赐钱镠。钱镠孙子钱文奉的击鞠技艺被称"冠绝一时"。新城人杜建徽，在吴越国历仕四王，官至丞相兼中书令，至老不废骑射，常击球广场。

2. 观潮与弄潮

钱塘江观潮由来已久。东汉袁康、吴平在《越绝书》中已有钱塘江涌潮的记载。王充在其《论衡》中也有关于钱塘江涌潮的论述。东晋顾恺之则写下了《观潮赋》。

弄潮即戏弄潮浪，以东汉曹娥之父曹盱在曹娥江迎候潮神为其滥觞。随着杭州城市的发展而逐渐移至钱塘江口，并于唐时盛行，所以唐人李吉甫特加著述。

唐代八月十八日钱塘（今杭州）观潮已经成为一项重大的娱乐活动，同时伴有弄潮节目。唐代李吉甫《元和郡县图志》卷二五"杭州钱塘县浙江"条下明确记载："（浙江）江涛每日昼夜再上，常以月十日、二十五日最小，月三日、十八日极大，小则水渐涨不过数尺，大则涛涌高至数丈。每年八月十八日，数百里士女，共观舟人渔子溯涛触浪，谓之弄潮。"

　　唐代的观潮，以杭州樟亭（宋改浙江亭，在今杭州三廊庙一带）为中心，形成了一条特殊的风景线。唐代诗人留下了许多观潮诗，其中不少写的是樟亭观潮，如孟浩然《与颜钱塘登樟亭望潮作》、姚合《杭州观潮》、宋昱《樟亭观潮》等。"百里闻雷震，鸣弦暂辍弹。府中连骑出，江上待潮观。照日秋云迥，浮天渤澥宽。惊涛来似雪，一坐凛生寒。"这首孟浩然《与颜钱塘登樟亭望潮作》诗描绘出了当时钱塘江潮的气势和观潮的盛况。

　　五代诗人也撰有不少这方面的诗作，罗隐《钱塘江潮》中"怒

旧传宋代许道宁《高秋观潮图》

声汹汹势悠悠，罗刹江边地欲浮……任抛巨浸疑无底，猛过西陵似有头"，写的就是罗刹江边樟亭的景色。又，其《寄处默师》诗："甘露卷帘看雨脚，樟亭倚柱望潮头。十年顾我醉中过，两地与师方外游。久隔兵戈常寄梦，近无书信更堪忧。香炉烟霭虎溪月，终棹铁船寻惠休。"贯休《秋过钱塘江》："巨浸东隅极，山吞大野平。因知吴相恨，不尽海涛声。黑气腾蛟窟，秋云入战城。游人千万里，过此白髭生。"这些诗歌同样描绘出了当时钱塘江潮的气势和观潮的盛况。

第三章

吴越国的遗迹

吴越国的遗迹遍布江南大地，如福泽江南的钱氏捍海塘，杭州城区的保俶塔、雷峰塔、六和塔、闸口白塔、灵隐寺、净慈寺、梵天寺经幢、灵隐寺两石塔两经幢、慈云岭郊坛遗址、钱塘第一井、钱王井，以及独特而精美的西湖飞来峰、慈云岭、天龙寺、烟霞洞、石佛院等地的石刻造像，临安的吴越国王陵、婆留井、功臣塔、衣锦城、海会寺、洞霄宫、千秋关和塘岭关遗址，嘉兴南湖烟雨楼，绍兴新昌大佛寺，安吉灵芝塔，义乌双林铁塔，台州黄岩瑞隆感应塔，衢州市衢江区湖南银矿遗址，上海龙华寺塔，江苏苏州虎丘塔与沧浪亭……这些江南著名的名胜古迹，都刻着吴越文化的烙印，是吴越国流传千年的文化遗产。

第一节　福泽江南的钱氏捍海塘

一、捍海塘的修筑和钱王射潮的故事传说

"八月十八潮，壮观天下无。"钱塘江涌潮是发生在潮差较大的喇叭形河口或海湾的一种特有的景观。世界上许多河流的河口如南美的亚马孙河、北美的科罗拉多河、法国的塞纳河、英国的塞文河、印度的胡格利河，以及我国长江口的北支，浙江境地内的鳌江、椒江支流永宁江等都有涌潮（古代中国的黄河、淮河、甬江也有涌潮），但都无法与钱塘江涌潮的变化万千与波澜壮阔相媲美。

钱江潮既是钱塘江下游杭州等地的一大奇景，也是这里的一大水患。由于杭州濒临钱塘江，江水自富春奔腾东泻钱塘县境；潮汐则由海盐、盐官夺路汇入鳖子门而西上，每昼夜两次冲激江岸。早在汉代，钱塘江海潮灾害就见诸记载，但在唐代以前，钱塘江水患总体并未引起历代杭州地方官员的重视。唐代杭州亦曾筑塘，但是泥塘不固，常受潮患。以致唐末五代之初，杭州江大地窄，堤岸被钱塘江人潮冲啮殆尽。白秦望山东南十八堡成千上万亩良田尽被淹没，悉成江面，平原沃野尽成江水汪洋，百姓苦不堪言。甚至一些

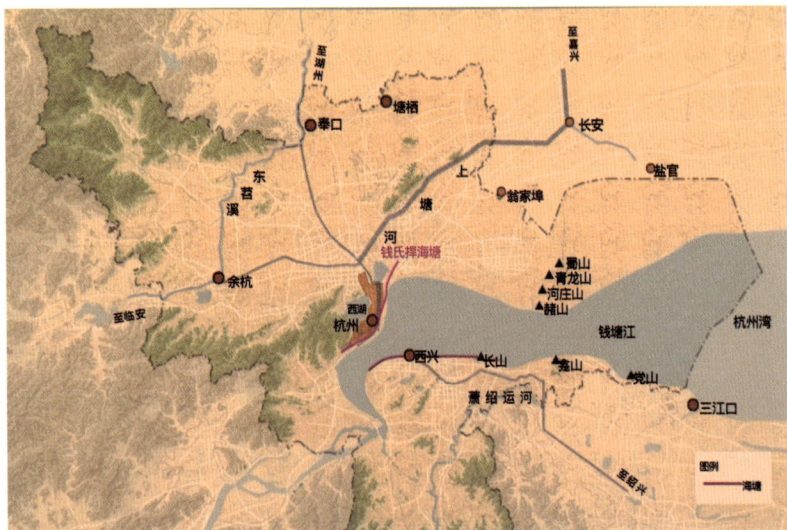

五代吴越国海塘线形图

城市和村落也变成了江面，就连钱王新修的杭州城、都城生命线的两浙运河也有遭逢侵袭的风险。

为减轻潮汐危害，保护沿线百姓安全，历代多有修建捍海塘之议，但只有到钱镠主政时方才真正付诸实践。梁开平四年（910），两浙地区局势基本稳定，钱镠在国内确立绝对统治地位，杭州城扩建亦暂告一段落后，即在当年八月着手奏请后梁朝廷要求修建捍海塘。八月，钱镠在候潮门外主持修筑捍海塘。据史载，海塘刚定基时，潮水汹涌，江涛昼夜冲激沙岸，用传统的"版筑法"失败。古人迷信，以为是江中的精灵鬼物在作怪。于是，钱镠亲至吴山胥山祠，祷告传说已经成为江海之神的伍子胥，并写诗一首：

天分浙水应东溟，日夜波涛不暂停。

> 千尺巨堤冲欲裂，万人力御势须平。
>
> 吴都地窄兵师广，罗刹名高海众狞。
>
> 为报龙神并水府，钱塘且借作钱城。

诗章函钥置于海门山。另一方面，钱镠命人在钱塘江边筑起高楼，以壮士数百人，候潮之至，以强弩射五百，以射涛头，希望借此镇住那水中的精怪。事后，遂以铁铸成箭样，其大如秤，并在泥路之旁作亭，埋箭亭中，出土犹七尺许，以示镇压之意。誓云："铁坏此箭出。"由此潮头退避钱塘，遂趋西陵。于是，钱镠组织大规模的民工队伍，命运巨石，用大木打桩，盛以竹笼，凿石填江，由此城基始定。城市重濠累堑，通衢广陌，亦由是而成。后人称为"钱氏捍海塘"，亦称"钱氏石塘"。此后，杭州便留下铁幢浦、铁箭巷等遗迹。

关于钱王射潮，《西湖佳话》也有非常详细而生动的描述：

> 各门俱已筑完，独候潮一门临于钱塘江上，江岸时时为潮水冲坍，故一带城墙难于筑起。钱镠不觉大怒道："吾钱镠既为杭州一方之主，则一方鬼神皆当听命于我，怎敢以潮水无知，冲坍江岸，以致吾善政不能成功！若果如此，则朝廷官爵为无用矣！吾安肯低眉，任其汹涌！"因选了精卒万人，各持劲弩，等到潮信之日，亲率六师排列于江岸之上，以待潮来。不多时，只见潮头起处，如银山雪一般飞滚而来。古人有诗言：千层雪练连天接，万乘貔貅卷地来。钱镠待潮头滚到百步之外，便放了三个大炮。一声锣响，万弩齐发，箭箭都射在潮头之上。射了万箭，又是万箭。真个是英雄之气，直夺鬼神！

那潮头被射，却是有知的一般，他不敢冲突到岸边，竟撤转潮头，霎时退去江口。万民见了，莫不诧异，欢声如雷，皆伏钱将军之神武。自此之后，潮头奔来，绝不冲岸，而城功立时告竣矣。

当然，文中所说的"强弩五百"之后就"潮头遂趋西陵"自然不足信，但钱镠此举也并非完全的迷信活动，而是反映了其对治理钱塘海潮的决心，体现了人与自然谋求和谐，对筑塘大军有鼓舞士气的作用，从根本上讲，这有利于维系钱镠的统治。

钱镠这次修建海塘，开始用的是版筑之法。因为杭州钱塘江岸属软弱型地基，又受杭州湾强潮冲击，大浪淘沙激烈，所以版筑不成。于是改用"石囷木桩法"，终于建成了海塘。整项筑塘工程发

钱镠兴筑捍海塘的场景（浙江省博物馆）

动民工二十万人，历时两月完成。自六和塔至艮山门，俱筑捍海塘，并埋铁幢于江以镇之。射潮、捍海塘建成后，钱镠在民间遂有"海龙王"之名，捍海塘被称为"钱氏捍海塘"。

钱氏捍海塘的建成，不仅遏止了汹涌的钱江潮水冲啮堤岸，还避免了田地变成江面的恶化形势，保障了杭州城市的安全，解除了居民的"盐卤之苦"。所以，钱镠在《奏捍海塘告成疏》中即说：他修筑捍海塘，是让过去"汪洋浩荡"的杭州变成"沃壤平原"，让一方不适宜人类居住的凶险之地变成百姓安居的乐土和粮仓，使"东南水土长生，亦可储精气之美，人文之盛"。所以，文天祥在《论五代史书武肃王事》中褒奖钱镠此举"非止一时之保安，实有千年之功德，洵湛百世之模楷"。

二、重见天日的钱氏捍海塘

钱氏捍海塘的原始面貌长期不为人们所知，直到1983年初，杭州市南星桥凤山道口附近的江城路立交桥施工现场发现了其中一段才使这一伟大的历史工程重见天日。此次出土的海塘遗迹，与文献记载基本相符。

根据浙江省文物考古研究所《五代钱氏捍海塘发掘简报》①所述，这次考古发掘的钱氏捍海塘，是用石头、竹木和细沙土等材料筑成的。海塘基础宽25.25米，面部宽8.75米，残高5.05米，属"竹笼石塘"结构。整个海塘出扎实稳固的基础、立于水际的巨大"滉柱"和建筑讲究的塘面保护层三部分构成。

据估计，钱氏捍海塘的筑塘步骤和过程大致如下：第一步，先

①《文物》1985年第4期。

杭州江城路吴越国捍海塘考古发掘现场（原刊《杭州文物精萃》、《文物》
1985年第4期）

在塘基外线打下大木桩作为基桩，内外两侧同时进行。外侧先在拟
放矩形竹筐的地方铺上竹箄，将护基木柱和"滉柱"打入塘基和离
岸的水中，然后套装"竹筐沉石"，编制"竹笼沉石"，缚扎竹篱笆，
连接拉木，形成一个互相牵连的整体；内侧则是先打桩，然后将桩周
围的土挖去一部分，形成一条工作槽，再缚扎竹笆，扎"位林木"，
连接拉木。第二步工作是挑土筑塘，抛石护岸。最后是塘面的加工。

五代吴越国捍海塘遗址出土的木桩（浙江省博物馆藏）

三、被誉为"中国古代的三大建筑工程"之一的
钱塘江古海塘

据学者研究，钱氏捍海塘的技术创新包含四项内容：其一，筑堤材料是用竹笼装载巨石，再用巨大的木材使其就地定位，这种修筑方法与都江堰宝瓶口的修筑方式同出一辙，而与普通的堤坝则大不相同。它不是实心坝，而是潮水和海水都可以穿行的乱石坝。正因为汹涌的海潮可以穿过坝体，海潮的冲力在坝的前方得到了极大的消减，从而减轻了海潮对坝的冲力，确保堤坝修成后可以长期保持牢固。其二，在堤的后背，不是直接接触需要保护的农田，而是沿着江岸留下了二丈九尺宽的空地作为缓冲。在涨潮时可以积满海水，因而称之为塘。这也与普通的江堤河堤修筑不同。其目的是留下一个极大的缓冲带，以容纳过量的海水，避免涨潮时的巨量海水直接冲刷被保护的农田。能够意识到这一修补办法的必要性，显然是当地民众常年与海水拼搏而做出的经验总结，绝不是内陆居民可以凭空想象出来的技术措施。单就这一点，足以证明钱氏没有照搬传统经验，而是在特定的文化背景下做出了不同寻常的创新。其

三，这样修筑的堤塘结构并不是封闭的储水塘，而是以江流和大海连为一体的互通水域。等海潮退去后，储积在塘中的水要彻底排入江海，形成空地，以备迎接下一次的海潮光临。这样不是将汹涌的降水导入堤内，而是利用海潮的落差发挥缓冲水势的作用的做法，只能是滨海民众才可能想出的创新之举，内地汉族居民断然不可能做出这样的创意。其四，用巨木为桩，加固海堤。这样的技术措施，与内地江河堤塘的修筑也大不一样。这些木桩都是打在河床的水陆交界面。涨潮时要浸泡到海水中，退潮后又会全部露出地面。凭常理推测，这些木桩似乎很容易腐烂，难以做到常年稳固。但殊不知，在海陆交错地带，木桩的表现会与陆地上大不一样。这是因为海水是咸水，河水是淡水，海水和河水的交错作用以及木材的不断水侵和不断晾干，就会使得淡水生物和咸水生物都不能在这些木桩上生长，这才使得看似容易腐烂的木材，一旦这样利用后，反而能够确保百年不毁。这同样是滨海居民才可能积累起来的本土生态知识和特有技术。因而修堤成功，不仅是特定社会文化的产物，也是当地民众智慧的结晶。①

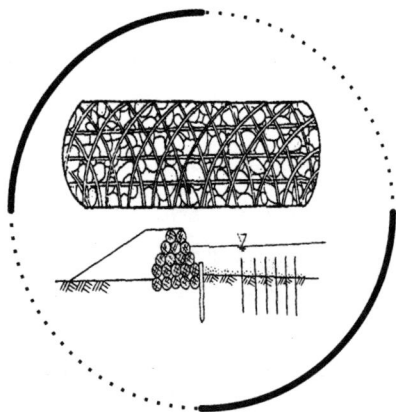

五代吴越国竹笼石塘示意图

①以上参见刘闯《与潮水的抗争——从钱镠"射潮"看五代时期杭州地区居民的生存环境》，《原生态民族文化学刊》2014年第4期。

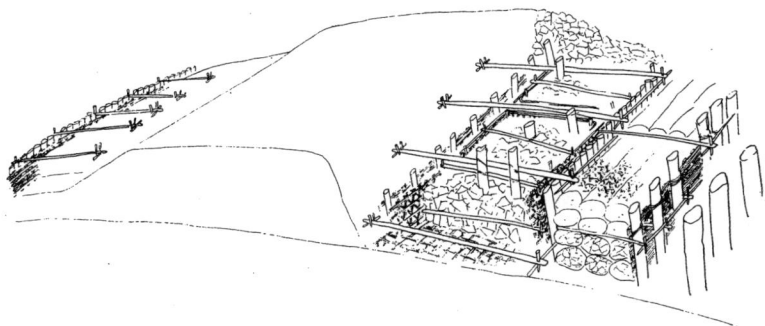

五代捍海塘示意图（《五代钱氏捍海塘发掘简报》，《文物》1985年第4期）

第二节　落叶归根：吴越王陵

　　自20世纪50年代以来，杭州市临安区和上城区两地发掘、清理了9座钱氏家族墓。临安区的太庙山为五代吴越国王钱镠的安葬地，在衣锦城周边范围内现存或已经发掘的墓葬中，明确的有钱镠祖墓，钱镠的父母钱宽、水丘氏墓，钱镠元妃戴氏夫人墓，钱元瓘王后马氏墓"康陵"，钱元玩墓。在上城区，则有吴越国第二代国王钱元瓘墓，吴越国末代国王钱俶母亲吴汉月墓。2001年6月25日，国务院公布钱宽水丘氏墓、钱镠墓、康陵（合并为"临安吴越国王陵"）为第五批全国重点文物保护单位。2006年后，和杭州吴汉月墓合并，统称为"吴越国王陵"。

　　吴越国王陵陵墓的择址和营造、形制结构、浮雕彩绘和写实天文图，对研究吴越国王族的丧葬礼仪制度具有重要意义。特别是上述陵墓中出土的大量精美的金银器、玉器和青瓷器等，以及壁画和天文星象图，则为研究吴越国政治、经济、科技、文化、艺术等方面的成就提供了重要的第一手材料。

一、武肃王钱镠墓

后唐长兴三年（932）三月二十八日，吴越国王钱镠病逝于杭州，享年81岁。后唐朝廷颁布的吊唁诰令云："故天下兵马都元

帅、尚父、吴越国王钱□，累朝元老，当代勋贤，位已极于人臣，名素高于简册，赠典既无其官爵，易名宜示其优崇，宜令所司定谥，以王礼葬，仍赐神道碑。"按照钱镠的遗愿，后唐明宗赐葬吴越王钱镠于衣锦军茅山之下（今临安锦城街道东门居委会太庙山南坡），谥"武肃"，废朝七日，以示哀戚。

钱镠墓建于后唐长兴四年（933），陵园占地面积约6.8万平方米。陵墓坐北朝南，背靠太庙山，有左青龙、右白虎两砂回抱。墓茔为一大圆形封土堆，高9米，长、宽各50米，封土保存基本完

临安钱王陵（吴勇韬摄）

好。原神道长300米，宽80米，有华表、石马、石虎、石羊、石翁仲等陵前仪卫和享堂。陵墓前尚存清代墓碑一通，上刻"唐故天下兵马都元帅尚父守尚书令兼中书令吴越国谥武肃钱王之墓"，为清代无锡名士钱泳所书。神道尚存华表、石马、石翁仲残件各一。东侧存清代建筑钱王太庙。

历史上，钱王陵园受到了历朝的保护。新中国建立之初，钱王陵园一度破败不堪，园区很多建筑被民宅与官廨所占用。临安区委、区政府十分重视钱王文化的发掘与保护工作。1997年，钱王陵园第一次扩建修葺，重葺钱镠墓神道，添置一座三开间冲天式石牌坊、"钱王祠"匾。同年，举行了规模盛大的"公祭钱王"活动。现今的钱王陵园苍松翠柏，黛瓦朱墙，庄严肃穆，高古之风异常醒目。

二、钱镠父母钱宽、水丘氏墓

钱宽、水丘氏墓，位于浙江省杭州市临安区锦北街道西墅居委会明堂山。

钱宽、水丘氏为钱镠之生父生母。钱宽卒于唐乾宁二年（895），葬于光化三年（900），水丘氏卒于唐天复元年（901）。据明堂山考古队《临安县唐水邱氏墓发掘报告》所述，钱宽、水丘氏夫妇墓总面积2000余平方米，墓有巨大的封土堆，两墓为同茔异穴的夫妇合葬墓，相距6米，钱宽墓居西，水丘氏墓在东。钱宽墓早期遭盗扰，水丘氏墓未被偷盗，保存完好。1978年10月和1980年7月，省、市、县三级文物部门组建考古队，先后对钱宽、水丘氏墓进行了抢救性考古发掘。两墓均为长方形多耳室砖砌券顶墓，结构规模相同。墓室全长6.78米，呈船形，分前、后两室，多耳室、壁龛。后室平面略呈船形，砖棺床置于其中。墓志置于前室东壁耳室。钱宽墓早年被盗，随葬白瓷碗、杯、壶、花口盘等瓷器22件精品（白瓷19件、青瓷3件），铜钱400多枚、门钉140余枚、铁刀1把、碎银1片、墓志1方、石台1件，后移交浙江省博物馆。水丘氏墓保存完好，分前、中、后三室。墓内发现殉葬器物相当丰富，出土墓志、瓷器、金银器等文物100余件，其中有瓷器42件（青瓷25件，制作精细，式样优美；白瓷17件，色泽润莹，器壁轻薄；还有3件扣金，9件扣银）、金首饰11件、银器38件、铜器5件、铁器12件、玉器2件、石雕刻5件、墓志1合、铜门钉105枚、"开元通宝"银钱7枚、铜钱3串又1180枚，是浙江省三十年来发掘的规模最大、结构保存完整、出土文物最丰富的墓葬。其原因是，水丘氏安葬时，钱镠已贵为彭城王，加食邑1000户，实封100户。子贵母荣，葬制已按王礼。越窑青釉褐彩云纹熏炉、盖罍、油灯均为国宝级文物。另据浙江省博物馆、杭州市文管会《浙江临安晚唐钱宽墓出土天文图及"官"字款白瓷》[1]一文所说，钱宽墓墓室砖表面抹石灰，上施牡丹花图案等彩绘，顶部绘天文图，内容为二十八星宿和北斗。水丘氏墓墓室保存完整，墓室涂石灰，彩绘壁画，后室顶部绘有一幅天文图，内容也是二十八星宿和北斗。钱宽、水丘氏夫妇墓绘制的天文星象图，绘制正确，为国内已发现的保存时代最早、最准确的天文图，也是世界上最早的天文星象图之一。

三、文穆王钱元瓘墓

钱元瓘墓位于浙江省杭州市玉皇山脚南麓，1965年发掘。据浙江省文物管理委员会《杭州、临安五代墓中的天文图和秘色瓷》

---

[1]《文物》1979年第12期。

（《考古》1975年第3期）所述，是一座大型长方形土坑石椁墓，系在土圹内用大型厚石板拼合成闭合的石椁，墓室顶部用石板平铺而成。墓前有"吴越国文穆钱王墓"石碑。墓体分前、中、后纵向的三个墓室，长约11.3米。前室两侧各有一个方形砖砌耳室。原有彩绘，但因淤土和年代已久，内容已漫漶不清。后室各壁有石刻雕刻，可分为三部分：四壁上沿雕刻宽带状牡丹花图案，每组图案由一大一小的牡丹花纹组成，上面着有颜色。大花心金色，花瓣红色，叶石绿色；小花花瓣红色，叶金色。四壁中部为四神浮雕。下部为十二生肖人俑，自北壁正中的"子"开始，东壁为寅、卯、辰，南壁为巳、午、未，西壁为申、酉、戌，北壁为亥、子、丑，每像各居一龛，双手交叉于胸前，生肖抱于怀中。后室顶部有石刻天象图，刻于盖顶阴面正中。星象图碑高412厘米，宽270厘米，厚32厘米。上有贴金装饰，阴刻，内容为紫微垣和二十八星宿。石椁为红色砾砂岩，石椁外加筑拱顶砖室。在石椁与土圹之间还有一层砖椁，在规模上所体现出的唯我独尊的王者之风远非妻子吴汉月墓所能及。2003年10月31日，杭州市园林文物局公布钱元瓘墓

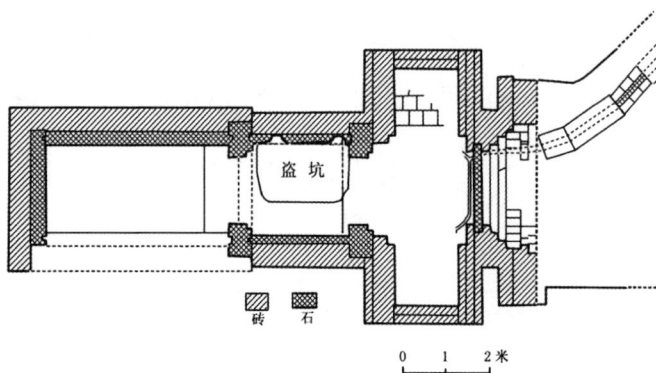

吴越国文穆王钱元瓘墓平面结构示意图

为杭州市文物保护点。

四、钱元瓘王后马氏墓"康陵"

康陵位于临安区玲珑街道祥里村上家头自然村庵基山的东北坡，为吴越国第二代国王钱元瓘的夫人恭穆王后马氏的陵寝。马氏窆葬于后晋天福四年底（940年初）。据文物出版社2014年出版的由杭州市文物考古研究所和临安市文物馆编著的《五代吴越国康陵》所述，康陵墓向45°，由墓坑、墓道、排水沟、墓室四部分组成。其中，墓坑长方形，长26.1米，宽11.7米，深7.8米。墓道残长11.5米，宽3.4米，外高内低，呈斜坡状，墓道上填充有大量块石。墓道左侧设有排水暗沟一条，残长16米，宽0.5米，水沟上下用条形青石板、中间两侧青砖砌置。墓室平面呈长方形，分前、中、后三室。前室为砖砌结构，中间置一石质长明灯，左右两侧各设有一个耳室，左耳室嵌墓志，外壁三面均绘一棵牡丹树。中、后室双重墓壁，外壁用砖砌拱券，内壁为石板结构。中室石板结构，近后室石门处置一石质供桌，左右两壁各绘一棵牡丹树。后室石板结构，置有石质棺床，棺床前后设石枋。墓四壁下方雕刻十二人俑手捧生肖动物的人物像，中部浅浮雕彩绘青龙、白虎、朱雀、玄武四神像，方柱、额枋上用金箔贴飞翔的凤凰，上方浮雕牡丹花图案，墓顶部刻有一幅完整的天文星象图，绘出银河，用金箔贴饰218颗星。

康陵于1996年11月16日发现，虽然早年被盗，但仍然出土随葬器物312件，其中秘色瓷器44件、玉器70余件、石雕长明灯1件、石供桌1件、墓志1方，还有铜、铁、金、银器、料珠等随葬品。

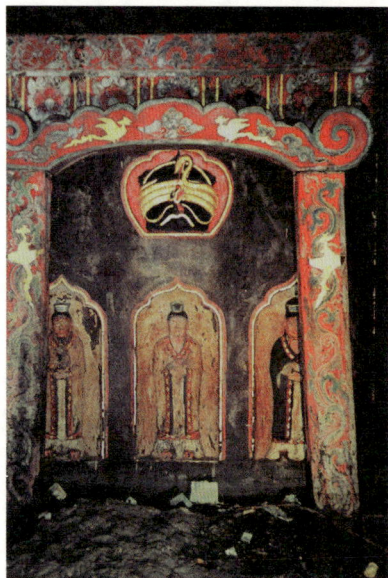

康陵墓室内景和壁画（选自《五代吴越国康陵》）

康陵墓室内景和壁画

康陵纪年明确，雕刻艺术精湛，彩绘丰富，天文图保存完好，具有重要的考古研究价值。

五、钱弘俶生母吴汉月墓

吴汉月墓位于杭州市上城区玉皇山下八卦田北侧的施家山南麓，西距钱元瓘墓约400米。墓主人为钱弘俶生母，窆葬于后周广顺二年（952）。据浙江省文物管理委员会《杭州、临安五代墓中的天文图和秘色瓷》①所述，吴汉月墓系大型长方形土坑石椁墓，前有斜坡形墓道，后为墓室。在土圹内用大型厚石板拼合成闭合的石

---

① 《考古》1975年第3期。

椁，就连墓室顶部也是用石板平铺而成。建墓所用的红色砂砾岩不产于杭州地区，应当是从外地采运而来，可见选料是相当严格的。早年曾被盗。1958年发掘时，出土能修复的壶、罐、碟、盘碗等共13件，玉器1件。墓室为长方形，长7.6米，宽2.87米，分前、后二室。前室施彩绘，并有仕女立像浮雕。后室装饰同钱元瓘墓，各壁有石雕，可分为上、中、下三部分：上部雕刻宽带状牡丹花图案，中部浮雕青龙、白虎、朱雀、玄武四神，下部浅龛中浮雕十二生肖人俑，排列方式同其他吴越国王族墓一样，手捧十二生肖像。所有的石刻上都施有彩绘。后室盖顶阴面中偏后为石刻贴金的星象图，现存杭州碑林。中心小圆直径42.6厘米，外缘次第刻三个同心圆，最大直径为180厘米，内容为紫微垣和二十八星宿。在吴汉月墓的前室双扇门扉的背面，还分别浮雕有侍女立像。侍女头挽双髻，发饰精美簪花，斜襟广袖，下身着裙，舒展飘逸，双手拱立，神情凝重，颇为传神。一般来说，大型墓葬在该位置装饰的都是男

吴汉月墓的十二生肖石刻和石刻侍女像

吴汉月墓墓室浮雕青龙（选自宿白主编《中华人民共和国重大考古发现》）

性武士，像吴汉月墓这样以侍女像作装饰的情况很少见，但也不难理解，因为这样的安排似乎更符合墓主人的身份。

第三节　钱王祠和表忠观碑

一、钱王祠的由来

在浙江杭州西湖南线、清波门外南山路柳浪闻莺公园内，有座气势恢宏的建筑，这便是钱王祠。

钱王祠始建于北宋熙宁十年（1077），当时的杭州知州赵抃有感于吴越国钱王的功绩，上疏请求将龙山废祠妙音院改为表忠观，用来祭祀五代吴越国钱氏三世五王。苏轼名篇《表忠观碑记》即为此而作。南宋文人多有描述，如诗僧法照《表忠观》诗："钱王古庙锁莓苔，华表秋深鹤不来。昨夜石坛风露重，凌霄花落凤仙开。"又，施枢《表忠观》诗："荒碑五尺藓生花，飞鼠巢梁壁缀蜗。玉带锦衣人俨在，不知誓券落谁家。"

九百多年来，钱王祠历经沧桑，几经毁建。元代时，表忠观毁于兵燹。明嘉靖三十九年（1560），浙江总督胡宗宪在西湖边灵芝寺旧址上重建表忠观，观内正殿供奉吴越国历任国王钱镠、钱元瓘、钱弘佐、钱弘倧、钱弘俶三世五王塑像，春秋致祭，下令由钱镠的第十九世孙钱德洪守祠。当时的杭州知府陈柯重新镌刻苏轼所撰《表忠观碑记》，立于祠中。明以后则通称为"钱王祠"，张岱曾为钱王祠写柱铭：

力能分土，提乡兵杀宏诛昌，一十四州鸡犬桑麻，撑住东南半壁；

志在顺天，扶幼主迎周归宋，九十八年象犀筐箧，混同吴越一家。

清康熙四十四年（1705），康熙御书"保障江山"额。雍正五年（1727）十月，因祠渐近废圮，浙江总督李卫加以重建，并于祠前立一石坊，题额"功德坊"。此坊高耸湖岸，与祠宇花木相掩映。每至春天，垂杨披拂，望如烟丝。万绿丛中，丹宫碧殿掩映，景致非凡。乾隆十六年（1751），乾隆帝到钱王祠，御笔

钱王祠功德坊（民国老照片）

"忠顺贻麻"。清"西湖十八景"中有"功德崇坊"之景，后渐废圮。

民国十二年（1923），杭县知事陶镛发起，由士绅高云麟、吴士鉴等领衔，上书浙督卢永祥、省长张载阳请求拨款修复钱王祠。获准后又在钱氏后裔间募集善款，共得银币5.5万元，当年冬天开工整修，到次年12月份竣工。在钱王祠的修复过程中，据唐凌烟阁本塑武肃王像，以嵊县祠藏真迹塑四王像，并构筑园林，取名"西园"，园中新建的堂称为"阁礼堂"，其楼命名为"望湖楼"。钱氏子孙还特地邀请前大总统徐世昌、前省长齐耀珊等要人撰文铭记。临湖南眺修葺一新的钱王祠，"书栋雕梁，焕然在目"。日本帝国主义侵占杭州后，把钱王祠作为马厩，祠庙建筑遭到严重破坏，破损不堪。

2000年，中共杭州市委主要领导在指导旅游工作时指出：要

抓好西湖南线雷峰塔、钱王祠重建等重点工程，变"南冷北热"为
"南旺北热"。次年3月，为纪念和表彰五代吴越国钱镠及其子孙钱
元瓘、钱弘佐、钱弘倧、钱弘俶三世共五位"钱王"治理西湖、开
发杭州、"保境安民""善事中原"和"纳土归宋"等著称于世的历
史功绩，中共杭州市委、市人民政府决定恢复历史文化景观，在钱
王祠旧址重建这座古祠。2002年2月，钱王祠复建工程启动，2003
年9月30日竣工。同年10月1日，钱王祠正式对社会开放。

2003年重建、扩建后的钱王祠占地面积3.9万平方米，比原祠
扩大三倍，其中建筑面积3200平方米，总投资5600万元。2003年
12月4日，杭州市人民政府增补钱王祠为第三批杭州市级文物保护
单位。

重建的钱王祠，依据历史资料及实地环境情况，在保护原有遗
迹的前提下，通过史料文物陈设布置，配合西湖水体景观，与柳浪
闻莺公园融为一体，已成为集游览观赏、文化展示、历史研究于一
体的园林新景点和研究五代吴越国文化的重要基地。每年春节，钱
王祠有"迎春花展"，已成为杭城一景。

二、苏轼的《表忠观碑记》

苏轼为宋代文坛大家、唐宋八大家之一，其文纵横畅达。苏轼
《杭州乞度牒开西湖状》《申三省起请开湖六条状》两文，是宋代西
湖散文中最为重要的历史文献。"两状"为当时奏式，属公牍体。
但从传统的文学范畴而论，仍属无韵的散文，与今天文学中散文概
念稍异。这"两状"详细记录苏轼在杭任职期间治理西湖的过程，
从标题便可清晰看出是为解决老百姓的生活问题而发，带有较为鲜
明的平民色彩。

苏轼在杭为官时还写有一些与治绩有关的文章，如为表彰吴越国钱氏纳土为赵宋江山，尤其为两浙所立功勋而写的《表忠观碑记》，同样是一篇非常知名的代表作。在文中，苏轼详录赵抃奏章，用"天目之山，苕水出焉。龙飞凤舞，萃于临安"四句铭文赞美钱氏，并说为钱氏建表忠观，"匪私于钱，唯以劝忠"。王恽《表忠观碑始末记》一文评价苏轼《表忠观碑记》道："坡书在霄壤间，忠义之气郁郁然，秋色争高，虽片言只字，不可遗逸，宜其世宝而力致之也……况公斯文关系世教，令人读之，油然有忠孝之劝，乌可只以翰墨为之论乎？"

第四节　雷峰塔的前世今生

一、雷峰塔的始建

雷峰塔位于杭州西湖南屏山雷峰上，是西湖景观的标志性建筑，它与北山路的保俶塔遥遥相望，形成著名的"保俶如美人，雷峰如老衲"的南北对景。

雷峰，据《咸淳临安志》卷八二记载，"郡人雷氏居焉"，因而得名。民间传说吴越国王钱俶为奉安佛螺"髻发舍利"，同时也为了祈求国泰民安，于北宋开宝八年（975）在西湖南岸的雷峰之上兴建了一座塔，取名为"黄妃塔"。黄氏生卒年、籍贯、封号不详，崇信佛教，钱俶因宠妃多年不能生育，于是采纳风水师的建议，在西湖建塔求子。塔原拟建千尺十三层，但因资金等问题未能如愿，只好以砖石为心，外建木构楼廊，造到七级，名"皇妃塔""黄妃塔"。因这座黄妃塔处在雷峰之上，人们就习惯叫它雷峰塔。久而久之，"雷峰塔"一名就取代了原名"黄妃塔"。因其地植黄皮木，后人又叫"黄皮塔"。但经卷题记有"舍入西关砖塔"，可见本名为西关砖塔（西关在今长桥附近）。此塔历时六年完成，为砖木结构楼阁式塔，刻有吴越国王钱俶《黄妃塔碑记》。如此圣物，钱俶自然是倾其所有，以示虔诚。史载塔里面藏有木刻印成之纸卷经文《陀罗尼经》8.4万卷和许多阿育王塔。该塔建成后不久，吴越王宠妃黄氏就怀孕了，为钱俶生下了一个男婴。由此，雷峰塔成为了当时与后世的江南人民熟知的向佛求子圣地。

二、历代雷峰塔的毁复

从古至今，随着朝代更迭和时间流逝，雷峰塔经历了近千年的岁月沧桑，承载了太多的风雨侵蚀，在历史上也多遭磨难，尤其是北宋宣和二年（1120），也就是方腊起义那一年，因为战乱，雷峰塔主体结构几乎全部毁掉。五十多年后，由智友法师募捐筹资，才重新修复。南宋庆元元年（1195），庵院始合为一。南宋末年时只剩下五级，或因风水相压减去两层。由于地基广袤，塔身矮肥，因此画家画图，想把它画得美丽有点困难。由此，民间称这里为塔衕。每当夕阳西下，人们站在古塔朱栏内，可以观赏火红的落日，见到塔影横空、烟光山色淡溟的景象，有一种苍茫落寞的境界，故名"雷峰夕照"。

杭州为中国神话小说《白蛇传》的起源地，"西湖十景"中的

民国佚名绘《西湖雷峰塔》

断桥、雷峰塔皆与白蛇有密切关系。明朱国祯《涌幢小品》卷三二《妖人物》载:"雷峰塔相传镇青鱼、白蛇之妖。"与此同时,《白蛇传》的故事开始成型,迄今所知《白蛇传》最早的故事成型代表作,是明天启四年(1624)冯梦龙编撰《警世通言》第二十八卷中的《白娘子永镇雷峰塔》。有专家考证,此为南宋时流传的话本。故事主要描写一个俊俏后生许宣,因为在游玩西湖时遇到两个妇人,即白娘子与其丫环青青,"惹得几处州城,闹动了花街柳巷",以致最后被人编成一本主人公许宣与白娘子的爱情故事,留下"白娘子永镇雷峰塔"的动人故事,尤其是法海禅师的四句偈言,即"西湖水干,江湖不起,雷峰塔倒,白蛇出世",更是给人们留下了诸多的记忆。

明嘉靖年间(1522—1566),倭寇登陆浙江,曾攻入杭州,烧杀抢掠,无恶不作。他们怀疑雷峰塔中藏有明军,遂纵火焚烧了雷峰塔。大火之后，雷峰塔的木质檐级全都毁去，仅存"赤立童然"的砖结构塔芯，成为一种异常的景致。到崇祯年间，雷峰塔早已塔顶残缺，枯树环绕。明末陈仁锡称其"老苍突兀，如神人掮笏"。杭州人闻子将曾将宝俶、雷峰两塔作了形象比喻，称"宝俶如美人，雷峰如老衲"。同时代的画家李长蘅则将雷峰塔比拟为"醉翁"，以"雷峰残塔紫烟中，潦倒斜曛似醉翁"来形容它的老旧破损。明末清初，湖上隐者遗民云集。李流芳曾居雷峰塔下。他善写山水，曾作有《西湖卧游图》等，又多作题画诗。他在自己的湖上山楼小筑，朝夕与雷峰相对，见暮山紫气，作《小筑看荷花偶成》诗："君不见雷峰倚天似醉翁，雾树欲睡纷朦胧……且拼一斗酬醉翁，此翁清澹如烟水。"清初毛先舒戏拟一副联语颇为生动的楹联："湖水生波，西子笑成风皱脸；雷峰失火，南屏烧出癞痢头。"

清康熙三十八年（1699），康熙皇帝第二次南巡时，驻跸杭州，曾来到雷峰塔旧址，在这里提笔写下"雷峰夕照"的匾额。康熙帝题字后，浙江地方官吏将御笔所书景名刻石立碑，建亭恭护，并对雷峰塔进行了部分修缮。虽说进行了修缮，但也仅仅是简单的修修补补，曾经巍峨的雷峰塔再也不复存在。

三、民国雷峰塔的倒塌和鲁迅雄文

民国十三年（1924）9月25日下午1时40分，雷峰塔突然倒塌，"尘埃蔽天，鸦鸽满空"。但这一天杭州天气晴好，并无地震发生。

关于雷峰塔倒塌的原因，众说纷纭，其中有几个说法最为流行：一是杭州民间传说当年吴越国末代国王钱俶在建造雷峰塔时，曾经用了不少"藏金砖"，这些砖里藏有金子。二是鲁迅《论雷峰

塔的倒掉》中所说的，
雷峰塔塔砖是圣物，放
在家中，可保家人平安，
逢凶化吉，能治病强身，
甚至利于农蚕，发家致
富。三是传说钱俶因为
归顺了北宋，担心自己
将来死后，吴越国的财
富就会被老赵一家掠走，
所以就把金子熔成砖块
的样子，覆以泥土来建
造雷峰塔。在这些民间
传说的诱惑下，于是吸
引了那些无知的"淘金
客"和迷信的乡下人，

倒塌前的雷峰塔

附近以及周边的民众大批大批地前来，在贪欲、无知的驱动下盗挖
"藏金砖"，久而久之，使得雷峰塔的塔基底层已被挖空，到处都是
砖块被挖走后留下的孔洞。当地官府对此睁一只眼闭一只眼，所以
多少年下来，雷峰塔砖塔塔芯被盗走无数。塔基松动，加上雷峰塔
年久失修，无人打理，风雨剥蚀，不堪重负，终于轰然倒塌。

　　雷峰塔倒塌之后，当时杭州城民众几乎是全城出动，蜂拥而
至，抢拾散落的墙砖，人手一块，力气大的还搬上三五块。长方体
墙砖足有七斤多重，长八寸、宽六寸，厚两寸左右，砖体呈青灰
色，形状极其古朴厚重。有心急之人在抢到墙砖之后，当场将砖砸
开，看看里面到底有没有黄金。结果这一砸，黄金没有找到，倒是

发现了一个秘密。在塔顶部分砖块里，开有一个约有拇指粗细的小孔，小孔贯穿砖身，两侧用泥土封堵，敲开之后，里面藏着一小卷纸质的经书。经书即佛经，其内容大多为《陀罗尼经》，印在棉纸或竹纸上，卷成拇指大小，用黄绢包裹，放在竹制的卷轴之内，并在两端涂蜡密封，最后塞进塔砖的孔洞内。经卷框高5.7厘米，长200.5厘米，经首镌刻"天下兵马大元帅吴越国王钱俶 造此经八万四千卷舍入西关 砖塔永充供养乙亥八月日记"三行文字，竖写并排三行（空格为直行结束处，西关砖塔即雷峰塔）。文左镌刻佛说法图，再左为经卷全文。据经首文字称，雷峰塔中共藏有木刻印成的纸卷经文《宝箧印经》84000卷。卷首有《礼佛图》，其后每行十字，共二百七十一行。虽然佛经的纸已经发黄，但字迹尚清晰。这便是当时人们在雷峰塔倒塌后发现的东西。更准确地说，这些藏有经书的塔砖叫作"藏经砖"。另外，还在废墟周围发现木刻塔图、砖雕佛像、金铜罗汉像、石刻《华严经》等。

雷峰塔轰然坍塌时，寓居西湖的知名文人俞平伯正与僧人对弈。他当即乘船渡湖，直奔塔坍现场。他"从樵径登山，纵目徘徊，惟见亿砖累作峨峨黄垄而已。游人杂沓，填溢于废基之上，负砖归者甚多。砖甚大，有字者一时不易觅。我只手取一无字残品、横贯有孔者归，备作砚用"。在路上又见"村姑髻窦充以经卷"。随后他整理搜罗来的塔砖经卷，制作拓片，修补朽损的经卷，又浸沉在浙江省博物馆和图书文物、故纸堆中，查阅资料，于民国十七年（1928）相继撰写《记西湖雷峰塔发见的塔砖与藏经》《雷峰塔考略》两文，以及《西关砖塔塔砖歌》《西关砖塔藏宝箧印陀罗尼经歌》两首古风，被称为有关雷峰塔诗文的"两文双歌"。它们充分体现了俞平伯毕生的西湖情结和对西湖胜迹雷峰塔难以割舍的缱绻之忧。两文各为五千余字的文言学术短文，以考据记事为主，为我们留下有关雷峰塔及其藏经的珍贵史料；"双歌"则分别为148行和124行的七律古风，叙事与抒情兼备。它们都是以雷峰塔从建到坍、在世949年的风雨沧桑为背景，辅以俞、许两家的生离死别、悲欢离合为穿插，抒发对祖国文物古迹的钟情与痴爱，谴责江浙战争的不义及其为江南民众带来的深重灾难，既饱含历史的沧桑之感，又孕育着现代人的反战意识。

雷峰塔倒塌的消息，在当时的文人中引起了巨大的轰动，他们纷纷写文作诗。金石书画大家吴昌硕则有《雷峰塔华严经残石真形》诗："黄妃千年一朝仆，雷峰之名等烟雾。华严佛说难劫逃，片石流传禅一悟。"文学大家鲁迅马上写了《论雷峰塔的倒掉》一文，赞扬了白娘子为争取自由和幸福而决战到底的反抗精神，揭露了封建统治阶级镇压人民的残酷本质，讽刺封建专制的倒台，末尾还来一句——活该！鲁迅《论雷峰塔的倒掉》一文刊出后，社会上反响极大，得到了大家的好评。三个月后，鲁迅趁热打铁，又写了《再论雷峰塔的倒掉》一文，进一步批判和揭露了当时阻挡社会发展的封建愚昧现象。

徐志摩站在历史文化角度，发表《月下雷峰影片》《再不见雷峰》等诗歌，纪念白蛇和古塔的传说。

时至今日，雷峰塔早已修复如初，而这些尚留存于世的雷峰塔藏经，身价达到惊人的地步。在2016年上海朵云轩的春拍中，一篇雷峰塔藏经最终以2875万元的天价成交。

四、新世纪雷峰塔的考古和重建

1999年10月，杭州市人民政府决定重新建造雷峰塔。2000—

2001 年，为配合雷峰塔重建工程，浙江省文物考古研究所对雷峰塔遗址进行了两次考古发掘，揭露面积达 4000 平方米。据《杭州雷峰塔五代地宫发掘简报》(《文物》2002 年第 5 期) 所述，雷峰塔的塔身建在塔基上。塔基主体为八角形生土台基，每边置方形石础 4 个，外缘包砖砌石，对径近 43 米，高出地面 1.2—2.5 米。东侧的塔基基座为双重石砌须弥座，石面上雕刻象征佛教"九山八海"的须弥山、海涛和摩羯等图案。西侧因地势较高，为单层须弥座。塔基的东、西两侧居中位置设有踏步以登副阶。地宫居于塔心室中央，掩埋在地坪下 2.6 米深处，为方形竖穴式，边长 0.6 米、深 0.72 米，四壁及底部用砖砌成，外表涂石灰。地宫口用边长 0.92 米、厚 0.13 米的方形石灰岩盖板封顶，在上面覆盖 0.3 米厚的堆土和边长 1 米、厚 0.3 米的顶石，顶石上面再覆盖回填土及夯土，整个地宫密封程度良好。地宫内出土文物共 51 件（组），铁函居中，它的下面及与砖壁的空隙处堆放大量铜钱和多种质料的供养品。紧贴西北壁放置一尊高大的鎏金铜坐佛，其余三壁粘贴鎏金小铜佛、毗沙门天王像。其他出土物还有鎏金银腰带、银臂钏、铜镜、漆镯、贴金木座以及玉、玛瑙、琉璃等象征"七宝"的小件装饰品。铜钱共有 3000 多枚，近 30 个品种，最早的为西汉"半两"，最晚者为"宋元通宝"，以"开元通宝"居多，有鎏金、鎏银的，还发现一枚玉质"开元通宝"。铁函内放置鎏金镂空银垫、盒、阿育王塔、腰带等金银器及玻璃瓶、方形铜镜等。此外，地宫内还发现了许多经卷、丝织品等残片，在西北壁砖缝间还发现鎏金银钗和"开元通宝"等。发掘中见到，有的塔砖上模印有"辛未""壬申"等纪年文字。由它们的出土状况推断，雷峰塔的始建年代在壬申年（972）或稍后，即宋太祖开宝五年。地宫的营建时间也不会晚于 972 年，上限为辛未年（971）。毫无疑义，雷峰塔遗址及地宫的考古发掘，为研究五代时期佛塔形制、地宫构造、寺院布局，了解吴越国末期的历史背景、佛教文化、工艺水平等提供了不可多得的第一手资料。尤其是雷峰塔地宫的发掘，弥补了五代十国时期佛塔地宫考古的空白，对研究唐宋时期地宫及舍利埋藏制度的演变、南北方地宫形态结构的差异等问题具有重要价值。

　　20世纪末，经专家论证，杭州市人民政府在发掘地宫、保护塔基古迹的前提下，在原址上重建雷峰塔。2002年金秋，复建的七级重檐雷峰塔又矗立于夕照山巅，依山临湖，蔚为大观。雷峰夕照以神似的面貌和独特的风韵回归"西湖十景"的行列，"西湖十景"终臻全璧，成就了西湖文化景观遗产的真实性和完整性。

第五节　挺拔秀丽的塔幢

　　佛塔作为珍藏舍利和佛经的处所，是一种佛教设施；作为建筑物，则是一种特殊的高层建筑。

　　吴越国寺塔建设众多，清代著名学者朱彝尊《曝书亭集》卷四六《书钱武肃王造金涂塔事》在概括五代十国的佛教建筑时曾说："寺塔之建，吴越武肃倍于九国。"

　　吴越国时期的佛塔建筑，浙江境内现存的具有代表性的有临安功臣塔，义乌双林东铁塔，杭州雷峰塔、应天塔（保俶塔）、六和塔、白塔、灵隐寺双石塔，黄岩灵寺塔，安吉灵芝塔等。江山缸甫底现存清代重建的百祐塔，可能也创建于吴越国时期。此外，今日苏州虎丘山上的云岩寺塔、上海龙华寺塔，都是吴越国时期建造的。这些佛塔就宗教信仰而言，固然反映了当时吴越国佛教的兴盛；就建筑而言，则反映了吴越国建筑业的繁荣和建筑技术的发展。

一、修德祈年的六和塔

六和塔，位于浙江杭州钱塘江北岸月轮山南麓，是杭州市目前唯一留存至今的吴越国或宋朝的纪年塔。"和"为"合"的转音，因此又称"六合塔"。六合是指天、地、东、南、西、北的意思。"六和"一词取自佛教"六和敬"之义，即"身和同住、口和无争、意和同悦、戒和同修、见和同解、利和同均"。《晋书·五行志》说："气相伤谓之沴。六气和，则沴疾不生。"寓修德祈年之意。此地原有吴越国王的南果园和仁王院。梁开平五年（911），钱王于仁王废院掘地得大钱，以为瑞应，因建大钱寺，设宝幢二座于寺门。北宋开宝三年（970），吴越国王钱俶为镇压钱塘江的江潮，命智觉禅师延寿和僧统赞宁在原为王家南果园建塔。塔身九级，高50余丈，塔顶置明灯，为江面夜行船舶指明方向，起灯塔作用。这实际上是钱塘江上的导航设施。吴越国时期，钱塘江上交通频繁，塔上明灯高照，成为夜航的"灯塔"。每年八月中秋，钱塘江潮水澎湃，六和塔也是观潮的好地方。南宋潜说友《咸淳临安志》卷八二《六和塔》史载其塔"撑空兀突，跨陆俯川，海船夜航者，以塔灯为指南焉"。

北宋宣和三年（1121），六和塔焚毁。南宋绍兴二十二年

六和塔老照片

梁思成绘宋代六和塔复原图

（1152）重修，乾道元年（1165）完工，改为七层。现存六和塔即是南宋重建的遗物。其中塔刹在明代曾经重新安装过，顶层也是明代重修的。清道光三十年（1850），外檐毁；光绪二十六年（1900），重修塔外十三层木结构外檐。该塔塔高59.89米，占地860平方米，塔平面呈八角形，外观十三层，内为七层，与塔身内部相通。塔身有螺旋式阶梯，可登临顶层。面对钱塘江，形象雄伟。至今，这一古建筑艺术的杰作仍屹立钱塘江边。登塔纵览，钱江如带，风光尽收眼底。尤其明月当空之夜，月映澄波，令人尘襟顿豁；而当江潮起伏，涛声阵阵，令人豪兴满怀，心潮澎湃。

1961年，六和塔被国务院定为第一批全国重点文物保护单位。

二、形如美人的保俶塔

保俶塔初名"应天塔"，又名"保叔塔""宝所塔""宝石塔"等，位于杭州市西湖北面的宝石山顶上，南临西湖，西接葛岭，与

民国西湖明信片中的保俶塔

雷峰塔遥遥相望，是西湖景观的标志性建筑之一，与雷峰塔形成著名的"保俶如美人，雷峰如老衲"的南北对景。

保俶塔塔旁原有崇寿寺。其创建历史，各书所载不一：《西湖志》云，吴延爽请东阳善导和尚舍利，建九级宝塔于崇福院；《武林梵志》云，吴越相吴延爽于崇福院内建九级浮图，名应天塔；《涌金小品》云，钱俶奉宋太祖之召去京师，百姓思望，乃筑塔，名保俶；《霏雪录》云，原名宝所，俗误保俶；《西河清话》云，保叔者，宝石之讹，盖以山得名。上述吴延爽为吴越国王钱俶母舅，曾任都指挥使，兄弟五人于宋初建隆元年（960）因谋乱而被放逐外郡。所以建塔时间应在吴越国后期、建隆元年之前，其时钱俶当未进京。该塔既为吴延爽安置东阳善导和尚舍利而建，按照《三藏法数》卷二七所谓"感即众生，应即佛也。谓众能以圆机感佛，佛即以妙应应之，如水不上升，月不下降，而一月普现众"；可能

"应天塔"为其始名。此名与清乾隆十四年（1749）于塔下所发现的造塔记碑文中"感应舍利"之说亦可相符。其余"宝石塔"应为俗名，"保所塔""保叔塔"为后起之名，"保俶塔"则为讹传。

该塔原为砖木混合结构楼阁式塔，九级，可登临。后毁，北宋咸平（998—1003）中，僧永保重建，减去二级，改为七级，以后几经毁建，已非原来面目。现存之塔为民国十三年（1924）重修。1996—1997年维修。八面七层，仿木结构楼阁式，砖砌、实心，由塔基、塔身、塔刹组成，通高45.3米。台基条石砌筑，边长6.65米。塔基高1.98米。塔身砖砌，底层边长3.26米，逐层向上收分，层高随之递减，至七层顶部转为圆形素身。每层八面皆辟格扇式实心窗，转角处砌出圆形倚柱。挑檐极浅，与平座同施平身科、角科，皆为一斗三升扶壁拱。塔身第一层北面嵌有民国《重修宝石塔记》碑。塔顶置铁铸塔刹，高10米。造型挺拔秀丽。

2005年3月16日，浙江省人民政府公布保俶塔为第五批省级文物保护单位。

三、秀丽典雅的白塔

白塔耸立在杭州市上城区南星街道闸口、钱塘江北岸白塔岭上，建于吴越国钱俶时期，塔身上刻有"乾德三年（965）乙丑岁六月庚子朔十五日甲寅日天下大元帅吴越王钱俶建"二十九字，用以祭祀江神。塔全部采用白色湖石建造，作仿木构楼阁式雕刻而成。外观八面九层，通高约14.4米，由塔基、塔身（含平座、腰檐等）、塔顶（含塔刹等）组成。塔基到塔刹逐层收分，比例适度，出檐深远，起翘舒缓，轮廓挺拔秀丽。最下面为基座，雕刻山峰、海浪，象征"九山八海"。其上立须弥座，高约1米。须弥座束腰上刻佛经。再上塔身分为九层，每层由正身、塔檐和平座三部分组成。塔身每面转角处皆有倚柱，收分明显，柱头卷杀。中间又有两根梜柱，将每面分成三间，其中四个壁面的明间刻有壸门，并雕出实榻大门，门上雕有门钉，上部为直棂窗。倚柱之间，架以阑额，上刻"七朱八白"。塔身上浮雕佛、菩萨像及经变故事，共有造像140尊，人物形象惟妙惟肖，刻画生动。檐下斗拱为五铺作，单杪单下昂，隔跳偷心造。塔檐雕出椽子、飞子、筒瓦板坨，檐口刻出勾头和滴水。翼角雕出老角梁、仔角梁和脊饰，雕刻精细。平座即廊子下斗拱为四铺作，单杪计心造，平座前沿有柱洞。塔顶置铁铸塔刹。这种仿木构建的、平面八边形的楼阁式石塔肇始于吴越国，造型秀丽典雅，雕刻精湛，艺术价值高，是现存五代吴越国末期仿木构塔建筑中的精品，在当时北方是很少见到的。后来逐渐影响到中原以及北方地区，并成为元、明、清时期南方地区普遍采用的一种塔筑形式，对于研究晚唐至宋初的浙江建塔艺术具有重要的实物价值。

闸口白塔老照片

1981 年，有关部门曾对塔基进行加固。1988 年 1 月 13 日，国务院公布闸口白塔为第三批全国重点文物保护单位。

四、梵天寺经幢

梵天寺位于杭州市上城区凤凰山东麓，建于后唐天祐元年（904），由吴越国王钱镠所建，名顺天院。《吴越备史》卷一载：五代后梁贞明二年（916）十二月，钱镠命恩州防御使钱铧率官吏、僧众，诣明州鄮县（今宁波鄞县）阿育王寺迎释迦佛骨舍利塔，归于城府。次年，在顺天院建八面九级的城南塔，奉藏释迦舍利。寺院也因塔名而改称为南塔寺。塔为木结构，高三百七十尺，中外皆通旋绕，其制度形势皆出于王之心匠。后周显德五年（958），杭城火灾频繁，殃及南塔，南塔被焚毁，所幸释迦舍利塔被一僧人抢出，后供奉于龙华寺。北宋乾德三年（965）六月，吴越国王钱俶重建南塔寺，并在殿宇前建刻有《陀罗尼经》石经幢一对。重建后的寺院规模宏大，有"月廊数百间"，寺内供奉武肃、文穆、忠献三王铜像，遍植白杨梅、卢橘等，成为当时名闻一时的寺院。同时，在寺内珍藏的 5480 卷《大藏经》制作精良，"碧纸银书，至佛号则用金书，牙签玉轴制作，甚是庄严"。北宋治平年间（1064—1067），南塔寺改梵天寺，经幢由此得名。

梵天寺经幢是浙江省现存经幢中最高的两座，与全国最高的赵县经幢亦相差无几。这对经幢南北对峙，通体用人湖石凿就，幢身仿木结构，雕刻形象生动，非常精美。左右幢相距 13 米，南幢高 14.99 米，北幢高 14.87 米，形式、结构近同。幢身八面，各部比例和谐，极富整体美感。经幢自下而上分别叠砌须弥座、幢身、腰檐、山化焦叶、宝珠、仰莲、短柱层及幢顶等构件。基座由台基和须弥座相叠而成，台基浮雕"九山八海"，束腰处浮雕四条体态矫健、姿态略异的蟠龙和覆莲、菩萨造像等。中层束腰处八面刻十六个小佛龛，每龛内浮雕一尊戴宝冠的菩萨像，没有胁侍，坐姿以结跏趺坐和半跏趺坐为主，印相不一。上层束腰处八面刻八个佛龛，龛内雕一佛、二弟子、二菩萨，佛均结跏趺坐于莲座上，前有供案，弟子和胁侍菩萨也立于仰莲上。须弥座上为八棱柱体的幢身，上刻行书体佛经，字迹清晰隽秀。南、北幢均刻吴越国王钱俶《建幢记》，同样为行书体。经幢碑文开首云："窃以奉空王之大教，尊阿育王之灵纵，崇雁塔于九层。"文末署："乾德三年乙丑岁六月庚子朔十五日甲寅日立，天下大元帅吴越国王钱俶建。"碑文"空王"

乃佛之异名，《圆觉经》有云："佛为万法之王，又曰空王。"幢身上为仿木结构腰檐，施斗拱，每面刻一朵补间铺作，为六铺作双杪双下昂偷心造；转角为七铺作双杪双下昂偷心造。幢身上覆置幡盖、腰檐，檐下施七铺作双杪双下昂偷心造转角铺作，单补间为六铺作双杪单下昂偷心造。幢身之上有腰檐、山花蕉叶、宝珠、仰莲、方

梵天寺经幢

柱、覆莲等构件。檐外又刻出飞椽，檐口凿出瓦当、滴水，顶部刻瓦垄、檐、脊、戗兽等。幢腰檐以上依次叠砌几重山花蕉叶、宝珠、仰莲及四隅抹角的方形短柱等。短柱四面均刻壶门状佛龛，龛内主尊多为结跏趺坐佛像和菩萨像，形象生动，线条流畅，保存较好。靠近幢顶部华盖下雕刻四只迦陵频伽，均为人首鸟身，作舒肢展翅飞翔状，造型活泼生动。其上端饰如意云纹，幢顶为日月宝珠收刹。元代元统年间（1333—1334）塔毁，仅梵天寺及两梵天寺经幢至今犹存。[1]

2001年6月，梵天寺经幢被国务院公布为全国重点文物保护单位。

第六节　钱王故里的遗迹

一、婆留井的故事传说

婆留井，在临安区功臣山南麓的平地中，地上有八角形石质井圈。井壁为圆形，青砖砌成，直径2米左右，井深约4米。

唐大中六年（852），临安石镜乡钱垄坞有名钱宽者，其妻水丘

---

[1]以上参见施奠东主编：《西湖志》卷九《塔幢·保俶塔》，上海古籍出版社1995年版，第462—466页。《浙江通志·文物志》，浙江古籍出版社2021年版，第190、204页。

氏产子之时，家中红光满屋，后庭一片兵甲声。钱宽视子面相怪异，十分不祥，以为不吉利，是不祥之物，欲将他抛弃在井中，幸好被一位好心的婆婆相劝才挽留了这个小生命，所以钱镠乳名即呼"婆留"，井亦因之而名"婆留井"。钱婆留长大后自更名为"钱镠"，于唐末乱世之时治理江浙地方颇有功绩，终成吴越国一代明主。该井在《旧五代史》《吴越备史》《十国春秋》等史书皆有记载，指出井为钱镠外祖父所甃。罗隐《婆留井颂》曰："於惟此井，亭育坎灵。有莘有邰，实此储英。时有长虹，上贯青冥。是惟王气，宅相先徵。爰启霸王，奠绥苍氓。沛膏浙泽，配德东溟。"元代张光弼（1289—1371）作《婆留井》诗："旧日婆留井未湮，石栏苔藓上龙文。而今率土皆臣妾，不愿皇天产异人。"原有碑，"文化大革命"时期被毁，井也被填。1983年冬，临安市文物部门按原样修复，重新立碑，后来这口井也就保留到了今天。

婆留井是省内尚存不多且保存完好的唐代砖石构筑物。2005年3月16日，浙江省人民政府公布功臣寺遗址（含婆留井）为第五批省级文物保护单位。2013年3月5日，国务院将功臣寺遗址（含婆留井）、功臣塔合并，称为"功臣塔及功臣寺遗址"，公布为第七批全国重点文物保护单位。

二、蔚为壮观的功臣塔

临安功臣塔位于杭州市临安区锦城街道功臣山山巅，因山得名。为吴越国时期最早的佛塔。因钱镠镇压黄巢起义，又讨平了董昌叛乱，唐昭宗以钱镠有功于唐，下诏改大官山为功臣山。后梁乾化五年、贞明元年（915），钱镠认为"富贵而不归故乡，犹如衣锦夜行"，亲巡故里衣锦军，舍功臣堂为功臣寺，建功臣塔大概就在这一年。功臣塔为砖砌筒形结构，平面方形，立面自下而上逐层收缩，无塔心柱，轮廓比较缓和，继承了唐塔的遗制。塔为四面五层仿木结构楼阁式砖塔，由基座、塔身、塔刹组成，通高25.12（一作25.3）米。基座用青砖直接砌筑在岩石上，方形、直壁，边长5.36米，高0.44米，塔内边长2.36米。塔身分为五层，净高22.06米，自下而上逐层内收，塔内方形，上下直通。各层均由平座、正身和腰檐组成，每面隐出两个槏柱，将每面划分为三间，当心间辟门。正身外壁每层每面隐出转角倚柱、槏柱、地栿、腰串、阑额及重拱，正中均设壶门，门内通道顶部设藻井，以叠涩法砌成穹隆顶，一、二层为八角形，三、四、五层为方形。塔檐用平砖叠涩手法伸出，下设补间铺作三朵、五铺作。其中一、二、三层各配置斗拱两朵，为五铺作单拱造。门下又设平座（廊子），也用平砖叠涩手法伸出，但是浅不实用，其下也各配斗拱两朵，为四铺作。三层以下设斗拱。门内甬道顶上饰有八角形藻井，用平砖叠涩作收缩。塔内空心，上下直通，塔壁厚1.26米（底层）。原有楼，现无存。塔刹高2.8米，塔顶装置覆钵、宝匣、宝瓶、刹杆，均为生铁铸造。

它是吴越国所建诸塔中仅存的砖木混构方塔，也是浙江现存最早的一座砖结构方塔，沿袭了唐代方塔遗制，为唐、五代方塔的代表，蔚为壮观。1982—1984年全面维修，并重新立碑。2001年6月25日，国务院公布功臣塔为第五批全国重点文物保护单位。2013年3月5日，国务院将功臣塔和功臣寺遗址（含婆留井）合并，称为"功臣塔及功臣寺遗址"，公布为第七批全国重点文物保护单位。

三、衣锦城的历史沿革与考古

（一）衣锦城的历史沿革

临安县建置始于东汉建安十六年（211），时称临水县，县治在高虹镇高乐村。西晋太康元年（280），因境内临安山而更名为临安县。唐武德七年（624），临安县属江南道余杭郡潜州；八年，省入於潜。唐垂拱二年（686），析於潜县置紫溪县，与临安、於潜同属杭州余杭郡。垂拱四年，析余杭、於潜地，县复里。

唐僖宗文德元年（888）四月，钱镠筑安众营于临安。唐昭宗龙纪元年（889）四月，钱镠始筑营垒于临安茆山，开始建造衣锦城。昭宗大顺元年（890）八月，唐敕名为"安众营"。唐昭宗景福元年（892），衣锦城建成；七月，钱镠表呈版筑临安茆山安众营图于唐，唐昭宗有《答钱镠奏进安众营图敕》。光化二年（899）二月，唐敕改临安县石镜乡为广义乡，临水里为勋贵里，安众营为衣锦营，同时还升杭州为都督府。天复元年（901）二月，钱镠亲巡游衣锦营，大会故老宾客，山林皆覆以锦，号其幼所尝戏大木为"衣锦将军"，以"表衣锦之荣也"。五月，敕升钱镠所居衣锦营为衣锦城，封石镜山为衣锦山，大官山为功臣山。钱镠在功臣山有故居，其地有婆留井。钱镠发迹后，置盔甲于井中，锁之，示不复用，地舍为功臣寺。次年七月，钱镠亲巡衣锦城。为了加强衣锦城的防卫，使衣锦城更加牢固、更显恢宏，钱镠命令武勇都指挥使徐绾率领兵士去修建衣锦城沟洫。至此，衣锦城的规模、形制真正确定。当时武勇都将士多有怨言，成及向钱镠请示停止役使武勇都将士，但钱镠不同意。这一年的八月，钱镠到衣锦城宴飨筑城将士，徐绾想在宴席上刺杀钱镠，但没有成功，徐绾遂称病告退。当天，钱镠命徐绾提前返还杭州，徐绾在杭州城发动叛乱。第二天，钱镠从临安衣锦城赶回杭州，镇压徐绾叛乱。唐天祐四年（907）春三月，唐敕升临安衣锦城为安国衣锦军。衣锦军不辖县，直属吴越国中央。后梁开平二年（908）正月，敕改临安县为安国县，广义乡为衣锦乡，武肃王奏改衣锦军。后唐同光三年（925）秋八月，命吏部侍郎李德休等赐钱镠黄金印、玉册。同月，钱镠起玉册、金券、诏书三楼于衣锦军。长兴三年（932）三月己酉，夜里大雪，钱镠生病。庚戌薨，年八十一，在位四十一年。夏四月庚午，奉灵辒，殡于衣锦军。应顺元年（934）春正月壬午，葬安国县衣锦乡茅山之原，是年建庙于东府。北宋太平兴国四年（979），衣锦军被改为顺化军；五年，废除顺化军，恢复临安县名。如果从唐昭宗龙纪元年（889）钱镠始筑营垒于临安茆山算起，到宋太平兴国五年（980）废除顺化军，共计92年时间。如果从唐天祐四年（907）三月敕升临安衣锦城为安国衣锦军算起，到北宋太平兴国四年（979）衣锦军被改名为顺化军，衣锦军存在73年，可以说是与吴越国的建立、灭亡相随。此后，衣锦城成为一个极其普通的城池建筑，经过宋元变迁，至明代成为杭州府临安县治的所在地，一直沿用至今。据此可见，衣锦城对临安县城的发展具有奠基作用。

衣锦城的位置和城市规模，在历代文献中多有记载。如《咸淳临安志》卷一八《疆域三》载："临安县，周回五百二十步，池在东北。……临安县，在县西南一里，宝祐四年令王输重修。"《大清一统志》卷二　六载："临安县城，周五里，门四，有濠。唐末，吴越依太庙山筑，号衣锦城。后圮，明嘉靖中，设土垣。"

《钱氏家乘》卷一〇《古迹》引明万历《临安县志》载:"安国衣锦军……临安城,武肃王筑,城依太庙山,周五千五百六十步,池在东北,名衣锦城,为门四,东曰迎恩,西曰惠政,南曰望锦,北曰拱辰……"

(二)衣锦城的考古发现

临安衣锦城作为五代吴越国王钱镠进行规划营建的第二座城,兼具军治、家宅、家庙三项功能,其规模略等于县城。它历经千年沧桑,如今仍然保存相对完整。2017年以来,发现临安衣锦城遗址,经过长达数年的较系统地对衣锦城址进行考古发掘及勘探,取得多项重要收获。

2017年,经国家文物局批准,杭州市文物考古研究所和临安区文物保护管理所在配合城市基本建设的考古工作中,在区政府内发掘揭示了衣锦城内北部大型建筑基址,包括建筑台基、排水沟、庭院砖墁地等。其中,建筑台基坐西朝东,揭露长11.50米,宽12.25米,台基上柱础(坑)东西向间距为10.48米,南北为5.63米,规模宏大。经发掘出土有大量瓷片及铜钱、青砖、板瓦、筒瓦、瓦当残件等遗物,并于部分青砖上发现"大唐""官""官用"等文字。

2019—2020年,经国家文物局批准,在原城南小学区块发掘揭示衣锦城南城墙和南城门遗迹。南城墙为近东西向,揭露长149米,由城墙和城墙基础两部分组成。城墙底宽8.23米,残高0—0.75米,南壁残存长方砖错缝叠砌包边,砖长33—36厘米、宽16—17厘米、厚5—7厘米不等。城墙基础底部宽25.70米,南侧用鹅卵石,北侧用长方砖包砌,中间全部用沙、石、土夯筑。城墙内紧邻城壁处有散水和道路,均为东西向。城楼北侧尚可见

吴越国衣锦城遗址出土的建筑构件（浙江省博物馆藏）

通城门的道路残迹，一门三道，三条道路紧邻，宽4.6—5.9米不等。

除南城墙、城门及道路外，还在发掘区北侧发现有院落、水井、排水沟等遗迹。院落位于发掘区的北部，揭露两组，为东西向并列分布。两组院落结构分布相同，分别由门址、围墙、通道、散水、房屋台基、柱础石等组成。整个院落布局严整，并规划有完善的排水系统。在发掘区中部，院落东西两侧各发现水井一口。

此外，通过近年来的考古调查及勘探，已基本明确该城址城墙、城门、护城河及城内道路等框架性遗存和三世祖庙、生祠等重要建置的分布情况，并在配合基本建设中对城址周边如光孝明因寺、彭祖庙等相关遗存进行了考古发掘。

衣锦城的城墙规模比较大，城内是排水沟，城外是护城河。城墙有夯土基础，是鹅卵石和黄黏土，分层夯筑。城墙也比较宽，基底部分有17—19米的宽度。有学者推测，五代衣锦城位于西至天目路、南至城中街、东至塔山路、北至衣锦街这一围合区域内，面积约4000平方米。

考古工作表明，衣锦城是晚唐五代时期钱镠新建的第一座城，揭示的一门三道、整齐有序的院落格局、完善的排水系统等既是吴越国王城规划体系的再现，也是我国古代南方山水城市规划的重要例证，一系列建筑遗迹及其构筑材料的发现，是对久负盛名的吴越国营造技艺的一次集中反映，而且从城到陵的变革使之成为我国古代城市与陵墓发展史上"城—陵"体系的一个特例，具有极其重要的价值。

2020年，临安衣锦城遗址入选2020年度浙江省考古重要发现。目前，衣锦城遗址已经纳入临安吴越国王陵考古遗址公园规划，接下来将对考古发掘的重要的遗迹进行真实展示。

从文献记载和考古发掘资料等来看，钱镠在临安苕溪与锦溪交汇的河谷小平原内，依托太庙山修筑衣锦城，并以太庙山为中心修建寺观、塔幢，营建家族陵墓，埋葬功臣贵族。以衣锦城为中心建设衣锦军，形成功臣山、太庙山、西墅村五个重点区域，遗存包括墓葬、塔幢、寺观、关隘等。太庙山为五代吴越国王钱镠的安葬地。在衣锦城周边范围内，现存或已经发掘的吴越国时期11座墓葬中，可明确为吴越国王室成员的有钱镠祖墓、钱镠墓、钱宽墓及其夫人水丘氏墓、钱镠元妃戴氏夫人墓、马氏康陵、钱元玩墓，吴越国贵族墓葬有太庙山墓、板桥五代吴随□墓、青柯五代童氏夫妇墓，另有余村五代墓葬主人身份不详。五代时期古塔，则有位于功臣山顶的功臣塔、西墅村的朗山塔和海会寺塔。临安还发现寺观遗址三处，即：功臣山南麓的佛教功臣寺遗址、西置村的海会寺遗址和道教遗址——洞霄宫遗址。锦溪、苕溪、马溪等从城址周边流过，依山傍水，地理位置相当优越。另外，位于千顷塘的塘岭关也是吴越国时期建筑。现存的千秋关虽然为清代建筑，但其名最早见于五代时期记载。可以说，衣锦城的选址非常科学，构筑精良。①

四、从天柱观到洞霄宫

杭州洞霄宫位于杭州市临安区青山湖街道洞霄宫村和杭州市余杭区中泰街道南峰村之间。南宋潜说友纂《咸淳临安志》卷二四《山川三》载：大涤山洞天"在（余杭）县西南一十八里。按：《茅君传》云第三十四洞名'大涤云盖之天'，周回一百里，内有日月分精。金堂玉室，仙官考校灾祥之所。姜真人主之，与华阳林屋邃道往来。或言此山清幽，大可以洗涤尘心，故名。穹崇千尺，迥压群峦。中峰之上有许远游升天坛，丹灶瓦甓尚存。政和间犹有卿云箫吹，往来清越。崖间多灵芝异草，人所不识"。天柱山"在（大涤）洞西南隅，乃五十七福地。地仙王伯元主之。按：记云：天有八柱，在中国者三，此其一也（一在寿阳，一在龙舒）。四隅斗绝，耸翠参天。神仙隐化，时有见者。山出佳茗，为浙右最"。西汉元封三年（前108），始建宫坛于大涤洞前。唐弘道元年（683），敕建天柱观，唐中宗时赐观庄一所。唐乾宁二年（895），时为镇海军节度使的钱镠希望在自己的家乡兴建道观祈求神灵保佑，决定重建

---

①以上参见杭州市文物考古研究所、杭州市临安区文物保护管理所：《浙江临安衣锦城：吴越王钱镠新建的第一座城》，"文博中国"公众号，2021年2月10日。张惠敏：《五代吴越国衣锦城初步研究》，浙江大学2016年硕士学位论文。

天柱观。他从天台山请来司马承祯的后传闾丘方远，两人一起相度地势，由闾丘方远主持这一重建工程，并命暨齐物建造垂象楼（又名草堂、书楼），从而奠定了其江南道教祖庭的地位。光化三年（900），天柱观建成，钱镠命随行的教团人员协助闾丘方远主持教务，进行日常斋醮祈福等活动。为了扩大天柱观的影响力，提升天柱观的地位，钱镠还向朝廷奏进《重修建天柱观图》一幅，希望获得朝廷的认可。唐昭宗做了个顺水人情，下诏褒奖。钱镠乘此作《天柱观记》，刻石纪念。在文中，钱镠自称："镠今统吴越之山河，官超极品，上奉宗社，次及军民，莫不虔仰神灵，遵行大道。"故洞霄宫在唐末、五代时期的发展和钱镠有着莫大关系。闾丘方远去世后，与闾丘方远同时来到天柱观的道士郑章成为吴越国道教界的领袖人物。开平元年（907），钱镠以吴越国王的名义为郑章、夏隐言两位天柱观道士请赐师号和紫衣。后梁太祖赐号道门威仪郑章宜为"贞一大师"，仍名玄章；道士夏隐言赐紫衣。后梁乾化三年（913），天柱观再次得到封赐，郭文、许迈分别被封为"灵曜真君"和"归一真君"。郭文、许迈两人被加封"真君"，既是以官方形式对天柱观地位的确认，同时对天柱观在吴越国乃至全国道教界地位的提升也具有重要意义。后唐清泰二年（935），继位不久的钱元瓘为其父追福重建开元宫，翌年建成。有学者认为："自钱镠开始，经吴越国历代国王的经营，天柱观发展为中国境内最大的道教宫观之一，为宋元时期构建江南道教祖庭和全国道教中心打下了基础。"[1]

宋真宗为求祥瑞以神道设教。北宋大中祥符五年（1012），两

---

[1]周膺：《钱镠重建洞霄宫与江南道教祖庭的形成》，"余杭史志"公众号，2024年3月20日。

临安博物馆内洞霄宫模型

浙转运副使陈尧佐游览天柱观，见观内枯池涌泉、大涤洞飘出五色祥云，又观门外咸平元年（998）已经枯死的唐代名道吴筠手植大栎树奇迹般地活了过来，遂向朝廷上表图状叙此事，宋真宗下旨设醮祭神，并赐天柱观改额为"洞霄宫"。后毁于兵。宋室南渡后，绍兴二十五年（1155）重建洞霄宫，当时洞霄宫发展至鼎盛，建筑群规模宏大，有汉武帝宫坛、许远游升天坛、吴天阁、二清殿、闾丘先生祠等大小殿室。曾作为皇帝行宫，南宋高宗、孝宗、宁宗等多位皇帝先后驻跸于此，被称为"天下宫观之首"。从此不断得到宋廷的封赏，成为全国地位最显赫最重要的道观之一。这种状态一直持续到宋末元初。元末再毁于兵，明初重建。清乾隆（1736—

1795）中期以后，宫室渐圮，至民国时仅存遗址。今尚存会仙桥（现为临安区文物保护点）、元同桥（现为临安区级文物保护单位）、大涤洞、归云洞、三贤祠等遗迹。洞霄宫遗址现为临安区文物保护点。

洞霄宫之所以能够在南宋时期取得如此显赫的地位，与唐末五代时期吴越王钱镠延请天台山著名高道闾丘方远以及重修天柱观有关。闾丘方远来此创建上清院派之后，天柱观才异军突起，开始成为在江南地区有重大影响的道观。

闾丘方远（？—902），复姓闾丘，字大方，相传为春秋时期齐国国相晏婴的后代，舒州宿松（今安徽宿松）人。道教南岳天台宗的重要人物。十六岁学《易》于庐山陈元晤。二十九岁问大丹于香林左元泽，并事仙都山隐真岩刘处静，学修真出世之术。三十四岁受法箓于天台山玉霄宫叶藏质，通晓大义，得到真传。闾丘方远精黄老之术，而又酷喜儒业，博学多闻，尝诠注《太平经》十三篇行于世，声名播于江淮间。唐昭宗龙纪初年，朝廷多次征召，他婉拒不赴，遍游名山。唐景福年间（892—893），始居余杭天柱观。曾与钱镠谈论儒家的《春秋》大义，话语投合，尽日而罢。于是钱镠厚加礼遇，经常一起相度洞霄宫形势，将天柱观由北向改为南向，并重建太极宫以供其居住。又奏请唐朝赐紫衣，并赐号"玄同先生"，使之成为吴越一方道教领袖。唐昭宗赐号"洞元先生""妙有太师"。方远为人严谨。如罗隐曾就方远受子书，方远必瞑目而授，余无他论。方远弟子夏隐言问曰：罗隐乃钱镠上客，先生何不与之语？方远答曰："（罗）隐才高性下，吾非授书，不欲辄及他事也。"今临安区洞霄宫遗址尚存一市级文物保护单位"元同桥"，传系钱镠为闾丘方远所建。

第四章

吴越文化与海内外文化的融汇

吴越国延续唐代的"海上丝绸之路"，钱王不仅发展与南方各小国的睦邻友好关系，还采取"远交"策略，与远隔千里之外的日本、新罗、大食等国建立外交往来，并开展广泛的海外贸易活动，设立博易务。其商业航线南至古印度、中南半岛诸国，北至契丹、高丽，东至日本，西至大食，范围十分之广。由此，境内各港口"海外杂国贾舶交至"，"帆樯如林"，并设置或出现了"波斯馆""波斯巷""新罗屿""新罗坊""新罗山"等名称。它通过输出瓷器、茶叶、丝绸、书籍等各类商品，带回琳琅满目的海外奇珍异宝及金银、铁器、香料等高价值货物，促进了相互之间的经济往来和文化融汇。

第一节　吴越文化与海外交流

一、吴越文化与日本文化的交流

自唐昭宗乾宁元年（894）日本停派遣唐使以后，五代时期日本与中国虽无通聘之事，但双方商贾、使臣和僧侣等的来往，仍甚频繁。日本学者藤家礼之助在《中日交流两千年》一书中认为："这一时期，中国商船出发地和到达地仍同前代一样（后世也一样），是在杭州湾沿岸或长江口一带的明州或越州。因为五代时期控制江浙一带的是称作吴越国的地方政权，所以这一时期的中日交流，具体来说就是日本同十国之一的吴越国的交流。""同吴越国的交流，当然是以贸易为重点，但同时也包括些许前面提到的文化因素，而且也有一些官方性质的交流。"明州即今天的浙江宁波，越州即今天的浙江绍兴。其实，还有台州等地也是中日交通的港口之一。

地居长江流域下游的吴越国，和日本的海上航路，仍走唐朝时所开辟的东海航道，即由明州、越州等地出海，横越东海，经过九州肥前松浦郡的值嘉岛，进入博多津港靠岸。与唐代去日本的南路相同。航行大多是利用季风，多在春夏之季去日本，秋冬九月返航归国。①

据《日本纪略》《本朝文粹》《扶桑略记》《本朝世纪》等典籍记载，吴越国和日本，从后梁开平三年（909）到后周显德六年（959），短短51年内，来往于中日之间的商船仅文献记载的就达24次之多，中日间商船往来有15次。日本学者木宫泰彦在他的《日中文化交流史》一书中曾对五代时双方的交往补充说："以上所举只是有文献可考的，实际上此外当还有往来。这些来往的船舶都是中国的商船，没有一艘日本船。"

吴越国文化影响日本最大的，要算佛教。因吴越国王信奉佛教，当时首都杭州，有"东南佛国"之称。日本僧人来华，也多来吴越，尤其天台山，为日僧向往之地。天台山自隋代智颛开山以后，天台宗兴盛，为佛教的名山。天福三年（938），日僧日延为日本肥前延历寺僧来华，遍游吴越各地，参拜天台山。乾祐元年（948），日延又携吴越王钱弘俶颁发的"宝箧印塔"，内藏《宝箧印陀罗尼经》自杭州回国。显德三年（956），又带回宝箧印塔一座。

显德六年（959）正月，吴越国钱弘俶时因天台宗教籍散毁，派持礼使盛德言赴日本，海舶载黄金500两，求取佛经。北宋江少虞《宋朝事实类苑》卷七八《日本》载：

> 吴越钱氏，多因海舶通信。天台智者教五百余卷，有录而多阙。贾人言日本有之。
>
> 钱俶致书于其国王，奉黄金五百两求写其本，尽得之，迄

---

① ［日］中村新太郎著，张柏霞译：《日中两千年——人物往来与文化交流》，吉林人民出版社1980年版，第161页。

今天台教大布江左。

　　天台宗的经籍，经唐末的战乱，已多残缺，吴越国王钱弘俶曾派人到日本抄录或重金购回。日延携五百卷佚书抵达杭州，钱弘俶欣喜万分；显德四年（957），许其携带典籍一千余卷归国。建隆元年（960），钱弘俶遣使赴高丽、日本求书，次年高丽谛观携佚书而来。自此，中国佚存日本、高丽的天台教典，大多回归，为五代、北宋天台宗的中兴起了十分重要的作用。①同时，日本僧人来吴越国参学和朝山的也不少，如奝然和成寻、嘉因等六人于宋太平兴国八年（983）八月来台州，次年入京进献方物，宋太宗存抚甚厚。

　　在吴越国与日本的关系中，不能不提到围绕阿育王寺的信仰。在明州东17千米的阿育王寺（育王山、医王山）中有阿育王造的佛舍利金塔。12世纪末入宋的东大寺僧俊仍坊重源也提到过这舍利，甚至说曾目睹了佛小像放光。吴越国以此文化遗产为中心，极力夸耀其作为佛教王国的影响。著名的如第三代国王钱俶模仿阿育王塔的形状制造了20厘米高的铜塔和铁塔八万四千座，为了供养分别送往各地，其中也有不少送到了日本。宋代程珌《临安府五丈观音胜相寺记》载："有西竺僧曰转智，冰炎一楮袍，人呼'纸衣道者'，走海南诸国，至日本，适吴越忠懿王用五金铸千万塔，以五百遣使者颁日本。使者还，智附舶归。"据此记载，可知钱弘俶曾遣使把五百阿育王塔远颁日本。在其影响下，日本在镰仓时代也出现了金铜宝箧印塔。吴天跃通过对日本奈良国立博物馆和高野山灵

_____

①王勇：《吴越国海外求书缘起考》，载《中日"书籍之路"研究》，北京图书馆出版社2003年版。

宝馆所藏的两座金铜宝箧印塔的考察，认为这类金铜塔借用了钱弘俶造铜塔的形制，只是为适应新的信仰需求而做了局部的改造。[1]不久，宝箧印塔作为日本墓石形制的渊源而广泛地普及开来。另外，平安时代末期的阿育王寺信仰与日本的末法思想也有关联。与吴越国的交往，是这种"佛舍利"信仰及以后时代输入新佛教的开端，也是日本最早接受近世江南文明。[2]

此外，吴越国刻印的名家诗文集、历书、经卷、佛画、佛像等也大批流入日本，很受日人欢迎。其他如香药、锦绮织物、越窑瓷器以及工艺品等也有输往日本。根据日本平安时期贵族藤原明衡在《新猿乐记》中的记载，当时吴越国商人赴日贸易所携带的商品大致如下：

> 沈麝香、衣比、丁子、甘松、薰陆、青木、龙脑、牛头、鸡舌、白檀、赤木、紫檀、苏芳、陶砂、红雪、金益丹、银益丹、紫金膏、巴豆、雄黄、可梨勒、槟榔子、铜黄、绿青、燕脂、空青、丹、朱砂、胡粉、豹虎皮、藤茶碗、笼子、犀牛角、水牛如意、玛瑙带、琉璃壶、绫、绵、罗、縠、吴竹、甘竹、吹玉等。

毫无疑义，它对日本文化的发展起了一定的影响。日本的鸿胪馆遗址，出土过大量越窑青瓷，其中也有五代的器物。同时，日本

---

①吴天跃：《日本出土的吴越国钱俶造铜阿育王塔及相关问题研究》，《艺术设计研究》2017年第2期。

②〔日〕梅原郁著，夏日新译：《江南文明对日本的影响》，《江南论坛》2011年第5期。

菅原道真、纪长谷雄、橘广相、都良香等的诗集，以及小野道风的行草书，也流布中国，促进了两国之间的文化交流。另据考古资料所载，其中登载的杭州雷峰塔出土的 3300 枚古钱币中，有一枚极为罕见的日本"饶益神宝"钱，这是继 1970 年西安出土日本"和同开珎"钱后，在中国发现的最重要的日本钱币，此前，仅知中国国家博物馆藏有一枚。"饶益神宝"钱在雷峰塔地宫出现，当与吴越国时期中日两国佛教文化交流有关。

杭州雷峰塔地宫发现日本古钱"饶益神宝"

二、吴越文化与朝鲜半岛文化的融汇

唐代、五代时期，朝鲜半岛上的高丽、新罗、百济三国与南方诸国往来频繁。特别是新罗、后百济、后高句丽和吴越国的关系，较之中原朝廷和其他小国，联系更为紧密。《旧五代史》卷一三三《钱镠传》载钱镠"伪行制册，加封爵于新罗、渤海"。后百济和高丽两国虽然势不两立，但两国均对吴越国的诏谕十分尊重，并称吴越国为上国。钱镠又劝后百济王甄萱与高丽王王建和解，从中为高丽、百济两国调停。

唐光化三年（900），新罗僧竞让入华，登上天台山，遍访佛窟。《三国史记》卷五〇《甄萱传》称同年百济王甄萱遣使朝吴越，吴越王报聘，仍加检校太保。天祐三年（906），元晖入华登天台山，云游参访后从四明归国。后梁贞明四年（918）冬十一月，百济王甄萱派使臣泛海来杭州，向吴越国贡马，吴越王钱镠授甄萱中大夫之阶。后唐同光三年（925），吴越国王钱镠派遣使臣到新罗，册封新罗王。后唐天成二年（927），高丽与百济构兵，两国遣使来吴越国首都杭州，请求调解；十一月，吴越国派尚书班□为通和使到高丽、百济两国，调解矛盾，平息战火。后唐长兴三年（932）三月，吴越王钱镠死；四年（933）四月，百济国派太仆卿李仁旭泛海来杭州吊祭钱王。后唐清泰二年（935），吴越国四明僧、天台沙门子麟在高丽、百济等国传授天台宗，由高丽使者李仁日陪送，浮海返回明州，吴越国王特在明州建寺院安顿僧人。后晋天福二年（937），高丽使张训泛海来杭州吴越国，通和修好。后周显德二年（955），高丽僧智宗及随行而来的36位僧人入华，云游吴越国，先参访杭州慧日永明寺延寿禅师，言下即付心印，升堂入座，默识玄旨。宋建隆二年（961），至天台国清寺，拜净光大师羲寂，品其禅味，从受《大定慧论》天台教旨。开宝元年（968），应僧统赞宁之邀，于明州传教院开讲《大定慧论》和《法华经》，观者云集，听者颇多，可以说是盛况空前。智宗回国后弘传法眼宗。高丽王族宝云义通（927—988）自幼出家，后晋天福末年，入宋求法，至吴越国天台云居德韶国师门下，契悟南宗，继拜螺溪羲，受学一心三观达二十年之久，学彻圆融。宋乾德年间（963—968），借道四明回国，为郡守钱惟治所留，因在浙东传法二十多年。

钱俶于宋建隆元年（960）也遣使往高丽求取佛经，高丽王遣国僧谛观报聘，并送回失传佛经。他拜羲寂为师，留居天台螺溪十年，后在此圆寂。钱弘俶又求佛经善本于新罗，传写而还。

道潜为净慈寺的开山祖师，佛学造诣极高，名声在外。高丽王常遣使者前来投书问道，并派遣僧人来向他学习，相互之间常有佛经赠送。

高僧永明延寿住持杭州净慈寺后，大约教化了二千多名弟子，撰有《宗镜录》一百卷。声被异国，高丽遣僧航海问道。高丽国王常投书问道，《禅林僧宝传》载其"叙门弟子之礼，奉金丝织成伽梨、水晶数珠、金澡瓶等，遣僧三十六人，亲承印记。相继归国，各化一方"。

高丽高僧灵照，生卒年不详，来到中国学习佛法，到闽越后，先受教于雪峰禅师，后来又在越州鉴清院。曾与皮光业论法，但话不投机。钱元璙任湖州刺史期间，营造报慈院，请灵照住持，于是信徒很快聚集到他的门下。钱弘佐营造杭州龙华寺，迎取金华梁传翕大士灵骨道具，安放于龙华寺所建的塔内，命灵照主持龙华寺。灵照圆寂于虎跑寺后的大慈山，这里建有他的灵塔。天福年间，高丽僧人义通到天台山，从天台宗十五祖羲寂受学天台教规，精通天台教理，并成为该宗第十六祖。乾祐元年（948），高丽王派36名高僧来杭州净慈寺求法。到北宋开宝元年（968），高丽僧人宝云义通，应明州知州钱惟治邀请，在鄞县传教二十年，圆寂后葬于阿育王山，对浙东佛教影响很大，为中朝文化交流作出了贡献。

高丽国境内佛塔曾三次发现与吴越钱俶所造铜塔装藏密切相关的《一切如来心秘密全身舍利宝箧印陀罗尼经》的刻本和墨书写本。其中，高丽穆宗十年（1007）总持寺印行的《宝箧印经》在版式、构图、发愿文上，与吴越国《宝箧印经》非常相似，从侧面证实了吴越国与高丽国密教经咒和雕版印行品的交流。①

吴越国时，杭州（樟亭港、西兴港）、明州（镇海港）和温州（永嘉港）成为浙江对外关系的三大沿海港口，浙江出产的越窑瓷器、杭州丝绸，以及佛经等由此运往高丽、百济、新罗等国。越窑的制瓷技术也传到了全罗南道泉津和全罗北道扶安等地。蔡芝瑛、金允贞等学者就认为，高丽青瓷是10世纪起源的，是因为五代吴越国越窑技术的引进而开始制作的。②始兴市芳山洞窑出土了刻有"甲戌""吴越"等铭文的匣钵与青瓷。根据干支纪年可以推出，"甲戌"可能是914年、974年或1034年等，而刻有"吴越"铭文的匣钵很可能是吴越国的越窑工匠制作的。从而推出，越窑制瓷技术传入朝鲜半岛的时间应该是吴越国时期，而非唐末或者北宋时期。③李军《五代越窑青瓷的外销与制瓷技术的传播》一文更是进一步认证了此说：

> 据目前考古发掘调查与研究，越窑制瓷技术对海外的传播主要是朝鲜半岛。朝鲜半岛在10世纪以前始终处于陶器生产

---

① 参见 ［韩］朴相国：《墨书纸片中的〈宝箧印陀罗尼经〉写经片》，浙江省博物馆编：《中国古代佛塔地宫文物国际学术研讨会论文集》，中国书店出版社2015年版，第295—302页。

② 金英美：《越窑制瓷技术向高丽青瓷的传播与影响》，《浙江省文物考古研究所学刊》第五辑《2002越窑国际学术讨论会专辑》，杭州出版社2002年版；蔡芝瑛：《论北宋瓷器对高丽青瓷的影响》，《陶瓷科学与艺术》2010年第3期；金允贞：《高丽青瓷的制作背景和造型特征》，《当代韩国》2009年第2期。

③ 任芳琴：《高丽青瓷的起源时间探讨》，《杭州文博》2018年第1期。

的时代，其窑炉结构因受中国北方山东半岛及邻近内陆等地区青瓷窑系制瓷技术的影响，而呈地下式和半地下式的窑穴窑式。大约在10世纪之际，朝鲜半岛开始进入瓷器生产的新时代。窑炉也一变为中国浙东地区的越窑式龙窑结构，生产出的高丽青瓷以"制作工巧、色泽尤佳"与"翡色"著称。朝鲜半岛迅速实现由陶到瓷的质变，并由一个瓷器输入国飞跃为"东亚贸易圈"中较为主要的瓷器输出国。①

浙东沿海也多有高丽人活动的痕迹。如宋代陈耆卿撰《嘉定赤城志》卷二《地里门二》载黄岩县有"新罗坊，在县东一里。旧志云五代时以新罗国人居此"。

此外，吴越国文士投高丽的，后梁贞明五年（919）有酋彦规，后梁龙德三年（923）有朴岩，后晋开运二年（945）有周仁。

宋开宝六年（973），当时高丽国光宗大成王读到了永明延寿的出版物："览寿之言教，遣使赍书叙弟子礼，奉金线织成僧伽黎衣，紫水晶念珠、金澡罐，使彼国僧主十六人承寿印记，还高丽弘法。"②从此，法眼宗风行海外。此外，杭州慈云岭地藏佛龛或赞宁所撰《金地藏传》在九华山信仰向外传播方面具有重要的意义。③钱氏吴越国所造的阿育王塔可能曾经流传至朝鲜半岛。此

①宁波市文物保护管理所、宁波市文物考古研究所等编：《宁波与海上丝绸之路》，科学出版社2006年版，第176页。

②〔日〕忽滑谷快天：《中国禅学思想史》，上海古籍出版社1994年版，第373页。

③〔韩〕曹永禄：《九华山地藏信仰在吴越首府杭州的传播》，金健人主编：《中国江南与韩国文化交流》，学苑出版社2005年版，第142页。

外，高丽国境内佛塔曾三次发现与吴越国王钱俶所造铜塔装藏密切相关的《一切如来心秘密全身舍利宝箧印陀罗尼经》的刻本和墨书写本。①

三、吴越文化在东南亚、南亚和西亚等地的传播

五代时，吴越国和东南亚国家和地区来往密切。开宝九年（976），明州节度使钱惟治"进涂金银香狮子并台，重千两；金银香鹿一对，重千两；涂金银凤、孔雀并鹤三对，重三千两；白龙脑十斤；金合重二百两，大绫千匹，宝装合盘二十只，瓷器万一千事，内千事银棱"②。很显然，这些贵重的金银品等，有一些便来自东南亚国家和地区。

五代时吴越国和印度有友好往来。明田汝成《西湖游览志》卷六《南山胜迹·胜相寺》载："钱氏时，有西竺僧转智者，附海舶归。"在印度勃拉名纳巴特，考古工作者在该处发现有越州上林湖烧制的青瓷器片。可以证明唐末五代时，吴越国与印度已有僧侣和贸易往来。

吴越国与大食（今伊朗）也有贸易关系。《吴越备史》卷二《文穆王传》载："火油得之海南大食国，以铁筒发之，水沃其焰弥盛。"

李军《五代越窑青瓷的外销与制瓷技术的传播》一文认为，从五代越窑青瓷海外遗址分布情况来看，菲律宾、马来西亚、印度尼

---

①吴天跃：《韩国出土的吴越国钱俶造铜塔和石造阿育王塔研究》，《美术学报》2019年第5期。

②〔清〕徐松辑：《宋会要辑稿》蕃夷七之七《历代朝贡》，中华书局1987年版，第8册，第7843页。

西亚、泰国、印度、斯里兰卡等国家的五代越窑青瓷遗存，均发现于航船路经的沿海各大港口、城市与岛屿。这一方面说明，这些地区是10世纪前后东西方海上航行的必经之地或重要的贸易集散地，另一方面也反映出这些国家和地区对吴越国越窑青瓷的大量需求。

西亚伊朗、伊拉克（当时的波斯国）和非洲埃及，以及航线西端终点的桑给巴尔基尔瓦岛，是吴越国越窑青瓷深入内地最多和销售最远的国家和地区，充分反映出吴越青瓷对这些国家和地区的定向销售倾向，说明10世纪前后的越窑青瓷还为伊斯兰国家的富商们所推崇和享受。[1]

第二节　吴越文化与宋韵文化

一、吴越文化对宋代文化产生过深远而重大的影响

英国著名史学家崔瑞德编的《剑桥中国隋唐史（589—906年）》在评价十国文化对宋朝的影响时说："十国的重要意义超出了政治统一的内容。宋代中国的许多特征，例如长江三角洲的经济

---

[1]宁波市文物保护管理所、宁波市文物考古研究所等编：《宁波与海上丝绸之路》，科学出版社2006年版，第176页。另参见金英美《越窑制瓷技术向高丽青瓷的传播与影响》，《浙江省文物考古研究所学刊》第五辑，杭州出版社2002年版。

发展，南中国沿海的大量海外贸易和新的文人阶层在东南的集中，都应追溯到十国统治者所实现的半个世纪的和平与稳定。"而在这十国中，吴越国无疑扮演了极其重要的角色。具体来说，其对宋韵文化的影响体现在以下几个方面：

（一）政治思想对赵宋王朝的影响

以临安人钱镠为代表，吴越国"三世五王"励精图治、保境安民，使两浙之地有了一个较长的稳定发展时期，不但创建了在历史上较为富庶的吴越国，还形成了影响深远的"钱王精神"。与吴越国"三世五王"一样，宋代统治者也重"和"，注意吸纳包容，具有强烈的集大成意识，无论总结前人文物典章制度，还是系统整理本朝史实文献，或是编修各种规范"法式"，无不如此。宋结束了"五代十国"之乱，实现了国家基本的统一和安定，然而又未能完全解决历史遗留下来的边疆问题，与辽、西夏、金等少数民族政权先后并立而存，实行的政策是以和为主、和平为先，虽有交锋，更有交流交融，为后来的大一统中国打下了过渡性的基础，其功不可小觑。文天祥称颂道："非止一时之保安，实有千万年之功德。"

吴越国的政治人才也基本被宋朝廷所吸纳。纳土归宋以后，北宋朝廷共授原吴越国宰相以下2500余人官职，让他们参与到国家政治治理之中。无怪乎生活在北宋末年的晁以道自傲地说道："本朝文物之盛，自国初至昭陵时，并从江南来。二徐兄弟以儒学显，二杨叔侄以词章进，刁衍、杜镐以明习典故用，而晏丞相、欧阳少师巍乎为一世龙门，纪纲法度，号令文章，灿然具备，有三代风度。庆历间，人材彬彬，号称众多，不减武宣者，盖诸公实有力焉。然皆出于大江之南，信知山川之气，蜿蜒磅礴，真能为国产英俊也。"①

宋代文化最重要的标志是新儒学的建构，特别是其中的理学成为中国后期封建社会最为精致完备的思想理论体系。宋代树立儒学中心地位，但不排斥佛道，尽量融合吸纳，使儒学具有更广泛的思想和受众基础，使精致细腻的士大夫生活和文化同新兴的具有野俗活力的市民阶层生活与文化相安并存，

范仲淹像

有利于社会安定和谐。其中，宋代政治家、思想家范仲淹等便受其重民思想的影响。

范仲淹的先人三世仕于吴越国。钱镠第六子、广陵王钱元璙有四宾客，即丁守节、陈赞明、范梦龄、谢崇礼。这里的范梦龄，其子为范赞时，范赞时之子范墉，范墉之子即范仲淹。这就是说，范仲淹在北宋的显赫是有历史渊源的，其已经为范仲淹的振兴家门打好了基础。②《朱子语类》卷一二九载他"做秀才时，便以天下为己任，无一事不理会过"。中国历史上脍炙人口、妇孺皆知的千古名句"不以物喜，不以己悲。居庙堂之高，则忧其民；处江湖之远，则忧其君。是进亦忧，退亦忧，然则何时而乐耶？其必曰：先

①〔宋〕朱弁：《曲洧旧闻》，中华书局2002年版，第97页。
②李最欣：《钱氏吴越国文献和文学考论》，中国社会科学出版社2007年版，第359页。

天下之忧而忧，后天下之乐而乐"，就是他在庆历六年（1046）撰写《岳阳楼记》时提出的震古烁今、义薄云天的惊世名言，为无数仁人志士所推崇。

（二）重商思想对赵宋王朝的影响

在吴越国等的影响下，宋代统治者也非常重视海外贸易。其时，对外贸易高度发达，海外贸易盛况空前，出口与消费和投资一起成为宋代经济繁荣的"三驾马车"。宋朝统治者为了增加国家的财政收入，积极开展海上贸易，与其建立外贸联系的国家和地区已达60多个，这在中国封建社会历史上是空前绝后的。东南沿海地区特别是以两浙为中心的长江三角洲，外向型市场崛起，从事外贸的中外商人群体约有十万之众。其海外贸易范围大为拓展，迎来了一个海洋贸易的时代。除传统的东亚朝鲜、日本外，已从南洋（今南海）、西洋（今印度洋）沿岸扩大至波斯湾、地中海和非洲东海岸诸阿拉伯国家，与宋朝建立外贸联系的已达六十多个国家和地区，最终整合成为一个联系紧密的国际市场体系，遂与西亚阿拉伯帝国构成当时世界贸易圈的两大轴心，雄踞于太平洋西岸和印度洋地区。进出口商品以丝绸与陶瓷外销量最大，因此海上贸易又被称为"海上丝绸之路""海上陶瓷之路"或"海上香料之路"。宋代每年所铸的数百万贯铜钱，亦因之流向周边国家或地区，几乎成为"国际货币"①。

（三）吴越国水利建设对宋代及后世的影响

五代吴越国的水利建设，无疑为宋代江南地区的水利建设打下了坚实的基础。宋代倡导农耕，吴越之地形成了"五里七里一纵

---

①葛金芳：《大陆帝国与海洋帝国》，《新华文摘》2005年第5期。

浦，七里十里一横塘"的规模化、规范化的塘浦圩田体系，成为江南地区农业文化的一大景观。温润的气候、肥沃的土地、充沛的雨量和发达的水利，共同打造出了一个以长江三角洲为中心，包括今苏、浙、沪、皖在内的以生产水稻为主的"基本经济区"，谱写了中国农业文明的辉煌篇章。特别是到南宋，耕织文化得到了充分的表现，楼璹《耕织图》就是源于"劝课农桑"的内容。时有"苏湖熟，天下足""嘉禾一穰，江淮为之康""天上天堂，地下苏杭"等广为流传的谚语。

（四）吴越国纺织技术对宋代的影响

在吴越国的基础上，到北宋时，杭州已经成为全国丝织业的中心之一。有鉴于此，宋太宗至道元年（995）二月，朝廷诏杭州置织室，并每年在此收购25万匹绢数。以其为重地的两浙路上供丝织品，占全国总额的三分之一以上。晁补之《七述》描述杭州丝织业之盛况曰："杭故王都，俗尚工巧。……衣则纨绫绮绨，罗绣縠绨，轻明柔纤，如玉如肌，竹窗轧轧，寒丝手拨，春风一夜，百花尽发。其制而服也，或袍或鞶，或绅或纶，或缘或表，或缝或襕，或紫或缥，或绀或殷。严以奉祠，褒以养安，薄以却暑，厚以御

宋佚名《蚕织图》局部

寒。以锡三军，以赍四国，以供耳目之玩，以备土木之饰……"

（五）吴越国造船业对宋代的影响

吴越国的造船业非常发达，当时杭州、湖州、越州、台州、婺州、括州等地都设有造船基地，打造了大量的船只。其中以战舰、龙舟、海船为最著。特别是杭州钱塘江边，舟楫辐辏，望之不见首尾。在此基础上，到宋代，杭州也成为全国的造船业中心之一。北宋设有造船场，每年承造大量的江海舰船和漕运纲船，其中朝廷额定的造船数就在200艘以上。

宋佚名《金明池争标图》

（六）吴越国印刷业对宋代的影响

吴越国大规模地、有系统地雕版刻印佛经佛像，不仅促进了雕版印刷业的兴盛，积累了技术、储备了大量的人才，也为宋代杭州成为全国的出版印刷中心奠定了坚实的基础，加速了南北方以书籍印刷为主导的文化交流与融合。在北宋，杭州书籍印刷业发达，与四川成都、汴京（今河南开封）、福建建阳并称为全国四大刻书中心。由于这里荟萃了大批技术精良的雕版工人，故印书质量达到了全国第一流的水平。时人叶梦得在《石林燕语》卷八评论说："今天下印书，以杭州为上，蜀本次之，福建最下。"王国维《两浙古刊本考》序说："北宋监本刊于杭者，殆居泰半。南渡以后，临安为行都，胄监在焉。板书之所萃集。"正是在此背景下，毕昇发明了活字印刷术。由此，我们得出这样的结论，宋代杭刻冠于全国，实有赖于五代吴越国时期的坚实基础。

泥活字（选自吕济民主编《古籍善本》上册，线装书局2006年版）

（七）吴越国建筑技术特别是佛塔建造技术对宋代的影响

吴越文化中的建筑文化对宋韵文化产生过非常重大的影响。有学者认为，吴越国钱俶时期，造塔技术有了很大进展，处于完全成熟阶段，主要形式是套筒式回廊结构楼阁塔，平面八角，如苏州云岩寺塔、杭州六和塔、雷峰塔等。小型楼阁式塔的平面布局开始采用六边形，如黄岩灵石寺塔等。这种套筒式回廊结构楼阁式大塔，正是中国古塔繁荣期的杰作，对后代辽宋时期的佛塔有很大影响。[①]北宋太平兴国六年（981），吴越国杰出的建塔匠师喻皓被征召到北宋都城开封承造开宝寺塔，再次显示了他的高超技术。明代李濂《汴京遗迹志》载：开宝寺塔"极其伟丽……八角十三层，高三百六十尺，其土木之宏壮，金碧之炳耀，自佛法入中国未之有也"。由此可见，喻皓的建筑技术曾推广到北方各地。

（八）吴越国秘色瓷生产对宋代的影响

吴越秘色瓷的生产技术也对宋韵文化产生过较大影响。据文献记载，吴越国曾多次向中原王朝进贡秘色瓷。据统计，从960年到吴越归宋的978年之间，共上贡31次，其中史书记载的关于上贡越窑青瓷的次数为10次。钱俶纳土归宋后，北宋朝廷曾于窑寺前窑区设置官窑36所，越窑生产从此被纳入北宋政权之下。南宋《嘉泰会稽志》卷八记载："广教院，在县西三十里……国初尝置官窑三十六所，于此有官院，故址尚存。"瓷窑务的设置也表明，此时的越窑生产已纳入政府"瓷窑务"的管理当中。

---

①黎毓馨：《阿育王塔实物的发现与初步整理》，《东方博物》2009年第2期。

二、吴越文化在宋代得到传承与弘扬

绚丽多彩、内涵深刻而丰富的吴越文化，是江南文化的主干内容，是江南文化的核心要素，成为宋韵文化的重要源流之一，并在宋代得到传承与弘扬。这主要体现在以下几个方面：

（一）吴越文化在宋代宗教文化中的传承与弘扬

吴越国时期的寺院，在宋代大多继续得到了发展。以杭州为例：

创建于东晋的灵隐寺，到五代吴越国时期发展到顶峰。全寺共有九楼、十八阁、七十二殿堂，先后共建殿宇房舍1300余间，住寺和挂单僧人多时达3000余人。北宋天禧五年（1021），灵隐寺改名为"景德灵隐寺"。南宋绍兴五年（1135），宋高宗为宣扬孝道，又将其改名为"灵隐崇恩显亲禅寺"。此后，高宗和孝宗两帝常常游幸此寺，并在寺中挥墨题赐。宋宁宗嘉定年间（1208—1224）评定禅院五山十刹，径山为第一，灵隐次之，净慈再次之，宁波天童又次之，阿育王为第五。灵隐寺由此达到了极盛。

后晋天福十二年（947）的法喜寺（又称上天竺寺），其香火在北宋时兴盛。北宋咸平元年（998），浙西大旱，杭州知州张去华迎请上天竺观音像到城南梵天寺祈祷求雨，碰巧当天杭州就下了一场大雨，解除了旱情。此后，当时的大文学家苏轼写了《祈雨》《祈晴》等文，由是上天竺观音灵验之说在百姓中不胫而走，名闻大江南北。元净在上天竺"凿山筑室，广聚学徒，教苑之盛，冠于两浙"。

净慈禅寺，五代后周显德元年（954）吴越国王钱俶建，赐名"慧日永明院"，迎衢州道潜禅师入寺，开坛说菩萨戒。因此，道潜为净慈寺的开山祖师。道潜圆寂后，钱俶又从灵隐寺请延寿法师主持寺院，成为净慈寺第一位住持。北宋太平兴国二年（977），宋太宗赐慧日永明院为"寿宁禅院"，并加以修葺。南宋建炎二年（1128），宋高宗下旨敕改寿宁院为"净慈禅寺"，并建造了五百罗汉堂。到嘉定十三年（1220），除大殿等外新建了宗镜堂、罗汉堂、慧日间、毗卢阁、千佛阁等，规模宏大，甲于湖上，与灵隐寺同领南北两山之最，是南宋的禅院"五山"之一。

昭庆寺始建于五代后晋天福元年（936），至北宋乾德二年（964）重修后，由灵芝大师建坛传戒，盛极一时，遂成江南著名律宗道场。

活跃于吴越国末期的许多高僧，宋代继续在理论和学术上取得较高的成就，延寿和赞宁就是其中的两位代表。

五代后梁至北宋间律宗高僧、佛教史学家赞宁（919—1001），被称为"律虎"。曾任两浙僧统，实为佛教史家，对宣扬南山律宗有很大贡献。太平兴国三年（978），赞宁随钱俶入宋，宋太宗赐号为"通晓大师"，继而任命为右街副僧录，又命为翰林、史馆编修，敕令撰写《宋高僧传》。赞宁回杭后着手编纂，于宋端拱元年（988）定稿出版。

吴越国奠定了杭州全国佛教重心的基础和"东南佛国"的历史地位，并对宋代及后世佛教进一步辉煌深具影响，这种特殊的历史文化背景，使浙江佛教进入宋代后持续发展。

（二）吴越文化在宋代城市文化中的传承与弘扬

宋人王明清《玉照新志》卷五说："杭州在唐，虽不及会稽、姑苏二郡，因钱氏建国始盛。"杭州城市地位略次于苏、越两城。至吴越国以杭州为都城，杭州城军事地位、政治地位的提高和经济的发达程度在江南地区已首屈一指。其时，杭州"邑屋之繁会，江山之雕丽，实江南之胜概"[①]。到北宋初年，杭州在两浙路中占有举足轻重的地位，成为东南一大都会，在当时人的心目中已经是一个非常富丽的人间天堂。陶穀《清异录》卷上《地理》说："轻清富庶，东南为甲。富兼华夷，余杭又为甲。百事繁庶，地上天宫也。"柳永的一首《望海潮》更是将杭州的繁华淋漓尽致地展现在大家面前："东南形胜，三吴都会，钱塘自古繁华。烟柳画桥，风帘翠幕，参差十万人家。云树绕堤沙，怒涛卷霜雪，天堑无涯。市列珠玑，户盈罗绮竞豪奢。"到北宋中后期，杭州更成为"东南第一州"，其城市的经济地位仅次于当时的都城东京开封。由此可以看出，吴越国钱氏为"上有天堂，下有苏杭"的开拓与奠基做出了历史性的巨大贡献。杭州之所以能够成为我国六大古都和国家首次公布的二十四个历史文化名城之一，在全国享有盛名，并有着世界称誉的风景优美的城市之一，与五代时期吴越国钱氏垂九十年的经营建设是密不可分的。同样，至今的浙江和杭州精神，与吴越国大气开放、精致和谐、善于吸取新鲜事物的文化特性有关。有学者认为，"吴越国杭州城依据山川形便，采用了特殊的坐南朝北（宫城在南）布局，城北部大致采取了三重城制，即子城、夹城和罗城。这与唐长安城外郭城、皇城、宫城的不完整相套式布局不同，采取的是近似北宋东京城的嵌套方式。吴越国杭州城西南方的夹城与罗城基本上相重，这与南宋时期临安城基本一致。子城与罗城到南宋时期得到延续，并为南宋时期杭州城宫城、外城的定型打下

---

① 〔宋〕薛居正等：《旧五代史》卷一三三《钱镠传》，中华书局1976年版，第6册，第1771页。

基础"①。

除杭州外，苏州、越州（今绍兴）、明州（今宁波）等城市也是如此，这与吴越国打下的基础密不可分。

（三）吴越文化在宋代社会生活文化中的传承与弘扬

随着五代吴越国经济的发展，人们对吃喝、游览和娱乐有着较高的追求，反映出这一时期社会经济的富足状况。杭州菜已经发展到了较高的水平，尤其以水产菜闻名于世。陶穀《清异录》卷上《水族加恩簿》谈到："吴越功德判官毛胜，多雅戏，以地产鱼虾海物，四方所无，因造水族加恩簿，品叙精奇。"他将各种水产品全部给一个官位，虽是游戏笑谈，但列出了众多时人食用的淡水和海产品名单。到北宋时，杭州的饮食文化仍然沿袭前代之风，以精致、奢侈著称于世。欧阳修《送慧勤归余杭》诗描述说："越俗僭宫室，倾赀事雕墙。佛屋尤其侈，眈眈拟侯王。文彩莹丹漆，四壁金焜煌。上悬百宝盖，宴坐以方床。胡为弃不居，栖身客京坊。辛勤营一室，有类燕巢梁。南方精饮食，菌笋鄙羔羊。饭以玉粒粳，调之甘露浆。一馔费千金，百品罗成行……"南宋时，都城临安（今杭州）的饮食文化达到了宋代的高峰，在中国饮食发展史上占有举足轻重的地位。毫无疑义，这是杭州都市文明进步的结果。

在服饰方面，五代吴越国的服饰文化在江南地区仍然得到一定的传承。这从苏轼《於潜女》一诗中的描述可以非常清楚地看出。其诗曰："青裙缟袂於潜女，两足如霜不穿屦。觕沙鬓发丝穿柠，蓬沓障前走风雨。老濞宫妆传父祖，至今遗民悲故主。苕溪杨柳初

---

①钱彦惠、周庭熙：《唐宋变革视域下的吴越国杭州城考》，《宁波大学学报（人文科学版）》2023年第4期。

飞絮，照溪画眉渡溪去。逢郎樵归相媚妩，不信姬姜有齐鲁。"据此可见，北宋时於潜山村农妇鬓发的装饰还是五代吴越国时期的宫妆，高耸蓬松的头发上插着大银栉（即蓬沓）。这种习俗从她们的祖宗一代代传下来，至宋未变。她们的服饰同样具有浓厚的吴越风味：身上穿着黑色的丝裙、白色的绸衫，双脚赤露不穿鞋子。以至苏轼看后，不禁赞叹她们天生丽质与古风衣妆所融合出的美，认为这是遗民们至今还怀念吴越国主的生动体现。

吴越国王钱俶是一个十分虔诚的佛教徒，《佛祖统纪》记载："吴越王钱俶，天性敬佛，慕阿育王造塔之事，用金刚精钢造八万四千塔，中藏《宝箧印心咒经》，布散部内，凡十年而讫功。"因而，吴越国内盛行结社念佛以期往生西方的风气。北宋时，这种风气更盛了。淳化年间（990—994），著名高僧、净土宗第七代祖师省常大师（959—1020）住于杭州西湖昭庆寺，专修净业，并集合吴越地区的有识有德之士，结社念佛，意在重振当年莲社念佛行道的旗鼓，延续东晋慧远大师于庐山集众结社念佛、共修净业的遗风。在其影响下，当时朝野内外，上至公卿贵绅，下至平民百姓都积极参与。

吴越国产生的放生习俗同样对宋代及后世产生了深远的影响。北宋苏轼《东坡志林》载："延寿每见鱼虾，辄买放生，以是破家，后遂盗官钱，为放生之用。"而在出家以后，延寿更是大力倡导放生之举。据记载，他经常放生的地方就是著名的杭州西湖。明代王在晋《放生池记》一文中就提到："（西）湖南净慈寺山门临水，为永明寿禅师放生处。"延寿还曾上表将西湖辟为放生池，如宗鉴在《释门正统》中记载："（延寿）乞西湖为放生池。"自五代吴越以后，尤其是两宋时期，佛教的"放生"行为已逐渐演变成吴越地区（特别是杭州地区）一种十分流行的民间信仰习俗，并逐渐在全国范围流行开来。宋代的佛教寺庙多辟有放生池，供佛教徒和信众前来寺庙烧香拜佛时进行放生。如杭州西湖，正是由于延寿的影响，在历史上就曾以放生而闻名于世。

（四）吴越文化在宋代科技文化中的传承与弘扬

五代时期，吴越国的科技成就尤为突出。吴越国王室墓葬中保留下来的多处天文星象图，在中国目前已发现的天文星象图中属时代较早者。这种现象在宋代仍存。淳祐七年（1247），浙西路提刑、永嘉人王致远经手将黄裳《天文图》按原样摹刻于苏州文庙的碑石上，这便是闻名世界的苏州石刻天文图，它也是世界上现存最古老的天文石刻星图。欧洲到14世纪文艺复兴以前，观测的星数只有1022颗，根本没有科学的星图。

吴越国的圩田技术，到两宋时期已趋于鼎盛，并在技术和理论上也有了新的进展。范仲淹在视察江南圩田后，提出了水网圩田的治理方法，认为应该采用浚河、修圩、置闸三者并重的措施。这一方法受到后人的高度重视，近千年来它一直成为水网圩田的主要治理方策。钱塘（今杭州）人沈披继范仲淹之后提出了历史上著名的"圩田五说"，这一有关兴建圩田的重要理论载入其弟沈括撰成的《万春圩图记》中。

吴越国金银器加工工艺也不同凡响，对宋"金花银器"生产具有重要意义。

（五）吴越文化丰富了宋代的藏书文化

宋建隆初，中央机构中的"三馆"（集贤院、史馆、昭文馆）仅有藏书一万二千余卷。其后削平列国，收其图籍，稍稍丰富。据马端临《文献通考》卷一七四《经籍考一》记载，"乾德元年平荆南，尽收其图书以实三馆；三年平蜀，遣右拾遗孙逢吉往收其图籍，凡得书万三千卷……开宝八年冬，平江南，明年春遣太子洗马吕龟祥就金陵，籍其图书得二万余卷，悉送史馆，自是群书渐备。两浙钱俶归朝，又收其书籍"。《宋朝事实类苑》卷三一载："两浙钱俶归朝，遣使收其书籍，悉送馆阁。端拱元年五月，诏置秘阁，至是乃以史馆书万余卷以实其中。"钱俶纳土归宋时，所收书籍具体有多少，史书缺少记载。但参考平蜀、平江南时所得之书籍，肯定也不少，估计在万卷以上。

私家藏书同样如此。如钱俶之子钱惟演（962—1034），据《宋史》卷三一七所载，"惟演出于勋贵，文辞清丽，名与杨亿、刘筠相上下。于书无所不读，家储文籍侔秘府"。此外，他家中还"多藏古书画"。藏书能够"侔于秘府"，可见其藏书量已经达到了数万卷之巨。

（六）吴越文化在宋代中外文化交流，特别是中日关系史中扮演了极其重要的角色

吴越国与海外文化交流密切，特别是与日本建立的良好关系在宋代得到了延续。日本承平五年（后唐清泰二年，935）、六年，吴越国的蒋承勋来到日本。第二次似是作为吴越的正式使者，在此稍前规定的三年一次并未遵行，左大臣藤原忠平向吴越国王送去了亲笔信。到宋建国的960年之间仅二十几年的时间里，在吴越国至日本的十次航行中，就有六次是兼作吴越国的使者。这正如日本学者西冈虎之助所言，处于唐宋过渡期的吴越国，确立了日宋交往的基本模式。①而中国学者江静认为，"吴越国时期的中日关系在多个

---

① 〔日〕西冈虎之助：《日本と吴越との交通》，载《歴史地埋》42（1），1923年版。

领域开创了时代先河，具有划时代的意义。从文化方面来看，佚书的海外收集始于这一时期，以杭州为中心的江南地域自这一时代起成为中国的佛教中心，并逐渐成为中日文化交流的中心地。从政治方面来看，吴越国王赐与渡来日僧紫衣及大师号，将与王权紧密相关的阿育王塔远颁海外等行为反映了当权者以佛教为媒介积极展开外交活动的意图，这种做法为后世所继承，佛教与外交的关系变得更为紧密。这一时期，中国商人在两国官方交往中发挥了重要的作用，这种作用一直持续到南宋时期"①。

---

① 江静：《日延与吴越国时期的中日交流》，《浙江社会科学》2020年第11期。

第五章

吴越国对中华文明的贡献

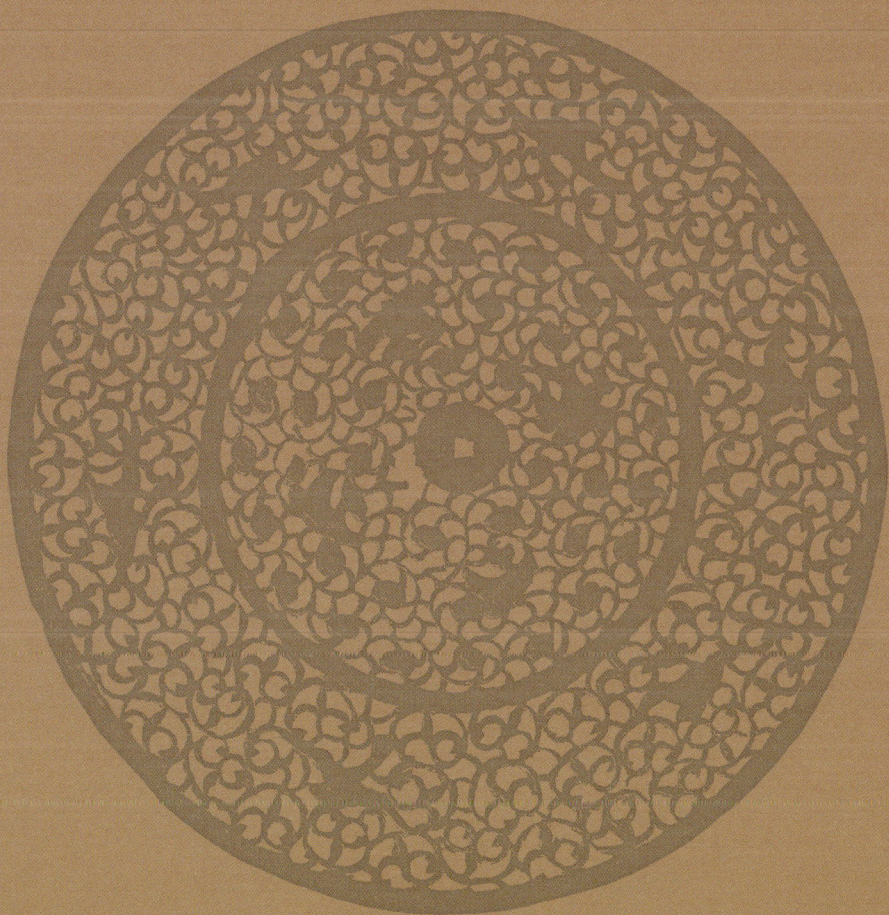

吴越国文化内涵极其丰富，生成了一系列可以代表中华文明的文学、书法、绘画、音乐、歌舞、科学技术、藏书、风俗、建筑和工艺等。在这些领域，吴越人有所造诣，多有创造，或独树一帜，或自成一派，形成了"丝绸之府""东南佛国""文物之邦""上有天堂，下有苏杭"等具有诗意和深刻内涵的文化范畴，具有鲜明的江南特色和吴越纹理，构成了江南文化或者说是长三角文化的重要组成部分，极大丰富了中国古代文化的宝库，不仅对国家、民族历史的发展和文明的进步作出了重大贡献，而且对东亚、东南亚等海外文化产生了或大或小的影响，是中国"海上丝绸之路"的重要参与者和开拓者之一，并成为宋韵文化的重要源流之一，在宋代得到传承与弘扬。

　　吴越国"三世五王"励精图治、保境安民，不但创建了一个在历史上较为富庶的吴越国，还形成了影响深远的"钱王精神"。钱俶遵循"如遇真主，宜速归附"的祖训，审时度势，纳土归宋，为中国历史留下了宝贵的反分裂、促统一的光辉典范。

第一节　对中国古代物质文化的贡献

一、奠定了江南地区幸福富庶的物质基础

吴越国的统治者钱镠在政治上实行了一系列"保境安民"的政策，使人民免受战争之苦。重视境内各地的城市建设，特别是十分重视对都城杭州的建设，"悉起台榭，广郡郭周三十里，邑屋之繁会，江山之雕丽，实江南之胜概也"①。钱镠在《罗城记》中说："千百年后，知我者以此城，罪我者亦以此城，苟得之于人而损之己者，吾无愧与!"杭州自隋朝建城以来，到了钱氏吴越国，形成以城南凤凰山为制高点，以贯穿南北的盐桥河及与之平行的主干道为中轴线，控揽（钱塘）江、（西）湖，"南宫北城""前朝后市"的运河走廊型城市格局，从而奠定了古代杭州城市的基本规制，也为提升杭州作为浙东、浙西的政治、经济、文化和交通中心地位奠定了基础。宋代王明清《玉照新志》卷五就说："杭州在唐，虽不及会稽、姑苏二郡，因钱氏建国始盛。"

---

① 〔宋〕薛居正等：《旧五代史》卷一三三《钱镠传》，中华书局1976年版，第6册，第1771页。

同时，积极兴水利，筑海塘。在吴越国建国之初，统治者决心要通过发展农田水利推动农业发展，来巩固执政根基。明代归有光《三吴水利录》卷三《周文英书》称："天下之利，莫大于水田；水田之美，无过于浙右。五代之末，吴越钱王独居东南，专飨此利。经营修治国家之资，实基于此。"明代徐光启《农政全书》卷一三《东南水利上》说："钱氏有国……田连阡陌，位位相承，悉为膏腴之产。"有鉴于此，郭文韬等著《中国农业科技发展史略》高度肯定吴越国的水利成就，书中说："到了吴越时，创造一种'石囤木桩法'，即编竹为笼，把巨石装在笼内，积叠为堤，再于其外打大木桩加以捍卫，建成塘基，至今许多地方还完好的存在。对于过去的农业生产，起过巨大的作用。此外，浙江武义县的长安堰，可溉田万余顷。鄞县东钱湖，方圆800顷，叠石为塘80里，工程起于唐，经五代多次维修，可灌溉农田50万亩。越州（今浙江省绍兴县）大鉴湖，周围58里，可灌溉农田9000余顷。太湖周围，河渠、港汊、湖泊很多，农民多方设法加以利用，很多地方修造了堤堰和闸门，可以用人力控制水流，使其蓄泄有时，能进行适当的调节。足见吴越境内农田水利灌溉事业是比较发达的。而且在西湖和太湖，吴越国设有'撩浅军'，负责经常性的修治和疏浚工作，保护农田水利工程的完好使用，这对当时的农业生产也发生良好的作用。"故此境内百姓生活富庶。欧阳修《有美堂记》说："独钱塘自五代时知尊中国，效臣顺，及其亡也，顿首请命，不烦干戈，今其民幸富完安乐。"苏轼《表忠观碑记》也说："吴越地方千里，带甲十万，铸山煮海，象犀珠玉之富，甲于天下。"以至杭州在北宋初时即被誉为"地上天宫"，到北宋末年，出现"苏常熟，天下足"的说法，南宋时更是出现了

"天上天堂，地下苏杭"的俗谚，苏州、杭州这一带已经成为人们心目中的天堂。

二、秘色瓷在中国陶瓷文化史上具有举足轻重的地位

中国是世界上最早发明瓷器的国家，我国出产的瓷器作为古代丝绸之路的重要商品和中国文化的典型代表远走世界，对世界文明进程产生了深远影响，为我国赢得"瓷器之国"的盛誉。而五代吴越国瓷器业称雄于世，是中国历史上御窑制度的创始者之一。越州窑生产的秘色瓷，制作精美，纹样多种多样，极具新意，取得了卓越成就，在中国陶瓷文化史上具有举足轻重地位，其生产技术对北方中原王朝及海外日本、高丽的瓷器生产产生过较大影响，为后来的宋代青瓷生产打下了坚实的基础。[①]

三、丝绸纺织在中国丝绸发展史中具有重要意义

浙江丝绸业，到唐后期有了迅速的发展。杜牧《李讷除浙东观察使兼御史大夫制》载浙东"机杼耕稼，提封七州，其间茧税鱼盐衣食半天下"。五代吴越国又进了一步。以纺织业为例，官营织造十分发达。据《吴越备史》卷二所载，杭州城中仅锦工就达200余人，且已能生产技术含量极高的锦了。有学者认为，"这是记载中杭州设置官营织造的开始，在浙江丝绸发展史中具有重要意义。而且，过去浙江丝绸产品多为绫、罗、纱、縠等轻薄类型，对技术复杂的织锦并不在行，这也是浙江历史上第一次大规模生产织锦的记

---

①祝慈寿：《中国古代工业史》，学林出版社1988年版，第384页。

载，显然与润州锦工的引进有关"①。丝织品质量精美，数量庞大，并出产有很多著名产品。从种类来说，吴越国的丝织品门类齐全，绫有越绫、吴绫、异文绫，锦有盘龙凤锦、红地龙凤锦等，罗有越罗，縠有越縠，纱有金条纱，绢有越绢、印花绢，此外尚有绮、绵、织成等。其产量也十分惊人，这从钱氏大量进贡中原王朝和奢耗的情况中可以推知。其数量浩大，举世无匹。这些丝织品以及成品衣衫，充分反映了吴越国杭州丝织业的发达以及染织工艺和丝织成衣制作技术的精良。

四、佛经印刷数量之巨为中国出版印刷史上空前

五代吴越国雕刻佛经的数量是相当多的，据张秀民《中国印刷史》所说，钱弘俶与延寿禅师所印佛教经像、咒语，有数字可考者，共计六十八万二千卷（或本），数量之巨，在我国印刷史上可说是空前的，后来也是少见的。这为中国出版印刷事业在宋代的大发展、大繁荣储备了人才和技术，也为中外文化交流事业写下了光辉的篇章。

五、"海上丝绸之路"的重要参与者

这一时期，由于吴越国与南唐互为敌国，大运河水运受阻，吴越国转而大力发展海外贸易。其海外贸易继承唐代后期，以明州、澉浦为主要海港，与日本、朝鲜、大食等国建立了频繁的海外贸易关系。输出海外的货物主要有丝织品、瓷器等物，从海外输入的主要有朝鲜的马匹、药材，日本的沙金、木材，大食火油等。航海贸

---

① 袁宣萍、徐铮：《浙江丝绸文化史》，杭州出版社2008年版，第45页。

易获得丰厚的利润。《旧五代史》卷一三三《钱佐传》说吴越国"航海所入，岁贡百万"。由此，有学者认为它"昭示着浙江海洋时代的勃兴期和明州海丝文化兴盛期的到来"①。

六、对中国古代水利文化作出了重大贡献

吴越国政权鼓励垦荒，大力发展农田水利。"圩田"是吴越国一大创举，对中国古代的水利文化作出了重大的贡献。近人丁文江在他的《历史人物与地理的关系》一文中更是做出了高度评价，他说："在唐以前，钱塘江同扬子江之间，沿海都是盐塘，同现在江北开盐垦的地方差不多。直等到钱镠筑了海塘，沿海的田地，渐渐地成熟，南北运河一通，丝米都可以出口，江浙两省才成了全国最富庶的地方。"有学者认为："我们不得不钦佩这些有利于江南农业开发的举措，因为精明的江南统治者看到了一个水系对于政权的重要性。对于农业文明来说，水几乎就是命脉。而江南有了这样一个天然的太湖水系，况且，围绕这一水系还有众多的城镇星罗棋布，这就为江南地位进一步的抬升提供了条件，因为城镇商业的繁荣可以使资源的调配更加合理，正是以扬州、金陵、苏州、杭州为中心，江南的商业不断发展，这就打破了原来农业经济过于封闭的不利环境，使江南农商成为一个有机互补的系统。太湖水系开发的深层意义还在于它能够成为江南文化体系中流动的血液，从而把原本松散的江南地区连为一个整体，使江南再没有出现当年吴和越之间的鸿沟。当然我们不能忽视的还有远离中原政治权力争夺的大背

---

① 钱彦惠、周庭熙：《唐宋变革视域卜的吴越国杭州城考》，《宁波大学学报（人文科学版）》2023年第4期。

景，这对于江南来说相当于一个反作用力，直接的效果就是促进了
江南的稳定。"①

第二节　对中国古代精神文化的贡献

一、思想文化中的"钱王精神"

以临安人钱镠为代表，吴越国"三世五王"顺应历史潮流，励
精图治、保境安民，使两浙之地有了一个较长的稳定发展时期，不
但创建了在历史上较为富庶的吴越国，还形成了影响深远的"钱王
精神"。钱镠有着浓厚的儒家"民为贵"思想，提出"民为贵，社
稷次之，免动干戈"的治国理念，是中国历史上"舍小家成大家"
的典型事例。美国著名历史学家、汉学家费正清在编撰《剑桥中国
史》时指出："在纷争的中国五代十国时期，吴越国是最重要和最
繁荣的一个，是中国古代历史中的一道风景线。"

钱俶遵循"如遇真主，宜速归附"的祖训，审时度势，纳土归
宋，为中国历史留下了宝贵的反分裂、促统一的光辉典范。"纳土
归宋"维护了国家和中华民族的统一，是中国历史上和平统一的伟

---

① 朱逸宁：《公元十世纪的江南诗性文化》，《河南师范大学学报（哲学社
会科学版）》2006年第5期。

大实践和典范，对我们解决当今的台湾问题具有十分重要的时代价值和现实意义。

二、举一心为宗，照万法如镜

唐末五代，随着文化重心的逐步南移，佛教也在南方广泛流传。吴越国王大力提倡佛教，钱镠晚年深信佛教，钱元瓘、钱弘俶也都奉佛甚笃。因此，吴越国的佛教文化特别盛行，杭州成为全国佛教文化的一大中心，佛教诸宗教派几乎都在这里有活动，被誉为"东南佛国"。这一时期佛教文化特别盛行，具体表现在大兴佛寺、雕刻佛经、建造佛塔、石窟造像等方面。据杜文玉统计，杭州前代始建的寺院在吴越国统治时期仍然存在的，共计106所，再将吴越国兴建的寺院与之相加，总计为461所。其寺院数量之多，远远超过了唐代的全国佛教中心长安。①净土宗在吴越国的声势也益盛。高僧有德韶、羲寂、延寿等。德韶是法眼宗创立者文益的法嗣；羲寂是天台宗的著名僧侣；文益为法眼宗的创立者，著有《宗门十规论》；延寿为法眼宗传入高丽的重要弘法者，他编纂的《宗镜录》（又名《心镜录》），以"举一心为宗，照万法如镜"之意为名，协调了有唐以来三教互争长短的纠葛，总结了宋以前中国佛学的得失，指出了此后中国佛教的发展道路，对开创宋代"三教合一说"有重要意义。

①杜文玉：《吴越国杭州佛寺考——以〈咸淳临安志〉为中心》，《唐史论丛》第二十六辑，三秦出版社2018年版。

三、值得一说的文学艺术

吴越国王钱镠对文化建设非常重视，文臣如罗隐、林鼎、沈崧、皮光业等都得到重用。其中以罗隐在文学上最负盛名，所著《谗书》是中国文学史上的经典名作。诗僧贯休以诗闻名，诗多警句，脍炙人口。

五代吴越国的艺术文化也值得一说，其时的书法、绘画、音乐、歌舞等艺术均取得了一定的成就，其艺术风格、美学特点、历史价值等也对后世产生过一定的影响。

我国的石窟艺术，由北魏发展到唐代，盛极一时。南方石窟虽不及云冈、龙门，但五代吴越国的石窟艺术却有独特的风格。杭州慈云岭石窟造像，是吴越国石窟造像中规模较大的一处，佛像造型丰满，衣纹流畅，继承了晚唐的艺术风格。

五代吴越国书画家众多，吴越国王钱弘俶时期曾大量雕印佛画，这些作品雕工精雅，是中国版画史上的重要作品。

杭州飞来峰神尼舍利塔院造像

杭州慈云岭五代吴越国资严院西方三圣石窟

杭州石屋洞五代吴越国释迦龛

四、成就突出的科学技术

吴越国的科技成就，在五代十国中非常突出。特别是崇尚天文学，以非常态的形式记录承续了唐代天文学研究成果。吴越国王室墓葬中保留下来的多幅天文星象图，在中国目前已发现的天文星象图中属时代较早者。钱元瓘夫人马氏墓所刻星象位置，写实准确，并刻有基本坐标线，是目前已发现的世界上最早的一块石刻星象图，是研究我国天文学史的珍贵文物资料，具有很高的科学价值。

钱镠是中世纪城市建设第一人，不仅表现在数量上，也体现在城市形态体制创新上。这一时期城市形态文化的改革，可以说是吴越文化对中国古代建筑文化的贡献之一。

吴越国建筑文化，在中国古代建筑史上具有非常重要的地位，其城市、府署、寺院、塔幢、园林等建筑方面都取得极高的成就。吴越国寺塔建造技术在全国一流。著名造塔匠师喻皓是一位既有丰富的实践经验，又有建筑学理论的杰出建筑科学家，对我国古代建筑技术的发展，作出了卓越的贡献。他著的《木经》，是中国历史上第一部建筑专著。临安功臣塔不仅是吴越国建筑最早的塔，而且开创了中国古代砖石仿木结构楼阁式塔之先河。园林也是吴越国建筑文化的一大成就。以"钱氏捍海塘"为代表的江浙海塘，与万里长城、大运河一起被称为"中国古代的三大建筑工程"。其用"石囤木桩法"修建的海塘，其抗御潮击的能力远远超过之前的泥塘，堪称当时世界上最先进的海塘施工法。钱镠于运河入（钱塘）江口如复式船闸那样建上下两闸，钱塘江潮汛时开上闸关下闸放江潮入龙山河，潮汛过后关上闸，待泥沙沉淀以后，开下闸放水进入下一段运河即今中河，以延缓运河的淤塞，保障运河通航。钱镠采用复式船闸的形式以缓解钱塘江泥沙对运河的淤塞，也不失为一大创造，是较早沟通运河与钱塘江的浚治工程。

吴越国的兵器技术，在当时具有先进水平。宋太祖开宝九年（976）八月一日，吴越国王钱俶向宋进射火箭军士六十四人。火箭是由中国人发明的。早在228年，当时蜀汉丞相诸葛亮率蜀国大军进攻陈仓（今陕西宝鸡东），蜀军在陈仓城墙上架起了攻城的云梯，魏国守将郝昭急中生智，让守城将士在弓箭箭头后部绑附浸满油脂的麻布等易燃物，点燃后用弓弩射至敌方云梯，将其焚烧，从而守住了陈仓。自此，"火箭"一词出现了。吴越国进一步发展了这一火箭技术，使用了燃烧效能更好的火药，但仍是把火药绑在箭头上，用引线点着后射向敌人，从而出现了人类历史上最早、最原始的"火药箭"。此后，北宋的军官冯继升、岳义方、唐福等向朝廷献过火箭及火箭制造方法，就可能受到了吴越国的影响。后来许多西方人都据此认为，火箭是由中国人于10世纪前发明的。

五、独具特色的风俗文化

吴越国的风俗文化，包括这一时期特有的方言风格、神话传说、民间故事、歌谣谚语、岁时节日、礼仪风尚、家风家训以及其丰富多彩的民间生活内容等，都为丰富中国古代文化史做出了贡献。

钱镠传说，特别是钱王射潮是与中国远古神话中的"后羿射日"一脉相承、盛传很久的传说，在杭州乃至江南家喻户晓。这些具有深厚民众心理基础、千百年来流播不衰的历史传说，极大丰富了中国民间文学艺术的宝库，为中国历代文学作品的创作提供了生动素材和感人的故事情节，并通过历代文人笔下各种体裁的文艺作品，深深融入了中国传统文化的核心层次。

清代版画《钱王射潮》

第三节　吴越文化的遗韵

一、钱氏家训的家国情怀

钱镠不但在政治上奉行"善事中原"的政策，使吴越国免遭战争的影响，而且深知晚唐衰败残破的根源在于"文官爱钱，武将惜命，托言讨贼，空言复仇，而于国计民生全无实济"。因此，他以晚唐为镜鉴，在官员廉政和宗室子女教化方面颇费心力，在国家政权巩固上砥砺前行，从而铸就了吴越国近百年伟业。

钱镠于后梁乾化二年（912）三月，亲自制定《武肃王八训》；又于后唐长兴三年（932）临终之际再作《武肃王遗训》，内分个人、家庭、社会、国家四大部分，对钱氏子孙立身处世、持家治国的思想行为，作了全面的规范和教诲，鞭策子孙立志高远，做人要有原则，读书要知根本。如钱镠教谕子孙"恭承王法，莫从骄奢""心存忠孝，爱兵恤民""如遇真主，宜速归附""绍续家风，宣明礼教"，并明示："倘有子孙不忠、不孝、不仁、不义，便是坏我家风，须当鸣鼓而攻之。"这或许正是钱氏家族为这个国家供应了众多巨匠的核心驱动力。

至清末、民国时期，由安徽广德钱氏后裔、近代著名外交家钱文选根据众多家训版本整理的《钱氏家训》，收录于其编纂的《钱氏家乘》一书中，成为目前最为流行的吴越钱氏家训版本。钱文选所整理《钱氏家训》全文532字，分个人、家庭、社会、国家四大部分，对钱氏子孙立身处世、持家治国的思想行为，作了全面的规范和教诲。其中"个人篇"强调修身、立德、守法、自律，"家庭篇"强调亲爱、友善、勤俭、忠厚，"社会篇"强调诚信、利他、普惠、和谐，"国家篇"强调爱民、守成、富国、安邦。这正好与《礼记·大学》中的"八条目"，即"格物、致知、诚意、正心、修身、齐家、治国、平天下"这一儒家"内圣外王"修养之道及为政理念一脉相承；同时也与社会主义核心价值观的"国家、社会、公民"三层次主体结构以及"三个倡导"二十四字基本内容形成高度契合和较多一致。①

细读钱王传世家训，情真意切，语重心长，崇廉尚洁成为家训中最为突出的一大主题，可见其十分注重培养家族子弟心怀天下、洁身自好的品行操守。"利在一身勿谋也，利在天下者必谋之"，诸如此类崇廉尚洁的训诫俯拾皆是。这里所谈的"廉"，既包含不贪、不占的操守，更涉及不勤、不啬、不骄、不奢的品行。家训中的廉政思想熠熠生辉，烛照古今，成为源远流长钱氏家风的重要组成部分。钱家兴旺鼎盛、名人辈出，绵延千年的家风教化显然功不可没。

钱镠身后传世的《武肃王八训》《武肃王遗训》及《钱氏家训》等语录，经其后人的赓续传承，不仅成为千百年来历代钱氏宗族儿女教化、家风熏陶的重要经典，而且也成为中华民族的宝贵精神文化遗产。

---

①吴坚：《家训是弘扬社会主义核心价值观的重要世俗化载体——以"钱氏家训"为例》，《南方论刊》2015年第11期。

二、钱氏家族的辉煌历史

据文献记载，钱镠祖孙三代有五位国君，即吴越国创立者武肃王钱镠，以及他的继承者文穆王钱元瓘、忠献王钱佐、忠逊王钱弘倧、忠懿王钱俶。其中，钱镠有33个儿子，他们多半被父亲派往江浙各州，于是，钱氏家族便很快在江浙地区繁衍开来。据民国十三年（1924）钱文选编撰的《钱氏家乘》记载，在国内有迹可寻的钱氏宗脉有100多支。钱俶纳土归宋后，宋太宗为了缅怀这位以中国统一大业为重、以民众生命财产为重的钱氏国君，把"位极人臣"的钱氏排在了《百家姓》的第二位。

自吴越国王钱镠开始，统治者非常重视文化。钱元瓘虽然在位时间不长，但他"好儒学，善为诗"，曾命国相沈崧"置择能院，选取吴中文士录用之"。这种途径有利于文化事业的发展，更有利于人才的培养。其子钱俶，也"颇知书，雅好吟咏"。他在担任吴越国王时，就将自己的诗歌集《正本集》，请求大宋王朝奉使至杭州的陶穀为序。由此，历朝历代钱王后裔一脉始终书香绵延，代有人才涌现，仅两宋时期就出了320位进士。状元也有不少。特别是在北宋初年人才辈出，文坛璀璨为耀。王安石《内殿崇班钱君墓碣》称："钱氏之有籍于朝廷者，殆不可胜数，而以才称于世，尝任事者，比比出焉。"日本学者池泽滋子曾对钱镠家族文人群体的形成和成就及其对北宋和后世文坛的影响做过深入研究，其中提到宋代钱俨、钱昱、钱起、钱易、钱乙、钱乐之等人。当然，宋代钱氏名人远不止这些，如钱昆、钱惟演、钱惟济、钱昭度、钱彦远、钱明逸、钱暄、钱晦、钱藻、钱勰、钱忱、钱端礼、钱象祖、钱选等。

钱俨（937—1003），字诚允，本名信，杭州临安人，吴越王钱镠之孙，文穆王第十四子。出判和州，卒赠昭化军节度使。所著有前集五十卷、后集二十四卷、《吴越备史》十五卷、《备史遗事》五卷、《忠懿王勋业志》三卷，又作《贵溪叟自叙传》一卷。

钱昆，生卒年不详，字裕之，钱塘（今浙江杭州）人。五代吴越王钱倧之子，钱易的胞兄。归宋，举太宗淳化二年（991）进士（《隆平集》卷一四，《钱氏传芳集》作淳化三年）。累迁三司度支判官。仁宗时历知卢、濠、泉、亳、梓、寿、许诸州，为政宽简，官至右谏议大夫，以秘书监致仕。为当时的著名诗人，著有《谏议诗文集》十卷，已佚。

钱易（968—1026），字希白，杭州临安人。为吴越王钱倧子，钱昆弟，和钱惟演是堂兄弟，世称"二钱"，常被比之于晋代的"二陆"（陆机和陆云）。宋真宗咸平二年（999）进士。累擢知制诰、翰林学士。才学赡敏，为文数千百言，援笔立就。又善绘画，工行草书。有《洞微志》《南部新书》《青云总录》等。王庭珪称赞钱易能作一流的诗作，"希白博古，能逐追其间，冠绝于时，非才大莫能然也"。尤其是一系列讽刺政治的咏史诗，非常发人深省。

钱惟演（977—1034），字希圣，杭州钱塘（今浙江杭州）人。北宋大臣、外戚、文学家。钱俶第七子，章献明肃皇后刘娥之兄刘美的妻舅。自幼好学，随父归宋，历任翰林学士、工部侍郎、知贡举、给事中、枢密副使、太子宾客、工部尚书。宋仁宗即位后，出任兵部尚书、知枢密院。累任崇信军节度使。卒赠侍中，谥号为"思"，累赠太师、中书令、英国公，改谥"文僖"。博学能文，在文学创作上颇有建树，二十九岁就和杨亿等共创"西昆体"，成为领军人物。杨亿、钱惟演在编书之余所写的酬唱诗结集为《西昆酬唱集》，在当时影响很大，学子纷纷效法，号为"西昆体"，在宋初风靡了数十年。所著今存《家王故事》《金坡遗事》。苏轼曾在《金门寺中见李西台与"二钱"》的诗中咏叹文坛"二钱"——钱易、钱惟演两位诗人语出惊人、才华卓越，他写道："未肯将盐下莼菜，已应知雪似杨花。""五季文章堕劫灰，升平格力未全回。"

钱惟济，字岩夫，北宋钱塘（今浙江杭州）人。为钱镠五世孙，吴越忠懿王钱俶之子，钱惟演的幼弟。随父归宋，与其兄钱惟演皆为"西昆体"诗人。《全宋史》记载有其诗句。

钱昭度，字九龄，杭州临安人。钱弘偓子。仕至供奉官。俊敏工诗，多警句，有集，苏易简作序。

钱彦远（994—1050），字子高，杭州临安人。吴越王钱倧之孙，钱易长子。初以父荫补太庙斋郎，累迁大理寺丞。

钱明逸（1015—1071），字子飞，杭州临安人。钱易子，钱彦远弟。曾官翰林学士，仕至太常博士、右正言。首劾范仲淹、富弼，二人皆罢。历知数州府。神宗立，御史论其倾险俭薄，附贾昌朝、夏竦以陷正人，不宜冒居翰林院，乃罢学士。久之，知永兴军。卒谥修懿。

钱暄（1018—1085），字载阳，钱塘（今浙江杭州）人。钱惟演第三子。仁宗嘉祐中知抚州。神宗熙宁四年（1071）知台州。元丰七年（1084），拜宝文阁待制。有治绩，性嗜学，有著述。

钱晦，字明叔，钱惟演子，吴越国王钱俶之孙。以大理评事娶献穆大长公主女，累迁东上阁门使、贵州团练使。

钱藻（1022—1082），字醇老，苏州人。吴越王钱元璙之玄孙，属钱俨支，三世钱俨曾孙，四世钱昭慈之孙，五世钱顺之之子。官至翰林侍读学士。钱藻刻励为学，于书无不究极。其见于文词，闳放隽伟，驰骋于北宋诗坛，名动一时。

钱乙（约1032—1113），字仲阳，东平郓州（今山东郓城县）人，祖籍钱塘（今浙江杭州）。宋代著名儿科医学家。曾任太医院丞，在多年的行医过程中，钱乙积累了丰富的临床经验，成为当时著名医家。特别是对儿科医学贡献卓著，后人称其为"儿科之圣"。《四库全书总目提要》称"钱乙幼科冠绝一代"。一生著作颇多，有《伤寒论发微》五卷、《婴孺论》百篇、《钱氏小儿方》八卷、《小儿药证直诀》三卷。现仅存《小儿药证直诀》，其他书均已遗佚。该书比欧洲最早出版的儿科著作早三百年，是世界上现存第一部原本形式保存下来的儿科著作。

钱勰（1034—1097），字穆父，吴越武肃王钱镠六世孙。属忠逊王支，为四世钱易之孙，五世钱彦远之子。杭州临安人。北宋大臣、外交家。进士及第，元祐初年，拜给事中，迁开封府尹，册封会稽郡侯。文章雄健深沉，诗词清新遒劲，书法师承欧阳询，草书造王献之阃域。著有《会稽公集》。

钱忱（1080—1161），字伯诚，杭州临安人，徙居开封。宋会稽郡王钱景臻与秦鲁国大长公主长子，钱暄之孙，召见赐名。初除庄宅副使，历神、哲、徽、钦宗四朝，秦、延、芑诸州团练防御使，宁武、泸州二军观察留后承宣节度等使，开府仪同三司、检校少师、荣国公，累赠太师、汉国豫国公。绍兴元年（1131）徙居临海，七年（1137）赐第府治东北白云山下。

钱端礼（1109—1177），字处和，杭州临安人，徙台州临海。钱忱子，以恩补官。高宗绍兴间知临安府，权户部侍郎兼枢密都承旨。累进参知政事兼权知枢密院事，谋相位甚急。后以婿邓王立为太子，引嫌提举洞霄宫。起知宁国、绍兴府，因籍人财产至六十万缙，复与祠。有《诸史提要》。

钱象祖（1145—1211），字伯同，号止安，临海人。南宋宰相。
吴越王钱俶之后，参知政事钱端礼之孙。以祖端礼恩泽补官，历太
府寺主簿丞、刑部郎官、知抚州、工部侍郎、知临安府、吏部尚
书、同知枢密院、参知政事、知绍兴府、参知政事知枢密院、左丞
相、观文殿大学士判福州。

此后，历代名人之中，宋元之交有知名书画家钱选。明中后期
有哲学家、思想家、教育家钱德洪（1496—1574），著作有《绪山
会语》二十五卷、《平濠记》一卷及《阳明年谱》七卷等。钱福
（1461—1504），字与谦，明代殿试和礼部廷对都名列第一，后任翰
林院编修。诗文以敏捷见长，有名一时，其著作《明日歌》流传甚
广。著有《鹤滩集》。书画家、收藏家钱谷（1508—1572）。钱士开
是万历年间殿试第一名，后任礼部尚书兼东阁大学士。明末清初，
文学大家钱谦益也是万历年间进士，官至礼部侍郎。到了清康熙
朝，钱名世为一甲进士，后任翰林院侍讲。乾隆年间，出了进士钱
大昕，他于音韵训诂多有创见，长于校勘考订，著有《廿二史考
异》。史家陈寅恪说，钱大昕的治学"精思博识"，"为清代史家第
一人"。此外，清代著名藏书家钱曾，学者钱塘、钱仪吉，书画家
钱沣、钱陈群，书法家钱坫，画家钱杜，篆刻家钱松，诗人钱鲁斯
等，都是钱王后裔，可谓代出英贤，群星璀璨。

至近现代，钱氏家族还出现了一个神奇的"人才井喷"现象，
名人更多了。如钱文选、钱玄同、钱穆、钱均夫、钱学森、钱学
榘、钱玄同、钱三强、钱壮飞、钱君匋、钱境塘、钱正英、钱之
光、钱基博、钱穆、钱锺书、钱伟长、钱其琛、钱钟韩、钱永健
等，各路精英巨匠风云际会，横空出世，振兴中华，各领风骚，钱

氏家族因此而获"一诺奖、二外交家、三科学家、四国学大师、五全国政协副主席、十八两院院士"美名。这些名字彪炳史册，皆出自钱氏家族。据统计，当代国内外仅科学院院士以上的钱氏名人就有一百多位，分布于世界五十个国家。①

是什么原因让钱氏家族得以千年兴盛、名人辈出？"三钱"之一、"中国力学之父"钱伟长曾一言破的："我们钱氏家族十分注意家教，有家训的指引，家庭教育有方，故后人得益很大。"

三、恭祭钱王

（一）临安清明钱王祭

浙江临安作为钱镠的出生地和归息地，自宋以来，钱王陵祭祀活动就延绵不绝，一直到抗日战争爆发，集体性祭祀活动被迫中断。20世纪90年代，临安市曾组织过一次大型祭祀活动，但未能持续。后来，有一大批海内外知名钱氏后裔循迹来临安寻根问祖。从2011年起，临安市委、市政府为挖掘和弘扬传统文化，打响临安文化品牌，在全国重点文物保护单位钱镠墓前恢复了"清明恭祭钱王"典礼。在承袭旧制的基础上，对祭祀仪程进行了规范，主要仪程有撞钟击鼓、敬奉贡品、净手上香、行施拜礼、恭读祭文、颂歌钱王、乐舞敬拜、诵读家训、敬献花篮九项，使祭祀活动更为丰富、庄重。当年，"台湾三钱"钱纯、钱煦、钱复兄弟三人便齐聚临安寻根，认祖归宗。2012年，"台湾三钱"之一、著名华裔科学家钱煦及钱学森之子钱永刚、钱伟长之子钱元凯、钱三强之子钱思

---

① 吴坚：《家训是弘扬社会主义核心价值观的重要世俗化载体——以"钱氏家训"为例》，《南方论刊》2015年第11期。

进、复旦大学教授钱文忠等一大批钱氏后裔，以及上海、杭州、温州、苏州、河南、福建等地钱镠研究会、钱氏联谊会参加。2015年，中国人民解放军钱树根上将、著名雕塑大师钱绍武先生亲临现场。经过多年的实践与探索，恭祭活动机制逐步建立，明确相对固定举办和承办单位，落实具体责任。活动以其民俗味浓郁、地域性鲜明、吸引力独特，每年都会受到中央电视台、浙江电视台、《浙江日报》、《杭州日报》、《新民晚报》等主流媒体的高度关注、宣传报道，在海内外产生较大影响。临安"清明恭祭钱王"有力地奠定了临安市在吴越钱氏后裔心目中无可替代的"根"的地位。现"清明恭祭钱王"已经列入杭州市第五批非物质文化遗产名录和浙江省传统节日保护基地。

（二）杭州元宵钱王祭

从2008年开始，杭州市钱镠研究会恢复中断了140余年的元宵祭祀钱王活动。活动时间为每年的农历正月十八，举办地为杭州钱王祠。仪程主要有列队入场、肃立雅静、鸣铳、献供品、击鼓撞钟、敬香、奏乐、恭读祭文、恭读《家训》、行礼、唱颂歌、献祭舞、礼成共十三项。2009年，"杭州元宵钱王祭"被列入浙江省第三批非物质文化遗产名录。

第四节　吴越文化的精神特质与当代价值

一、吴越文化的精神特质

提炼吴越文化的精神实质，是推动吴越文化发扬光大的重要前提。

（一）浩然正气的家国情怀

中国古代，统一始终是历史的主流大势，是中华民族共同体意识形成的根本保证。今天讲吴越文化，须着眼于历史的积极面。吴越国是乱世时期一个地方独立王国，固然是一部分的史实。但钱镠临终时"如遇真主，宜速归附"的嘱托，则深入人心。钱镠之孙、吴越国最后一任君主钱弘俶纳土归宋，与当时代表正朔的北宋实现和平统一的壮举，被文天祥称颂为："非止一时之保安，实有千万年之功德。"对中华民族、中华文化的认同，是解读吴越文化的关键词，体现了吴越文化正确的价值观导向。

（二）顺势而为的开放精神

吴越国时期，秉承唐代中叶以来经济重心持续南移趋势，加上国家西、北、南三面皆为敌国所困，所以，唯有东向入海的"海上丝绸之路"成为吴越国对外交流的主要通道。越窑青瓷、茶叶、杭锦等特色方物由"海上丝绸之路"源源不断地输往日本、朝鲜、大食（今西亚伊朗一带）等海外各国，是"求真务实、诚信和谐、开放图强"新时代浙江精神的重要源头。

（三）为民着想的民本意识

钱镠临终时在《武肃王遗训》中表示："十四州百姓系吴越之根本，圣人有言：敬事而信，节用而爱人，使民以时。"从历史上看，吴越国的历任国君较之他国有着明显的仁君、儒君色彩。统治集团利益与民众利益要尽可能一致，在封建时代能体认到这一点的统治者不多，亲力而为的更是寥若晨星。

（四）脚踏实地的发展思维

发展，在任何时期都是解决问题的关键所在。钱镠和历代钱王笃信"世方喋血以事干戈，我且闭关而修蚕织"。吴越国地狭人稠，劳动人民在钱王领导下进一步发展和创造了"圩田"这种新型水田耕种方式，巩固了粮食生产，提高了浙江地区在全国的经济地位。为了保证圩田产量丰收并免受洪水侵蚀，吴越国另组"营田军"专门负责圩田环境整治。

（五）多元包容的现实关怀

吴越国时期，商品经济发展得到长足进步。钱镠率先打破传统，促进杭州经济发展，便利了百姓生活。从近年在钱镠出生地杭州市临安区发现的衣锦城遗址等吴越国时期文物，也可看出钱镠筑城之布局严谨、规划完善。遗址所揭示的一门三道、整齐有序的院落格局、完善的排水系统，是吴越国王城规划体系的再现，也是我国古代南方山水城市的重要例证。

二、吴越文化的当代价值

"国以民为本，社稷亦为民而立。"要以更长远的视角、更高的站位、更宽广的格局把握吴越文化的精神特质，把吴越文化传承弘扬全面推向深入。

（一）要强化国家认同，弘扬爱国主义精神

传承弘扬吴越文化，首先就要继承吴越国"纳土归宋"体现出来的坚持中华文明认同、"家国一体"的爱国主义精神和历史文化遗产。必须坚决反对任何破坏祖国统一和民族团结的活动行径，牢固树立"四个意识"，坚定"四个自信"，拥护"两个确立"，践行"两个维护"。吴越国浓郁的家国情怀，是留传给我们最宝贵的精神财富。

（二）要坚持以人为本，培育人民至上意识

受家风家训影响，钱镠之后，文穆王钱元瓘即位当年就"赦境内今年租税之半"；钱元瓘之后，忠献王钱弘佐上任伊始便"命境内给复（即免租赋）一年"；到忠懿王钱弘俶即位后，更是下令"募民能垦荒田者，勿收其税"；等等。在五代十国这样的兵戈乱世，吴越国的历代统治者真诚地希望能够缓解广大人民的艰难生活状况，能够减轻人民的负担、仁政爱民。这一历史在当下更有其历史价值，要坚持从人民的根本利益出发，坚持政策惠民，使更多的改革成果惠及全体人民，服务于共同富裕。

（三）要坚持对外开放，厚植社会发展活力

吴越国特殊的时代境遇，孕育出海外贸易与对外交流，这对后来的两宋时期经济发展、社会结构、文化生活产生重要影响和推动作用。现今，在"跳出浙江发展浙江"的目标指引下，浙江全面践行开放发展理念，"走出去"的步伐越来越快。但新发展格局绝不是封闭的国内循环，而是开放的国内国际双循环。在畅通国内循环的同时，浙江也需要不断提升对外开放能级，推动全方位高水平开

放。围绕这一目标，更需要秉承浙江先民的开放进取精神，大力拓展对外交流与贸易，优化省域营商环境与基础设施建设，为新时代浙江发展注入更大动力。

（四）要尊重知识人才，推动思想文化创新

吴越国时期，曾三次扩建杭州，让杭州从隋唐时期的边陲小城发展成宋初的"东南第一州"，这其中涌现出诸多能工巧匠。如五代十国时最著名的建筑专家喻皓（？—989）就是杭州人，吴越国时期他多次承建梵天寺木塔等大型工程，入宋后又主持建造开宝寺木塔，被欧阳修誉为"国朝以来木工一人而已"。当下，必须重视专业技术人员的社会功能，提高政治待遇，推动思想文化创新。

习近平同志在浙江工作期间，对临安钱氏"三世五王"奉行"保境安民、纳土归宋"的治国理政方略以及由此衍生的吴越文化有过重要论述。2006年1月，习近平同志在《与时俱进的浙江精神》一文中指出，"钱氏的保境安民、纳土归宋"给浙江精神奠定了深厚的文化底蕴。同年5月，在《浙江文化研究工程成果文库总序》中，习近平同志再一次就"钱氏的保境安民、纳土归宋"予以称赞：浙江人民在与时俱进的历史轨迹上一路走来，秉承富于创造力的文化传统，这深深地融汇在一代代浙江人民的血液中，体现在浙江人民的行为上，也在浙江历史上众多杰出人物身上得到充分展示。从大禹的因势利导、敬业治水，到勾践的卧薪尝胆、励精图治；从钱氏的保境安民、纳土归宋，到胡则的为官一任、造福一方……都展示了浙江深厚的文化底蕴，凝聚了浙江人民求真务实的创造精神。习近平同志的重要论述充分说明，吴越文化内涵丰富，成就辉煌。

五代十国时期的吴越国，是杭州、浙江乃至江南地区历史发展

进程中一个非常重要的时期。在钱氏"三世五王"的精心治理之下，进一步推动了中国古代社会经济重心的南移，见证了杭州、浙江乃至江南地区社会经济文化的繁华，见证了中国古代海上丝绸之路（或称"陶瓷之路""茶叶之路""香料之路"）的繁荣，为宋代江南地区的发展争得了先机，奠定了苏杭"人间天堂"美誉，特别是为南宋定都杭州打下了坚实的基础，从而为中华文明的存续作出了自己独特的贡献。吴越国坚定拥护并协力中华和平一统，终成"纳土归宋"之大业，对后来的两宋历史乃至中国历史进程都影响深远。

参考文献

［日］木宫泰彦著：《日中文化交流史》，胡锡年译，商务印书馆1980年版

陶懋炳：《五代史略》，人民出版社1985年版

张秀民：《中国印刷史》，上海人民出版社1989年版

诸葛计、银玉珍编著：《吴越史事编年》，浙江古籍出版社1989年版

周峰主编：《吴越首府杭州（修订版）》（杭州历史丛编之三），浙江人民出版社1997年版

方积六：《五代十国军事史》，军事科学出版社1998年版

傅璇琮主编：《唐五代文学编年史》，辽海出版社1998年版

宿白：《唐宋时期的雕版印刷》，文物出版社1999年版

浙江省文物考古研究所编著：《雷峰遗珍》，文物出版社2002年版

张剑光：《唐五代江南工商业布局研究》，江苏古籍出版社2003年版

李志庭：《浙江通史》第4卷《隋唐五代卷》，浙江人民出版社2005年版

苏州博物馆：《苏州博物馆藏虎丘云岩寺塔、瑞光寺塔文物》，文物出版社2006年版

李最欣：《钱氏吴越国文献和文学考论》，中国社会科学出版社
2007年版

临安市文物馆、朱晓东编著：《物华天宝——吴越国出土文物
精粹》，文物出版社2010年版

黎毓馨主编：《吴越胜览：唐宋之间的东南乐国》，中国书店
2011年版

浙江省文物考古研究所、浙江省博物馆、杭州市文物考古研究
所、临安市文物馆：《晚唐钱宽夫妇墓》，文物出版社2012年版

杭州市文物考古研究所、临安市文物馆编著：《五代吴越国康
陵》，文物出版社2014年版

陶初阳编著：《吴越钱王文化通典》，华文出版社2016年版

陈国灿主编，张剑光著：《江南城镇通史》（六朝隋唐五代卷），
上海人民出版社2017年版

孟昭锋、王元林：《隋唐五代十国海上丝绸之路史》，世界图书
出版公司2020年版

胡耀飞：《吴越国与吴越钱氏研究》，社会科学文献出版社
2020年版

冯兵：《隋唐五代城市史》，人民出版社2021年版

《浙江通志》编纂委员会编：《浙江通志·文物志》，浙江古籍
出版社2021年版

后　记

　　《吴越文化》，是我与陶初阳先生第一次通力合作的结晶。陶初阳先生毕业于四川大学历史系，现在杭州市临安区社科联工作，担任吴越文化研究室主任。他长期从事五代吴越国研究，曾编著有《吴越钱王文化通典》（华文出版社 2016 年版）等。我在与大学老师李志庭教授合著《吴越国通史》一书时，就曾得到他的大力帮助，得益匪浅。

　　本书的编纂出版，得到了中共浙江省委宣传部、浙江省社会科学界联合会、浙江省社会科学院、浙江外国语学院、浙江人民出版社等单位的支持和帮助。感谢匿名评委、责任编辑李信认真细致的审稿和编辑，他们提出了许多宝贵的意见，使本书的学术质量得到了进一步的提升。感谢张宏敏兄的帮助和支持，给我们提供了这样好的写作机会。

　　当然，由于我们学识有限，在写作或配图上可能有错误或不妥之处，欢迎读者批评指正。

徐吉军

2024 年 8 月 22 日